Lothar Malkwitz

Gott geschieht im Dritten

Lothar Malkwitz

Gott geschieht im Dritten

Therapeutische Predigten Band 1

Fromm Verlag

Impressum/Imprint (nur für Deutschland/ only for Germany)
Bibliografische Information der Deutschen Nationalbibliothek: Die Deutsche Nationalbibliothek verzeichnet diese Publikation in der Deutschen Nationalbibliografie; detaillierte bibliografische Daten sind im Internet über http://dnb.d-nb.de abrufbar.

Coverbild: www.ingimage.com

Contact:
International Book Market Service Ltd., 17 Rue Meldrum, Beau Bassin, 1713-01 Mauritius
Website: www.bookmarketservice.com
Email: info@bookmarketservice.com

Gedruckt in: USA, UK, Deutschland. Dieses Buch wurde nicht in Mauritius produziert.

Imprint (only for USA, GB)
Bibliographic information published by the Deutsche Nationalbibliothek: The Deutsche Nationalbibliothek lists this publication in the Deutsche Nationalbibliografie; detailed bibliographic data are available in the Internet at http://dnb.d-nb.de.

Cover image: www.ingimage.com

Contact:
International Book Market Service Ltd., 17 Rue Meldrum, Beau Bassin, 1713-01 Mauritius
Website: www.bookmarketservice.com
Email: info@bookmarketservice.com

Printed in: U.S.A., U.K., Germany. This book was not produced in Mauritius.

ISBN: 978-3-8416-0322-7

Inhaltsverzeichnis

Vorwort

Wer es wagt, sich in die Dunkelheit unbewussten Erlebens zu begeben, weiß, dass er dort mit dem Unbewussten seines Patienten ebenso wie mit seinem eigenen Unbewussten in Berührung kommt. Es ist nur wenig zugespitzt zu sagen, dass der Psychoanalytiker in der Tiefe seine eigenen „kranken" Seelenteile behandelt.

Dies gilt ganz ähnlich für das Predigen. Es tut dem Prediger und seiner Predigt gut, sich klar zu machen, dass er in der Tiefe für sich selbst predigt:

Zu sich selber*
„In einer Predigt, die Rabbi Michal einst vor einer großen Versammlung sprach, sagte er: ‚Man soll auf meine Worte hören', und fügte sogleich hinzu: „Ich sage nicht: ‚Höret auf meine Worte', ich sage: ‚Man soll auf meine Worte hören', ich meine mich mit: auch ich soll auf meine Worte hören.'"

In diesem Sinne sind die hier zusammengestellten Predigten Ermahnungen, Tröstungen, Infragestellungen an erster Stelle für den Prediger selbst von Bedeutung. Und es wäre eine Täuschung zu glauben, er könne seine Predigten ohne weiteres in seinem Alltag leben. Aber dass er sich Mühe gibt, das Gepredigte auch selbst zu leben, das kann er ehrlichen Herzens von sich behaupten. Ob auch der Leser in diesen „vorläufigen Reden" (lateinisch: prae-dicare: vorweg-sagen) Bedeutungsvolles, ja vielleicht sogar Lebenswertes für sich entdecken kann, bleibt offen.

* Martin Buber, Die Erzählungen der Chassidim: Manesse Verlag Zürich, 1949, S. 250

„Die stärkste bislang bekannte emotionale Explosion, die sich in vielen Kulturen und über viele Jahrhunderte ausbreitete, ist diejenige, die durch die Formulierungen Jesu verursacht worden ist." (Wilfred Bion)

Einleitung

Einen guten Gottesdienst, eine gute Predigt erkennt man daran, dass die Besucher (einschließlich des Pfarrers) am Ende nicht mehr dieselben sind, die sie am Anfang waren. Sie gehen als andere (in die Welt, in ihren Alltag) hinaus. Anders heißt: ver-ändert. Dazwischen ist eine Wandlung geschehen. So gesehen sind die hier gesammelten therapeutischen Predigten „Wander-Predigten", die auf Ver-Wandlung ausgerichtet sind. Sie wollen die Seele zu einer Wanderung einladen, auf der sie Anderes, Fremdes, Neues entdecken kann. Und sie hoffen, auf diesem Weg der Seele Nahrung bereit zu stellen, mit der sie wachsen kann.
Dies gilt ganz ähnlich für eine gute Therapiestunde, für ein gutes Gespräch, für ein gutes Musizieren usw. „Gut" meint: auf ein unbekanntes Drittes ausgerichtet sein, das „geschieht". In diesem Dritten kann die Seele wachsen: „Die Seele ernährt sich von dem, worüber sie sich freut" (Augustinus). Paradoxerweise geht das Wachstum der Seele mit Gefühlen der Katastrophe einher. Dies hängt damit zusammen, dass seelisch Unerträgliches aus der eigenen Seele „ausgelagert" ist. Seine Wieder-Hineinnahme evoziert heftige Turbulenzen. Die explosive Wirkung der Predigt Jesu hat mit seinen Ideen zur „Wiederhineinnahme" zu tun: seine Aufforderung, den „Balken im eigenen Auge" kennen zu lernen.

„Gottes"-Dienst bezeichnet dieses Dritte als „Gott", im so verstandenen „Gottes"-Dienst geschieht Gott im Dritten und nährt die Seele mit Lebendigkeit, die bereit ist, ihre eigenen Schattenseiten kennen zu lernen. Die Aufgabe des Pfarrers ist es, diesem Prozess zu dienen. (Das griechische „Therapeuein" bezeichnet das Dienen eines Dieners, der freiwillig mit seinem Herrn in die Schlacht zieht. Der „Herr" des Gottesdienstes wie einer Therapie aber ist nichts anderes als das Geschehen des Prozesses selbst.)

So ist die mentale Bewegung des Gottesdienstes eine Bewegung von der „paranoid-schizoiden Position" hin zur „depressiven Position" (Melanie Klein). Oder, in theologische Begriffe gebracht: die Erkenntnis des Sünder-Seins führt über die Reue zur An-Erkenntnis des Angewiesenseins auf die unverfügbare niemals besitzbare Barmherzigkeit Gottes. In diesem Prozess, in diesem „Dazwischen" geschieht Leben, in diesem „Dazwischen" geschieht Gott. In dieser Erkenntnis sagt Meister Eckhart: „Gott ist Gegenwart". Gegenwart geschieht ebenfalls und nur als „Zwischen"-Zeit. Gegenwart geschieht als Drittes: im erinnernden Vergehen der Vergangenheit ahnt sich Zukommendes. So gesehen geschieht die Gegenwart als

„Nichts." Im Aushalten dieses „Nichts" offenbart sich für den Heiligen Johannes vom Kreuz „Gott". Und der Maggid von Mesritsch sprach: *„Kein Ding der Welt vermag aus einer Wirklichkeit in eine andere Wirklichkeit zu kommen, wenn es nicht vorher zum Nichts, das ist zur Wirklichkeit des Dazwischen, kam. Da ist es nichts und niemand kann es begreifen; denn es ist zur Stufe des Nichts gelangt wie vor der Schöpfung..."* (M. Buber, Chassidische Geschichten S.200)

Für eine Wanderung ist unabdingbar ein Weg. Dieser Weg kann vorgegeben sein, er kann auch erst durch die Wanderung selbst entstehen.

Der für den Gottesdienst vorgegebene Weg wird „Liturgie" genannt. Sie gibt dem Gottesdienst seinen Rahmen, beginnend mit dem Läuten der Glocken, endend mit dem Orgelnachspiel. Die „Liturgie" der Psychoanalyse wird „Setting" genannt. Die Kunst ist es, diese Liturgie so zu verwenden, dass in ihr Verwandlung ermöglicht wird. Auch dies gilt gleichermaßen für einen Gottesdienst wie für eine Psychoanalysestunde. Eine zu starre Liturgie erstickt die Lebendigkeit. Dies hinterlässt ein Gefühl von „Leere" oder „Hohlheit". Eine zu „weiche" Liturgie verunmöglicht „Aufrichtung". Dies hinterlässt ein Gefühl von „Verschmelzungssehnsucht".

Zur Veranschaulichung:
Das Kirchenlied „Ein feste Burg ist unser Gott" könnte das Abbild einer zu starren Liturgie sein. „Herr, deine Liebe ist wie Gras und Ufer" bildet träumerische Sehnsucht ab. Die hier versuchten Predigtwanderungen orientieren sich an einem dritten Weg, auf dem die Botschaft des liebenden Gottes weder in ein nichtssagendes „Gras und Ufer"-Gefühl aufgelöst wird, noch in den dogmatischen Verliesen streng bewachter Trutzburgen gefesselt und geknebelt wird. Es geht um die fruchtbare Verbindung von „Struktur" und „Träumerei" (M. Klein: „Reverie"): die Frucht dieser Verbindung ist „Wachstum".

Auf Verwandlung ausgerichtete Gottesdienste sind „Wachstumsgottesdienste".

Nun gibt es kein Wachstum ohne Zerstörung, die Kraft des Wachsens ist die Kraft des Zerstörens: die messianische Kraft. Auf Wachstum ausgerichtete Gottesdienste sind messianische Gottesdienste. Der Messias ist die personifizierte Kraft des Wachstums. Jenes Wachstums, das die von ihm vorgefundene erstarrte Struktur zerstört: „Der Sabbat ist um des Menschen willen gemacht und nicht der Mensch um des Sabbats willen." (Markus 2, 27) Die Zerstörung der Erstarrung ist zugleich die „Erfüllung des Gesetzes", ist die „Aufrichtung" einer Struktur: „Ihr sollt nicht meinen, dass ich gekommen bin, das Gesetz oder die Propheten aufzulösen; ich bin nicht gekommen aufzulösen, sondern zu erfüllen" (Matthäus 5,17).

Dieses paradoxe Geschehen ist dem psychoanalytisch arbeitenden Therapeuten nicht fremd: in einer auf Wachstum ausgerichteten Therapie findet laufend Zerstörung („Auflösung“) statt im Dienste des auf die Welt-Kommens des „eigenen Eigentlichen“ („Erfüllung“) des Patienten, wogegen sich zugleich der erbitterte „Widerstand“ des Patienten richtet. Der Widerstand trachtet danach, den Messias zu töten. Dies gilt sowohl geschichtlich als auch intrapsychisch. Seine Stärke bezieht der Widerstand aus dem „Festhalten“ an Omnipotenzfantasien.

In der christlichen Lehre beziehen sich die Omnipotenzfantasien mehr oder weniger unverhüllt auf „Jesus Christus, den von den Toten Auferstandenen…“. Damit wurde die messianische Idee selbst getötet, indem sie eingefroren wurde; die Kraft des Wachstums wurde im Zuge zu hoher Besitzgier neuerlich in ein goldenes Kalb gegossen und so vernichtet. Paradoxerweise ist der protestantische Pastor Omnipotenzfantasien und -gefühlen gegenüber weniger geschützt als der katholische Priester, da im Katholizismus die Omnipotenz in der Unfehlbarkeit des Papstamtes „contained“ und so „gebunden“ ist. Der protestantische Pastor hingegen steht in der Unmittelbarkeit zu Gott selbst, repräsentiert den allmächtigen Gott gleichsam ungefiltert. Davon bleibt unberührt, dass sich beide Berufe, wie auch der des Psychotherapeuten, hervorragend dazu eignen, Omnipotenzbedürfnisse auszuleben.

Die Aufgabe eines christlichen „Gottes“-Dienstes erblicke ich darin, messianischen Ideen (zum Beispiel aus den Predigten Jesu) zum Leben zu verhelfen, indem die Felsbrocken der Omnipotenzfantasien, die die Lebendigkeit der Botschaft Jesu erschlagen haben, beiseite geräumt werden. Außerdem eignet sich die Christus-Idee als Veranschaulichung der messianischen Idee selbst. Während Gott, oder die Gottheit, das dunkle jeweilige Geschehen selbst ist, ist die Christus-Idee das Licht, das die Dunkelheit erhellt. Als „Sohn“ veranschaulicht, trägt es die Dunkelheit des Vaters an sich, ist es der „dunkle Strahl“ des Vaters, dessen Erkenntnis zur „Ver-<u>Söhn-</u>ung“ führt und so den „Dritten“, den „Heiligen Geist“ als „vinculum caritatis“ (Band der Liebe, Augustinus) offenbart. So geschieht und vollendet sich Gott in einem dreieinigen (psychoanalytisch ausgedrückt: triangulären) Prozess.

Es erübrigt sich fast, darauf hinzuweisen, dass „Gott“ ist in diesem Konzept natürlich keine transzendente Person (auch kein „inneres Objekt“) ist, sondern das Geschehen des „Gestalt Verlierens und Gestalt Annehmens“ selbst repräsentiert. Die messianische Idee, deren Medium der Pfarrer im Gottesdienst, der Analytiker in der Therapiestunde ist, wird in der christlichen Theologie als Sohn „personifiziert“, was besagt, dass es eine Möglichkeit des Gewahr-Werdens des „Gott“ genannten Geschehens gibt. Anders ausgedrückt: es ist im Wesen „Gottes“ angelegt, sich zu offenbaren. Psychoanalytisch ausgedrückt: es ist im Wesen des Unbewussten angelegt, bewusst zu werden: freilich nicht „von selbst", sondern unter Schmerzen und Widerständen. Die leidvolle Dimension des Offenbar-Werdens Gottes ist im Christentum in der Geschichte des Jesus aus Nazareth, im Judentum im Schicksal der Propheten in besonderer Weise konzeptualisiert. Man kann dies „im Außen" als „Geschichte" verstehen. Mir ist ein anderer Blickwinkel bedeutsamer: das „Offenbar-Werden" Gottes in der Seele des Menschen.

Die vorliegenden Texte wollen Medium sein für das In-Kontakt-Kommen mit dem eigenen Unbewussten/Gott im Setting/Liturgie des christlichen Gottesdienstes. Sie wollen helfen, den „Messias im Inneren" zum Leben zu erwecken. Wenn dies in den „Denk-Gefäßen" jüdisch-christlicher Tradition sich vollzieht, so nur deshalb, weil ich in ihnen das Denken erlernt habe, so wie ich in der deutschen Sprache denke. Ich bin überzeugt, dass es einen „unsichtbaren Strom" gibt, der an verschiedenen Orten in ganz unterschiedlichen „Flussläufen" sichtbar geworden ist und sichtbar wird. Wenn ich versuche, im jüdisch-christlichen Fluss zu schwimmen, so in dem Bewusstsein, dass es nur ein Fluss neben etlichen anderen ist <u>und</u> in dem Bewusstsein, dass im „Unterirdischen/Unbewussten" es eine Verbindung zu dem einen großen „Strom des Lebens" gibt, dass das Wasser unseres Flusses genauso wie das Wasser der anderen religiösen Flüsse gespeist wird von dem einen „Wasser des Lebens".

Abschließend sei noch eine persönliche Vorbemerkung erlaubt: dass ich in meiner Person und Arbeit den Pfarrer und den psychoanalytischen Therapeuten integrieren kann, verdanke ich der Entdeckung des Denkens von W. Bion in inniger Verbindung mit Gedanken M. Kleins und D. Meltzers. Durch die wachstumsfördernde Kraft dieser Konzepte, die mir völlig überraschend einen „ein-leuchtenden" Zugang zur jüdisch-christlichen Mystik ermöglichten, ist mir – nach einer längeren Zeit der inneren wie äußeren Spaltung - eine Versöhnung psychoanalytischen und spirituellen Denkens möglich geworden, die für mich selber wachstumsfördernd und heilsam ist. Diese heilsame Kraft wird mir von Gottesdienstbesuchern, die sich mit einer allzu glatt-konkreten Auslegung biblischer Texte schwer tun, immer wieder zurück gemeldet.

Für mich ist es die größte Freude, wenn die Auseinandersetzung mit den folgenden therapeutischen Predigten seelisches Wachstum anregen kann.

Predigt über Jakobus 5, 7-8 am 2. Advent 2009

Vom Nutzen und Wert der Geduld

Liebe Gemeinde,

liturgisch stehen wir heute wieder ganz am Anfang. Das neue Kirchenjahr ist gerade mal einen Sonntag alt. Die Gefühle des Anfangs sind vielfältig. Da ist die Erregtheit des „zum ersten Mal“. Mein erster Film „ab 16“, meine erste Freundin, mein erster Freund , die ersten Schritte des Kindes usw. Das ist das: „Allem Anfang wohnt ein Zauber inne“ von Hermann Hesse. Zum Anfang gehört aber auch Unsicherheit und Angst. Wie wird es werden? Das leere Blatt der Schulaufgabe, das gefüllt werden soll. Das leere Blatt vor mir, auf dem eine Predigt entstehen soll. Anfang hat mit Leere zu tun. Mit nicht wissen, wie es wird, wohin es führt. Wir stecken gerade gemeinsam mittendrin in so einem Anfang. Dem Anfang dieser Predigt. Wird es gelingen, dass wir miteinander in Kontakt kommen? Wird es gelingen, dass hier und jetzt etwas spürbar, erlebbar wird - von der beziehungsstiftenden Gegenwart Gottes?

Wir wissen es nicht – und wir können es nicht wissen. Nur eines steht fest: die Gegenwart Gottes lässt sich nicht „machen“, nicht „herstellen“ oder „garantieren“ - Alles was wir können, ist, uns bereit halten, uns hingeben, uns Mühe geben.

Ein zweites: Merkwürdigerweise beschäftigen sich die Texte unseres heutigen zweiten Adventssonntages mit dem Ende: die Erlösung als die Wiederkunft (Parusie) Christi, gedacht, steht im Mittelpunkt des vorhin gehörten Ausschnitts aus dem Lukasevangelium. Und auch im Jakobusbrief, dem heutigen Predigttext, ist von der „Ankunft des Herrn“ die Rede. Anfang und Ende werden also aufeinander bezogen. Am Anfang stehend beschäftigen wir uns mit dem Ende. Jede Zelle erneuert sich zu ihrem Tode hin – außer den Krebszellen, die uns eine Ahnung davon geben, was es hieße, in der materiellen Welt ewig zu leben, keine Grenzen zu kennen. So ist die Verschränkung von Anfang und Ende, von Leben und Tod, die uns die liturgische Ordnung der Texte heute vorschlägt, doch sehr sinnvoll, bildet sehr präzise Leben ab.

Wir kommen aus dem Nichts und gehen in das Nichts. Poetischer ausgedrückt: wir kommen aus der Finsternis und gehen in die Finsternis. Ist so gesehen die Finsternis die letztlich allmächtige „Kraft“? Und wenn Johannes sagt, das Licht schien in die Finsternis und die Finsternis nahm es nicht an, dann wäre dieser Satz seines Vorwurf-Charakters zu entkleiden, so als wäre die Finsternis böse, eine

Feindin des Lichtes. Das Licht scheint in die Finsternis, das Licht leuchtet in der Finsternis: warum ist uns das nicht genug? Heute leuchten zwei Kerzen: warum genügt das nicht? Warum muss es immer mehr sein? Hier hilft unser heutiger Predigttext weiter, der eine recht altmodische Tugend in das Zentrum seiner Überlegungen stellt: die Tugend der Geduld.

„Habt nun Geduld, Brüder, bis zur Ankunft des Herrn! Siehe, der Bauer wartet auf die köstliche Frucht der Erde und hat Geduld ihretwegen bis sie den Früh- und Spätregen empfange. Habt auch ihr Geduld, stärkt eure Herzen! Denn die Ankunft des Herrn ist nahe gekommen.“ (Jakobus 5,7-8)

In Anspielung auf viele Gleichnisse Jesu wählt Jakobus ein Bild aus dem bäuerlichen Leben, um deutlich zu machen, worum es geht: der Prozess der „Reifung“ hat seinen eigenen Rhythmus, an den sich der erfahrene Bauer hält, wissend, dass es nur so eine gute Ernte geben wird. Dies ist ein ganz anderes Denken als das bei uns vorherrschende der Massen-Produktion; es geht um Qualität – die köstliche, weil ausgereifte Frucht, und nicht um Quantität: möglichst viel in möglichst kurzer Zeit!

Jetzt können wir uns neu den vielfältigen Gefühlen zuwenden, die mit „anfangen“ verknüpft sind. Die große Frage ist: in welcher Haltung fange ich an, wie verhalte ich mich zu meiner Erregtheit einerseits, zu meiner Unsicherheit andererseits? Und damit untrennbar verknüpft ist die Frage: was soll werden? Der Bauer, den es um das Pflanzen, um das Wachsen-Lassen und schließlich Ernten der „kostbaren Früchte“ geht – der stellt sich selbst von Anfang an zurück. Die „kostbaren Früchte“ stehen im Zentrum und nicht sein Ich. Er ist bezogen auf ein Drittes, von dem er weiß, dass er es nicht in der Hand hat, es nicht machen kann. Er ist bezogen auf das „Wachsen und Gedeihen, das nicht in seiner Hand steht.“ Das lässt sich leicht übertragen: wenn ich ein Referat in der Schule halte und vor allem cool sein will, vor allem bewundert werden will – dann mache ich es mir schwer. Dann muss ich möglichst perfekt sein, darf keine Fehler machen. Dann muss ich immer unmenschlicher werden – weil zum Menschsein das Unperfekte, Fehlerhafte nun einmal dazu gehört. Geht es mir in erster Linie um den Inhalt, um die Sache, so bin ich sofort geerdet. Das ist hier bei uns übrigens genauso: und die Sache um die es hier geht, weil das hier eine Predigt ist, ist „die Sache mit Gott.“

Woher aber kann ich wissen, dass es um Gott geht? Woher kann ich wissen, dass ich nicht nur um mich kreise, sondern auf IHN hin rede, handle, lebe?

Wissen kann ich es nie. Ich kann mich danach sehnen, ich kann es mir wünschen. Und meine Ahnung kann sich vertiefen, mein Gefühl kann sich verstärken, mein

Vertrauen wachsen. Und ich kann darum beten. Und ich kann den Zeugen Gottes Vertrauen schenken, die sich in einigen Punkten sehr einig sind: Gott ist nicht vorhersehbar, nicht erwartbar. Gott hat mit dem Aushalten von Unsicherheit zu tun, die Gefühle auf dem Weg zu Gott sind dunkel, oft schmerzhaft. Auf dem Weg zu Gott verdunkelt sich die scheinbare Klarheit, die wir durch unsere Spaltungen der Welt in gut und böse uns selbst machen. Auf dem Weg zu Gott werden unsere Beurteilungen oder gar Verurteilungen zunichte. Auf dem Weg zu Gott wird unser spaltendes Ich zerstört – wie das Samenkorn, das in die Erde fällt, und nur dann Frucht bringt, wenn es sich dem Prozess der zerstörenden Auflösung überlässt. Wenn es sich hingibt. Um dies alles aushalten zu können, um sich Gott in der Tiefe hingeben zukönnen, bedarf es der Fähigkeit der Geduld.

Es wäre eine ungeduldige, von Gott wegführende Ver-Führung, die vorhin gehörten Sätze des Lukasevangeliums („…es werden Zeichen geschehen an Sonne und Mond und Sternen, und auf der Erde wird den Völkern bange sein, und sie werden verzagen vor dem Brausen und Wogen des Meeres…“, 21,25) auf unsere Situation, auf die Klimakatastrophe etc. zu beziehen. … Nein! Der von uns erlebte Klimawandel, die befürchtete Klimakatastrophe ist hausgemacht und Gott hat damit nichts zu tun! Jedenfalls der Gott, an den ich glaube.

Der Gott, den ich zu predigen habe, ist viel kleiner, viel leiser, viel weniger triumphal. Es ist ein Gott Stille, ein Gott des Ruhe. „Eine Stimme verschwebenden Schweigens“ hört Elia am Berg Horeb – nicht mehr.

Und die „Geduld“, von der Jakobus spricht, ist auch so eine kleine, leise und doch so wirkmächtige Tugend. Dreimal kommt in dem kurzen Abschnitt die „Geduld“ vor, zweimal als Aufruf „Habt Geduld!“ einmal als Bild: die Geduld des Bauern, der abwarten kann, den Frühregen und den Spätregen, um erst dann die köstlichen Früchte zu ernten.

„Geduld haben“ heißt im Griechischen: makro-thymein: ein großes Gemüt, eine große Seele haben. Und in dem deutschen Wort Ge-duld steckt der Stamm „tol“ - lateinisch „tolerare“. Toleranz und Geduld sind nicht nur sprachlich Geschwister, sondern auch emotional. Wer eine kleine, unentwickelte Seele hat, dem kocht schnell was hoch, dem platzt leicht der Kragen, der „rastet“ schnell aus – allesamt Bilder, dass etwas nicht mehr „gehalten“ werden kann. Der Tolerante hingegen hat Geduld mit dem anderen, weil er Geduld mit sich selbst hat. Der Tolerante weiß um seine Fehler und Schwächen und erwartet auch von seinem Nächsten keine Perfektion.

Häufig wird freilich Toleranz mit Ignoranz verwechselt. Der Satz: „Das ist mir doch egal, was du machst…“ stammt nicht aus der Geduld, sondern aus dem Zorn über den anderen. Er führt nicht zur Hinwendung, zum Aushalten des Anderen, sondern zur Abwendung von ihm. Geduld hat viel mit Aushalten zu tun und damit, die schweren oftmals unverdauten Gefühle des anderen bei sich aushalten und ertragen zu können. Gerade für Kinder und Jugendliche ist es so wichtig, Eltern, Lehrer, Erzieher zu finden, die ihre unverdauten Gefühle aushalten und sich nicht von ihnen abwenden. Und dazu bedarf es einer starken Seele, eines starken Gefäßes, das nicht so schell überläuft oder gar zu Bruch geht.

Geduld heißt also nicht: die Hände in den Schoß legen. Gleichgültiges „laissez faire“ hat gar nichts mit Geduld zu tun. Nicht zufällig heißt es ja auch: sich in Geduld üben. Geduld ist zu üben, sie fällt nicht vom Himmel. Hier hilft nochmals der etymologische Vergleich – hinter dulden und tolerare steckt der gemeinsame indogermanische Stamm: tel- und das bedeutet so viel wie: aufheben, wägen, tragen, dulden. Geduld muss geübt und gestärkt werden, sonst kann sie wenig tragen. Das ist wie mit unseren Muskeln: es bedarf geübter Muskeln, um sich selbst und andere Lasten zu tragen. Es bedarf geübter Muskeln, um auf Berge zu klettern oder schwarze Pisten zu fahren. Ebenso ist es auch mit unserer Seele: sie bedarf des Trainings und der aufmerksamen Pflege genauso wie unser Körper. Eine gute Seelenpflege – neben vielem anderen - ist der sonntägliche Gottesdienstbesuch: das Wort Gottes stärkt unsere Seele und baut sie auf.

Gottesdienst als Fitness-Studio für die Seele? Sicher nicht in dem Sinne, dass das Machen bestimmter Übungen direkt zu einer starken Seele führt. So wenig, wie das Machen bestimmter Askese direkt zu Gott oder zur Erleuchtung führt. Unsere Seele wird stark, wenn wir es wagen, den Blick nach innen zu wenden. Wenn wir es wagen, uns vom Halt im außen, im Sichtbaren, zu lösen. Wenn wir uns trauen, uns der Dunkelheit unseres eigenen Unbewussten zuzuwenden. Das ist die Erde, in der das Korn sich auflöst und in der Auflösung wächst.

Ich möchte mich und Sie ermutigen, unsere Seele alltäglich zu pflegen und zu trainieren! Derselbe Jakobus, der über die Geduld geschrieben hat, sagt auch: „Seid aber Täter des Wortes und nicht allein Hörer, die sich selbst betrügen“ (1,22). Es steht als Leitspruch in unserer Kirche.

Also – lassen Sie uns nicht nur über Geduld reden, sondern sie auch üben. Lassen Sie uns unsere eigenen Mängel und Schwächen ebenso liebevoll ertragen, wie die Schwächen unserer Mitmenschen, die wir ja viel leichter sehen und kritisieren können. Und wenn Kritik nötig ist, so lassen Sie uns diese in und durch die Liebe sagen – den anderen und dessen Sichtweise versuchend mit zu erfühlen.

Euch, liebe Konfirmanden, bitte ich, ein wenig Geduld mit uns Alten zu haben: natürlich sind wir oft uncool und natürlich haben wir oft keine Ahnung, und natürlich quatschen wir oft langweiliges Zeug. Aber das ist umgekehrt genauso. Das hängt damit zusammen, dass wir verschiedenen Generationen angehören. Das ist ganz normal. Wenn wir gegenseitig in Geduld dies anerkennen (und wir Alten uns ehrlich daran erinnern, dass wir auch mal 15 waren) müssen die Fronten zwischen uns nicht mehr so hart sein. Und vielleicht entstehen sogar ein paar Brücken, auf denen wir uns dann begegnen können.

Und wenn wir jetzt gemeinsam Abendmahl feiern, so lassen Sie uns auch dies in einer Haltung gegenseitigen Verständnisses und gegenseitiger Geduld füreinander tun. Das Abendmahl ist kein Zaubermahl, sondern Ausdruck einer tiefen Gemeinschaft untereinander und mit Jesus Christus, unserem Herrn. Es ist Erinnerung und Zukunft zugleich. Und es wird zur stärkenden Gegenwart, wenn wir uns trauen, uns zu lösen von der sinnlichen Welt: nicht die Hostie oder der Wein ist das entscheidende, sondern die Gegenwart des Messias in unserer Mitte. Und der Messias lässt sich nicht fixieren, nicht auf einer Wolke, und auch nicht in einer religiösen Handlung. Das Abendmahl ist ein „Mahl der Entwöhnung“, sagt Meister Eckehart. Der Entwöhnung davon, Halt im außen, in den sichtbaren Dingen zu suchen. Wer am Himmel Halt sucht, läuft Gefahr, das auf seinem Wege liegende Schlagloch zu übersehen und hineinzufallen. Wer Halt in Gott sucht, der erfährt die Kraft der Geduld, die ihn erhobenen Hauptes gehen lässt. Und er erlebt die Kraft des Vertrauens darein, dass „die Ankunft des Herrn“ nahe ist. Vielleicht sogar viel näher, als er es sich vorzustellen vermag.

„Gott wohnt, wo man ihn einlässt“. Oft ist die Angst davor, dass Gott wirklich in uns und zwischen uns und mit uns erscheint das allergrößte Hindernis, den Messias zu erleben, AMEN.

Predigt über Römer 15, 4-13 am 3. Advent 2011

Liebe Gemeinde,

diese Predigt, die ich Ihnen heute halten möchte, ist weitgehend eine Kinderpredigt. Sie ist geschrieben für alle die Kinder, die von früh an das Gefühl hatten, dass „irgend etwas nicht stimmt". Und die dieses Gefühl immer wieder verworfen haben, weil ihnen von allen Seiten, und besonders natürlich von den Großen, die es ja eigentlich wissen müssen, eingeredet worden ist, dass schon alles in Ordnung sei. Kinder haben ein sehr feines Gespür dafür, dass etwas nicht stimmt. Und suchen natürlich nach Anhaltspunkten für ihr Gefühl. Wenn ihnen dann gesagt wird, „nein, nein, das bildest du dir bloß ein", sind sie verwirrt. Hinzu kommt, dass oft (jedenfalls bei uns) die materielle Versorgung funktioniert. Nicht die materielle Nahrung ist das Problem, sondern die emotionale. Schlimmer noch: oft wird die materielle Nahrung dafür verwendet, das Kind zu betäuben. Dass es unter keinen Umständen spürt, was es „nüchtern und unbetäubt" zu spüren gäbe: dass es gar nicht so willkommen ist, wie ihm immer vorgemacht wird; dass es vielleicht sogar falsch ist, weil nicht der ersehnte Junge, nicht das ersehnte Mädchen. Dass es vielleicht als Klotz am Bein der Eltern erlebt wird, weil es „versorgt werden muss". Je nach Charakter und Möglichkeiten formen sich hieraus die sogenannten bösen und die sogenannten braven Kinder. Den braven Kindern gelingt es super, sich an die Erwartungen und Ansprüche, die an sie gerichtet sind, anzupassen, sie zu erfüllen. Als Erwachsene leben sie davon, gut zu sein, Karriere zu machen, Status zu bekommen. Solange dies gelingt, haben sie keine Probleme. Die bösen Kinder heißen heute schwierige Kinder, haben ADHS, bekommen Medikamente zur Ruhigstellung; als Erwachsene tun sie sich mit allem, was ihnen entgegenkommt, schwer, leben stark davon, nicht zu funktionieren, sich zu verweigern. Ich vermute, dass wir hier, in der Kirche, eher eine Gemeinschaft der ehemals braven Kinder sind.

Aber wir sollten die ehemals braven und die ehemals bösen Kinder nicht auseinander dividieren: das ist nämlich auch so eine Erwachseneneigenart, zu bewerten: und brav heißt dann, du machst mir keine Probleme und böse heißt, immer habe ich Scherereien mit dir. Sie merken: die Beurteilung in brav und böse ist ausgesprochen egozentrisch. Die Bequemlichkeit meines Egos steht im Zentrum. Oder anders ausgedrückt: je mehr mein ICH darauf angewiesen ist, dass der andere so funktioniert, wie ICH ihn brauche, desto mehr muss ich die Wirklichkeit aufteilen in eine für mich erträgliche und eine für mich unerträgliche. Und wiederhole damit das in meiner Kindheit erlebte: wo die Großen mir vorgelebt haben, was alles an mir unerträglich ist: nämlich anders zu sein als erwünscht.

Liebe Gemeinde,

vielleicht denken Sie sich jetzt: „Themaverfehlung“: diese Einleitung passt doch nicht zu einer Predigt. Wo bleibt die Verkündigung des Evangeliums? Missbraucht da ein Therapeut die Kanzel? Hier soll das Evangelium verkündigt werden, dass Gott in Christus Mensch geworden ist und in Christus uns erlöst hat! Bei mir ist es so: ich kann nur ein Evangelium verkündigen, das mir einleuchtet. Bei dem ich etwas spüre. Das für mich alltäglich stimmt. Das alltagstauglich ist. Deshalb diese Einleitung. Diese Einleitung zu einem Ausschnitt aus dem Römerbrief von Paulus, der zu adventlicher Besinnung einlädt. Da er ein wenig kompliziert ist, will ich ihn Satz für Satz mit Ihnen durchgehen – und schauen, ob er Hilfestellungen anbietet und zwar sowohl für die braven, wie auch für die bösen Kinder. (In Klammern: Paulus spricht auch öfters von Kindern: nämlich von den „Kindern Gottes“, die zu denen wir durch die Taufe geworden sind.)

„... was zuvor geschrieben ist, das ist uns zur Lehre geschrieben, damit wir durch Geduld und den Trost der Schrift Hoffnung haben.“ (Röm 15,4)

Das „zuvor Geschriebene“ sind für Paulus natürlich Schriften, die wir im Alten Testament finden.
Das „zuvor Geschriebene“ ist auch ein Hinweis darauf, dass es eine Zeit vor uns gab. Dass das Neue nicht vom Himmel fällt, sondern eingebettet ist in einen Rahmen. In einen Rahmen des Her-Kommens. Es ist gut und notwendig für ein orientiertes Leben, eine Ahnung zu haben, wo man herkommt. Die eigene Abstammung: sowohl die leibliche als auch die geistige. Das zuvor Geschriebene: Wenn man weiß, wo man herkommt, hat man es leichter zu erkennen, wer man geworden ist. Wo die Quellen des eigenen Werdegangs liegen. Und dass wir allesamt aus einer Verbindung heraus entstanden sind. Zwar Individuen seiend - gibt es uns nur in der innigen Verbindung einer Samen- und einer Eizelle. Zwar Individuen seiend sind wir von vorne herein etwas Drittes, nämlich eben diese Verbindung unseres Vaters und unserer Mutter. Wir können uns nicht selbst erschaffen. Und wir können uns auch keine anderen Eltern geben als die, die wir hatten. Die uns unser Leben schenkten.

Das „zuvor Geschriebene“ ist uns zur „Lehre“ geschrieben, sagt Paulus: wir können (könnten) lernen aus dem vielen, was Menschen „vor uns“ nieder geschrieben haben. Wir können lernen, wenn wir aushalten, dass wir weder die Welt noch uns selbst neu erfinden können - und auch nicht neu erfinden müssen. Dazu gehört freilich, dass wir uns mit Respekt dem materiellen wie geistigen Erbe unserer Mütter und Väter annähern. „Respekt“ heißt ja wörtlich übersetzt „Rück-Blick“ (re-spicere). Der Rück-Blick ist der Respekt vor dem Vergangenen, ist der Respekt vor unserem gelebten Leben, ist der Respekt vor dem Leben unserer Eltern. Der Respekt vor dem Vergangenen ist leicht, wenn ich das Vergangene wertschätzen kann: wie z.B. Felix Mendelssohn-Bartholdy, der die Musik Bachs wieder-entdeckte. Seinen tiefen Respekt vor ihm drückte er dadurch aus, dass er die Werke von Bach aufgeführt hat. Und damit erweckte er die Musik von Bach zu neuem Leben.

Schwieriger ist es natürlich, wenn man keinen wirklichen Respekt vor dem Vergangenen empfinden kann. Das uns am naheliegendste Vergangene ist die eigene Kindheit. Viele sagen: daran möchte ich nicht mehr erinnert werden. Was vorbei ist, ist vorbei. Andere klammern sich an das Schöne fest, färben Vergangenes schön. Ich kann mich noch gut erinnern, wie mir – als ich ein Kind war - mein Vater aus dem II. Weltkrieg erzählte: das klang wie ein spannender Abenteuerroman mit meinem Vater als dem Helden – und alles Elend, alle Verzweiflung waren eliminiert.

Für Paulus sind es die Schriften, die Geduld und Trost spenden – damit bezieht er sich natürlich auch auf seine eigene Vergangenheit. Paulus kann sich den „Respekt“ seiner Herkunft erhalten und sich dem Neuen, dem „Messianischen“ öffnen. Geduld ist wirklich die Fähigkeit auszuhalten, dass es nicht so ist, wie ich es mir wünsche, und dass es nicht so gewesen ist, wie ich es mir gewünscht hätte. Dass ich nicht so bin, wie ich gerne wäre, dass mein Nächster nicht so ist, wie ich ihn gerne hätte. Geduld hat damit zu tun, auszuhalten, dass „ich, du, er, sie, es“ gerade nicht so ist/sind, wie ich es brauche. Wie mein ICH meint, es zu brauchen. Geduld hat mit der Kraft zu tun, dass ich mein ICH mit seinen drängenden Wünschen irgendwie im Zaum halten kann. Dass Ich mich von meinem mich drängenden und bedrängenden ICH entfernen kann. Erst in dieser Entfernung von meinem Ich habe ich die Möglichkeit, auf mein ICH zurück-zublicken: re-spicere. Und in diesem Rückblick (Respekt) werde ich mir selbst bewusst, entsteht Selbst-Bewusstsein, das im Englischen übrigens „self-respect“ heißt. Man könnte auch sagen: Respekt entsteht dann, wenn ich mich nicht von meinen mich drängenden Impulsen hinreißen lasse. Und in diesem Respekt wird die Aufteilung in brave und böse Kinder als Täuschung entlarvt. In Wirklichkeit gibt es nur Kinder, die sind, und die leben wollen: und zum Leben brauchen sie hinreichende materielle Versorgung und hinreichende emotionale Versorgung. Und das Wichtigste an der emotionalen Versorgung ist die Wahrhaftigkeit, die Aufrichtigkeit der Erwachsenen.

Bei Paulus heißt das so: „**Der Gott aber der Geduld und des Trostes gebe euch, dass ihr einträchtig gesinnt seid untereinander, Christus Jesus gemäß, damit ihr einmütig mit einem Munde Gott lobt, den Vater unseres Herrn Je-**

sus Christus. Nehmt einander an, wie Christus euch angenommen hat zu Gottes Lob! Denn ich sage euch: Christus ist ein Diener der Juden geworden um der Wahrhaftigkeit Gottes willen, um die Verheißungen zu bestätigen, die den Vätern gegeben sind, die Heiden aber sollen Gott loben um der Barmherzigkeit willen…"""

Die „Eintracht", und die „Einmütigkeit", von der Paulus hier spricht, haben keinen Selbstzweck, sondern sie dienen der Wahrhaftigkeit und der Barmherzigkeit Gottes. Eintracht entsteht dann und so, wenn wir aufhören, das Fremde, Andere, Unbekannte mit unseren (feststehenden) Urteilen abzuwerten. Christus ist nicht dafür zu verwenden, den Andersgläubigen zu beweisen, wie falsch sie liegen, sondern dafür, dass das Fremde, das Andere, das Unbekannte Raum gewinnt – angefangen bei uns selbst. Für jeden von uns ist Christus gestorben: das heißt, gerade da werden wir von Christus liebevoll umfangen, wo wir uns selbst so gar nicht mögen: unsere unannehmbaren, dunklen Seiten, unsere zu Kopfschmerzen erstarrten Wut-Tränen, unser Ungenügen, unser Hochmut mit dem wir unsere Versagergefühle mühsam kaschieren - all' dies uns selbst unannehmbar Erscheinende wird von Christus im österlichen Licht des Kreuzes verwandelt. Von jenem Christus, „der nicht gekommen ist, sich dienen zu lassen, sondern zu dienen" – für die Wahrhaftigkeit und die Barmherzigkeit Gottes. Mit diesem kühnen Gedanken öffnet Paulus übrigens auch die Türe für die christliche Botschaft weit hinaus über die Grenzen des Judentums. Die Wahrhaftigkeit Gottes stellt seinen Sohn in die Tradition der Verheißungen seines Volkes, die Barmherzigkeit Gottes schenkt seinen Sohn der ganzen Welt. Sein Sohn aber ist nichts anderes als das lebensspendende Wort der Liebe, das seine Geschöpfe miteinander verbindet. Und dann beschließt Paulus seine Adventspost nach einigen alttestamentlichen. Zitaten, die ich hier weglasse, mit dem Wunsch:

„Der Gott der Hoffnung erfülle euch mit aller Freude und Frieden im Glauben, dass ihr immer reicher werdet an Hoffnung durch die Kraft des heiligen Geistes."

Jetzt geht es nicht mehr darum, dass wir durch „zuvor Geschriebenes" Hoffnung, Trost und Geduld bekommen, sondern der Gott der Hoffnung selbst möge uns erfüllen. Der Gott der Hoffnung kann uns aber erst erfüllen, wenn wir vorher leer geworden sind. Solange wir gefüllt sind mit unseren eigenen Sorgen und Ängsten, kann der Gott der Hoffnung sich nicht in uns ausbreiten. Solange wir uns unsere Sicherheiten selber geben, haben wir gar keinen Bedarf an Vertrauen. Erst wer es wagt, sich verunsichern zu lassen, wer es wagt, zurückzublicken auf seine Vergangenheit und sich mit ihr ehrlich aus einander zu setzen, wie es wirklich war, dem beginnen Worte wie Freude oder Frieden, oder Hoffnung oder Glauben etwas zu bedeuten. Gerade in der Weihnachtszeit stehen solche Worte in der Gefahr, als schöne Verzierung, als Deko missbraucht zu werden. Jene aber, die hungern nach Wahrheit, ihnen können diese Worte zur Nahrung werden, die aus dem Munde Gottes selbst fließt.

Die Hungrigen, das sind die, die mehr Fragen als Antworten haben, die mehr Zweifel als Wissen ihr eigen nennen, die mehr suchen und wenig gefunden haben. Die Hungrigen wollen nicht recht haben, aber sie freuen sich, wenn ihnen ein wenig Wahrheit einleuchtet. Die Hungrigen, das sind die, die Freude am Weg bereiten haben – für den HERRN. Und der HERR, den wir Christus nennen, ist immer und zugleich das unbekannte, undefinierbare, freie Wort Gottes an uns. In diesem Wort Gottes, in Christus, verbindet sich Wahrhaftigkeit mit Barmherzigkeit. Es ist wahrhaft, indem es mich wirklich wahrnimmt und erkennt in den Tiefen und Untiefen meines Seins. Es ist barmherzig, sofern es kein Interesse daran hat, mich zu verurteilen; es möchte mich vielmehr aufrichten für mein Leben, es möchte mich befreien zu meiner Lebendigkeit.

„Nehmt einander an, wie Christus euch angenommen hat" – lassen sie uns diesem adventlichen Aufruf des Paulus folgen, lassen sie uns dieses Wort hinaustragen aus dieser Kirche, und hineintragen in unseren Alltag. Und lassen Sie uns nicht vergessen: annehmen heißt, gerade das Schwierige und Mühsame, das „schwer Annehmbare" bei mir selbst und bei meinen Mitmenschen liebevoll wahrzunehmen, anzuerkennen und geduldig auf die Gelegenheit zu warten, es so anzusprechen, dass es zu Herzen gehen kann, AMEN.

Predigt über Lukas 3,1-14 am 3. Advent 2010

Liebe Gemeinde,

„es ist eine Stimme eines Predigers in der Wüste."

Um diese Stimme zu hören, ist es gut, sich aus dem Lärm und der Geschäftigkeit des Alltags zurückzuziehen.
Wüste ist ein Ort der Leere. Leere ist Voraussetzung für Neues. Die Fülle des Gewohnten verhindert, Neues zu erfahren. Unser heutiger Predigttext bringt diese Stimme in der Wüste zum Erklingen:
„Im fünfzehnten Jahr der Herrschaft des Kaisers Tiberius, als Pontius Pilatus Statthalter in Judäa war und Herodes Landesfürst von Galiläa und sein Bruder Philippus Landesfürst von Ituräa und der Landschaft Trachontis und Lysanias Landesfürst von Abilene, als Hannas und Kaiphas Hohepriester waren, da geschah das Wort Gottes zu Johannes, dem Sohn des Zacharias, in der Wüste. Und er kam in die ganze Gegend um den Jordan und predigte die Taufe der Buße zur Vergebung der Sünden, wie geschrieben steht im Buch der Reden des Propheten Jesaja (40,3-5):
‚Es ist eine Stimme eines Predigers in der Wüste:
Bereitet den Weg des Herrn
Und macht seine Steige eben!
Alle Täter sollen erhöht werden,
und alle Berge und Hügel sollen erniedrigt werden;
und was krumm ist, soll gerade werden,
und was uneben ist, soll ebener Weg werden.
Und alle Menschen werden den Heiland Gottes sehen."
Da sprach Johannes zu der Menge, die hinausging, um sich von ihm taufen zu lassen: Ihr Schlangenbrut, wer hat denn euch gewiss gemacht, dass ihr dem künftigen Zorn entrinnen werdet? Seht zu, bringt rechtschaffene Früchte der Buße; und nehmt euch nicht vor zu sagen: Wir haben Abraham zum Vater. Denn ich sage euch: Gott kann dem Abraham aus diesen Steinen Kinder erwecken. Es ist schon die Axt den Bäumen an die Wurzel gelegt; jeder Baum, der nicht gute Frucht bringt, wird abgehauen und ins Feuer geworfen. Und die Menge fragte ihn und sprach: Was sollen wir tun? Er antwortete und sprach zu ihnen: Wer zwei Hemden hat, der gebe dem, der keines hat; und wer zu essen hat, tue ebenso. Es kamen auch die Zöllner, um sich taufen zu lassen, du sprachen zu ihm: Meister, was sollen wir tun? Er sprach zu ihnen: Fordert nicht mehr, als euch vorgeschrieben ist. Da fragten ihn die Sol-

daten und sprachen: Was sollen wir tun? Und er sprach zu ihnen: Tut niemandem Gewalt oder Unrecht und lasst euch genügen an eurem Sold!"

Die Predigt Johannes des Täufers – das ist der Name des Wüstenpredigers - beginnt mit einem Zitat eines anderen Propheten, Deuterojesaja c. 40,3-5: „Bereitet den Weg des Herrn und macht seine Steige eben! Alle Täler sollen erhöht, und alle Berge und Hügel sollen erniedrigt werden…"

Einen Weg bereiten. Nicht für sich selbst. Für einen anderen. Für IHN. Als Vorbereitung für den Einzug des Messias in unser Leben: ihm den Weg zu bereiten. Weg bereiten heißt begradigen. Heißt näher zusammenbringen: Täler sollen erhöht, Berge erniedrigt werden. Lateinisch altus: hoch = tief. Je höher der Berg, desto tiefer das Tal. Je höher der Höhenflug, desto tiefer der Fall ins Bodenlose: himmelhoch jauchzend, zu Tode betrübt. Im Höhenrausch der Manie ist die Erdenhaftung verloren gegangen. Der Absturz ist vor programmiert. Man nennt den Absturz „crash." Die Gefühle des Absturzes sind: am Boden liegen. Hochmut kommt vor dem Fall. Der Kater kommt nach dem Rausch.

Aus der Katerstimmung heraus heißt es dann: es muss anders werden. Ein Blick in den gesellschaftlichen Alltag lehrt, wie schwer es uns Menschen fällt, wirklich zu lernen. Einsicht alleine genügt nicht. Nur über das schmerzhafte Lernen aus der Erfahrung geschieht wirkliche Veränderung. Das ist das „Tut Buße" der Wüstenstimme Johannes des Täufers. Das heißt nichts anderes als: „Lernt aus der Erfahrung, die ihr macht!"

Die Verführung ist groß, der eigenen Erfahrung nicht zu glauben. Vor allem dann, wenn die Erfahrung zu hart, unerträglich war. Z.B. das Gefühl zu haben, nicht wirklich erwünscht zu sein. Das ist für Kinder unerträglich. Diese Unerträglichkeit führt zur Flucht aus der unerträglichen Wirklichkeit. Das Kind schafft sich eine illusionäre Welt. „Ich möchte nur in der Wirklichkeit meiner Filme leben", hat Woody Allen einmal gesagt. Welch' trauriger Satz.

Johannes der Täufer stößt die, die sich an ihn wenden, ab. Er möchte unter allen Umständen vermeiden, dass seine Bußpredigt noch einmal für das Festhalten an Illusionen missbraucht wird. „Wer hat denn euch gewiss gemacht, dass ihr dem zukünftigen Zorn entrinnen werdet? Seht zu, bringt rechtschaffene Früchte der Buße und nehmt euch nicht vor zu sagen: wir haben Abraham als Vater. Denn ich sage euch: Gott kann dem Abraham aus diesen Steinen Kinder erwecken. Es ist schon die Axt den Bäumen an die Wurzel gelegt; jeder Baum, der nicht gute Frucht bringt, wird abgehauen und ins Feuer geworfen."

Falsche Selbstgewissheit zerbröselt vor Gott wie eine Sandburg, die von einer kleinen Welle überspült wird. Falsche Selbstgewissheit und dem Messias den Weg zu bereiten schließen einander aus. Der Messias steht für das Fremde, Unbekannte, Neue, Unvorhersehbare. Deshalb geht sein Kommen mit Gefühlen der Katastrophe einher: „Denn siehe, der Herr kommt gewaltig!" Ein lauwarmer Messias ist ein Widerspruch in sich.

Die große Verführung des Christentums ist ein gesättigtes Denken. Immer schon alles zu wissen. Bevor die Frage sich öffnen kann, steht die Antwort schon fest – unser Christentum ist gefährlich routiniert geworden. Routiniert begehen wir „alle Jahre wieder" den Advent, stehen vor der Krippe, kommen zur Passion, feiern Ostern, Pfingsten usw. Es fehlt die Überraschung. Unser Messiasglaube hat sich verdünnt: er findet sich im Supermarkt unter den fettarmen Produkten: „Messias light – für den kalorienbewussten Christen!"

Johannes der Täufer provoziert; er brüskiert. Er brüskiert die Eingebildeten. Die, die denken: „uns kann nichts passieren, wir haben den richtigen Stammbaum, wir haben den richtigen Vater!" Der Messias brüskiert meine Einbildung über Gott Bescheid zu wissen. Die geläufigste Illusion über Gott ist, Gott, bzw. das Reich Gottes mit einer unendlichen Wunscherfüllungsmaschine gleich zu setzen. Nach der Art: wenn du an Jesus glaubst, dann wird alles gut. Alle deine Wünsche werden dir dann von den Augen gelesen werden! Warte noch ein Weilchen, und dann bist du im Paradies.

Von wegen! Das Reich Gottes ist doch kein Supermarkt, 24 Stunden geöffnet, alles zu haben -und es kostet natürlich nichts! Und Gott ist auch kein Sams mit unendlich vielen blauen Punkten im Gesicht und für jeden Punkt habe ich einen Wunsch frei. Solange wir an einen Gott glauben, der uns alle Wünsche erfüllt, bleiben wir klein und schwach. Dieser Glaube eignet sich nicht für Entwicklung und Wachstum. Er eignet sich aber für Euphorie („Wir haben den Messias! Und das ewige Leben! Was kann uns noch passieren!") und Depression („es ist alles sinnlos, wir können gar nichts…"). Was wir brauchen ist eine Glaube, der Entwicklung und Wachstum fördert. Die „rechtschaffenen Früchte der Buße" sind – falls sie echt sind - Wachstums-Früchte. Das selbstsichere Christentum steht in der Gefahr, perfekt nachgemachte Plastikfrüchte für echte zu halten. Das Tückische ist: man sieht es von außen wirklich nicht. Aber man merkt es sofort, wenn man sie essen will! (Nebenbei: deshalb sind diejenigen, die sich mit dem äußeren Schein <u>nicht</u> zufrieden geben, für die Institutionen, für die Kirche immer die Unbequemsten gewesen.)

Die künstlichen, nachgemachten Früchte lassen sich machen. Die echten nicht. Die künstlichen Früchte sind in dem Sinne perfekt, dass sie weder Werden noch Vergehen unterworfen sind. In demselben Sinne sind sie auch tot. Das Lebendige hingegen ist notwendig Vergehendes. Erst die unbedingte Anerkennung des Vergehens führt zu lebendigem Wachstum. Die von Johannes zitierte Stelle geht denn auch so weiter: „Alles Fleisch ist wie Gras und alle Anmut wie die Blume des Feldes. Das Gras ist verdorrt, denn der Hauch des Herrn hat sie angeweht ... die Blume ist verwelkt. Aber das Wort unseres Gottes besteht in Ewigkeit."
Nicht ICH lebt ewig, sondern das Wort GOTTES. Das ist der Unterschied.

Natürlich lässt sich auch diese Anerkennung der Vergänglichkeit nicht machen. Das wäre auch so eine Illusion, (des Predigers), er könne mit seiner Predigt eine Verhaltensänderung bewirken. Angewandt auf uns heißt das: Sie können meine Worte verwenden, wie immer Sie es wollen – und ich kann nichts dagegen tun. Sie können gleich nach dem Gottesdienst die ihnen vertrauten Ziele verfolgen und zur Fülle der ihnen bekannten Gedanken zurückkehren. Vielleicht haben Sie jetzt schon abgeschaltet und sind in Gedanken beim Mittagessen. Oder bei der Party, die gestern war. Ich weiß es nicht. Dasselbe gilt natürlich auch umgekehrt: vielleicht spule ich meine Predigt gerade herunter und bin selbst in Gedanken schon ganz woanders. Vielleicht glaube ich selbst nicht an das, was ich predige? Vielleicht höre ich mich einfach nur gerne reden? Sie wissen es nicht.

Es ist noch komplizierter: ich kann mir (und Ihnen) einreden, ich glaube das, was ich sage. Ich kann mir beteuern, jedes Wort meiner Rede sei wahr. Und ich kann mich täuschen! Manchmal helfen an der Stelle Träume weiter. Sie können Wahrheiten offenbaren, die uns sehr unangenehm sind. Aber auch hierfür gibt es keine Garantie. Wir können auch auf unsere Träume Einfluss nehmen. Durch unsere Freiheit und unsere Intelligenz sind wir Menschen jedenfalls in der Lage, uns selber und andere zu täuschen. Wir können uns vormachen, dass wir an Gott glauben – und in Wahrheit glauben wir nur an die Allmacht unserer eigenen Wünsche und Sehnsüchte. Da wir aber das „in Wahrheit" nicht sehen können, oder nicht sehen wollen, durchschauen wir unser eigenes Täuschungsmanöver nicht. Ich vermute, der Zusammenhang ist folgender: je unerreichbarer jemand für Fragen und Infragestellungen geworden ist, desto höher ist seine Panik vor Verunsicherung. Und umgekehrt: je sicherer ich mir meiner und meines Glaubens bin, desto gelassener setze ich mich mit seiner Infragestellung auseinander.

Allerdings: der liebe Gott hat den meisten Menschen eine Intuition geschenkt, eine Ahnung davon, was mich in der Tiefe bewegt, was mich antreibt und wo ich blockiert bin. Die Frage ist nur, ob ich es wage, mich auf meine Ahnungen einzulassen.

Was sollen wir denn tun? fragen die Menschen Johannes den Täufer.

Seine Antworten sind sehr realistisch: das, was man hat, mit denen zu teilen, die nicht haben. Großzügig und freigiebig sein. Den Zöllnern rät er, nicht mehr zu fordern, als ihnen vorgeschrieben ist. Also statt gieriger Ausbeutung: das Akzeptieren von Grenzen. Grenzen, die den eigenen gierigen Strebungen Einhalt bieten. Den Soldaten rät er, ihre Kraft und Gewalt nicht zu missbrauchen und sich an ihrem Sold zu bescheiden. Auch hier geht es wieder um das Anerkennen von Grenzen. Wirkliche und ehrliche Umkehr hat also nichts mit extremen Bußleistungen zu tun. Es genügt völlig, an dem Ort, an dem ich stehe, meine Arbeit zu machen. Ohne großes Aufsehen, ohne Jammern und Klagen. Auf neudeutsch heißt das: „mach' deinen Job!" Verantwortungsvoll und in Grenzen.
Wenn wir Menschen als Menschen unseren Job machen würden, müssten wir keine Angst davor haben, dass die Erde kollabiert. Wenn wir Menschen uns darauf besönnen, dass unsere Aufgabe es ist zu bewahren und zu erhalten statt auszubeuten und zu zerstören - es würde genügen. Die Frage ist, wofür wir unsere unglaubliche Intelligenz verwenden. Für Täuschung und Lüge. Oder für die Anerkennung der Wirklichkeit.
Und dann gibt es noch die beliebte Frage: Was kriege ich dafür? Was bringt mir das? Die Antwort steckt in dem Evangelium dieses Sonntags. Johannes der Täufer fragt, ob Jesus der Messias ist. Seine Antwort: „Taube hören, Lahme gehen ... und selig, wer nicht an mir Anstoß nimmt!" Auf dem Boden der Wirklichkeit stehend leben bringt gesundes Leben. Nicht mehr – aber auch nicht weniger. „Und selig, wer nicht an mir Anstoß nimmt!": die Seite in uns, die sich mühsam ihre Illusionen und Täuschungen aufgebaut hat, die nimmt starken Anstoß am Messias! Die will alles, aber sicher nicht dem Neuen den Weg bereiten. Trotz und mit dieser Seite gilt: Bereitet dem HERRN den Weg ... jeden Tag aufs Neue ... in Geduld und Zuversicht, in Liebe und Barmherzigkeit, mehr können wir nicht tun...

oder mit einem Vers von Paul Gerhardt:

„Mach in mir deinem Geiste Raum, dass ich dir werd' ein guter Baum und lass mich Wurzel treiben. Verleihe dass zu deinem Ruhm, ich deines Gartens schöne Blum' und Pflanze möge bleiben."

In dieser Haltung lässt sich – wie mir scheint – auch die Vergänglichkeit dieses Lebens, das allmähliche Verwelken meines Lebens recht heiter ertragen. AMEN.

Predigt über Lukas 1, 46 – 55 (Magnifikat) am 4. Advent 2008

„Meine Seele erhebt den Herren“

Liebe Gemeinde,

der Predigttext des heutigen Sonntags – das vorhin gehörte Evangelium - hat viele Künstler über die Zeiten hinweg inspiriert. Musiker haben das „Magnifikat“ - so heißt dieser Hymnus wegen seines lateinischen Anfangs: „magnificat anima mea dominum“ - in Töne verwandelt, Dichter haben es nachgedichtet, Theologen haben es immer wieder ausgelegt - wie z.B. Martin Luther im Jahr 1521.

Nun ist die Gefahr groß, dass man bei einem allzu bekannten Text immer wieder nur das hineinliest und heraushört, was man eh schon kennt. Ich glaube, es war Leonard Bernstein, der einmal gefordert hat, es solle ein weltweites Verbot geben, Beethovens Symphonien öffentlich zu spielen. Und zwar für wenigstens 10 Jahre! Nicht weil sie so schlecht sind, sondern damit man sie neu erfinden, neu entdecken kann.
Ob es uns jetzt gelingt, das Magnifikat neu zum Klingen zu bringen?
Jedenfalls lässt sich das nicht „machen“, es gibt keine Maschine, die „machen“ kann, dass etwas klingt. „Es“ klingt. Und schon sind wir beim Anfang unseres Textes, der wörtlich übersetzt auch mit „es“ anfängt: **„es erhebt meine Seele Gott, den Herrn“** heißt es da – und nicht „ich erhebe den Herrn“. Welches Ich soll denn auch in der Lage sein, Gott selbst zu erheben? Luther hat dies erkannt, wenn er den ersten Satz so auslegt: „als wollte Maria sagen: ‚Es schwebt mein Leben samt all meinen Sinnen in Gottes Liebe, Lob und hohen Freuden, dass ich, meiner selbst nicht mächtig, mehr erhoben werde als mich selber erhebe zu Gottes Lob.’
Spüren Sie die Schönheit dieser Worte?
Glücklich, wer so etwas von sich sagen kann. „Meine Seele erhebt den Herrn“ – das ist weder das depressive „ich bin bedrückt und nieder-geschlagen, meine Ängste und Sorgen nagen an meiner Seele“ noch das manisch-euphorische „ich stehe über den Dingen, mir kann nichts passieren, ich kann fliegen.“

„Meine Seele erhebt den Herrn“ ist Ausdruck der schwanger gewordenen Seele, ist Ausspruch der Gewissheit: es wächst etwas, in mir geschieht Entwicklung. Das Unfassbare dabei ist; dieses Wachstum ist „radikal“, von der Wurzel her neu. Deshalb muss Maria, eine Jungfrau sein, was natürlich nicht konkretistisch-biologisch miss zu verstehen ist –: „Jungfrau“, das ist das Bild für die Neuheit und Unversehrtheit des Gefäßes, mit dem sich Gottes Geist selbst paart. Die Geburt dessen, der die alten Systeme dieser Welt, die alten Mächte und Herrschaftsverhältnisse radikal, weil qualitativ durchbricht, die Geburt des Messias, bedarf schon bei der Konzeption, beim zeugenden Empfangen, eines Paares, das nicht vom Alten verseucht ist. Deshalb heißt es Jungfrau.

Die geradezu naive, eben jungfräuliche Offenheit Marias für das Ungeheuerlich-Neue drückt sich in ihrer gelassenen Gelöstheit aus. Kein „Ich bilde mir was darauf ein, dass ich den Messias gebären werde“ ist da zu spüren. Im Gegenteil: Das Ich, das sich gerne etwas auf sich selbst einbildet, fehlt ja gerade in den ersten beiden Sätzen: „Meine Seele erhebt den Herrn, mein Geist freuet sich Gottes, meines Heilands.“ So einfach ist das.

„Denn er hat die Niedrigkeit seiner Magd angesehen.“

Das Griechische „tapeinosis“, das Luther mit Niedrigkeit übersetzt, ist mehrdeutig. Es meint sowohl die materielle Armseligkeit als auch die „Demut“ im Sinne von Bescheidenheit. Es kann aber auch „Unterwürfigkeit“ bedeuten, in Richtung „Speichel lecken“ oder dem anderen „hinten hinein kriechen“. Für Lukas, dem gerade auch an der materiell-sozialen Umwertung der Werte so viel liegt, weshalb die armen Hirten den Heiland als erstes entdecken dürfen, für Lukas, den Befreiungstheologen, geht es sicher an erster Stelle um die materielle Armut Marias. Gott wurde Mensch unter den Armen, ja er wurde von einer Armen geboren. Wie immer, wenn man die Bibel zu konkret nimmt, gerät man aber dann in unglückliche, widergöttliche Spaltungen. Gott ist weder ein Gott der Armen, noch ein Gott der Reichen. Gott ist im „weder – noch“ überhaupt nicht zu finden. Ebenso wenig lässt sich Gott im Materiellen finden – „das Reich Gottes ist nicht von dieser Welt“ - das sagt Jesus übrigens auch im Lukasevangelium. Wenn wir das „Arm-Sein“ ein wenig nur von seiner materiellen Dimension entheben, leuchtet sofort ein Arm-Sein im Sinne eines Bedürftig-Seins auf. Maria ist nicht vor-besetzt mit Urteilen, Wertungen, Moralvorstellungen, Falschheiten und Richtigkeiten. In dieser ihrer Fähigkeit zur Selbst-Beschränkung und Selbst-Zurücknahme ist Maria arm und niedrig – und genau darin wird sie von Gottes Geist wahrgenommen, kann Gottes Geist empfangen.

Es gab und gibt gerade bei uns Christen leider immer wieder das Missverständnis, als führe der Weg zu Gott über ein Sich-Geiseln, Buckeln und in den anderen hineinkriechen. Diese „Zweieinigkeit“ verbindet sich gerne mit einem gemeinsamen Herabschauen auf „das Dritte“, die „Anderen“, die „Anders“-Gläubigen, wobei der Gedanke „anders zu sein“ ver-nichtet ist; an seine Stelle tritt das „Nicht“, aus den Anders-Gläubigen werden die „Nicht“-Gläubigen. Wenn dieser Weg irgendwo hinführt, dann in die eigene Überheblichkeit – aber gewiss nicht zu Gott. Gott sucht aufrechte und aufrichtige Menschen, die bereit sind, ihr Leben anzunehmen, ihr eigenes Kreuz zu tragen und rücksichtsvoll und höflich mit ihren Mitmenschen umzugehen. Gott lässt sich nicht in Zweieinigkeit finden – Gott geschieht im Dritten!

Wenn ich solche Sätze sage, liebe Gemeinde, dann als einer, der weiß, dass ich Gottes Liebe nicht verdient habe. Viel zu lange habe ich mich vor Gott und meinen Mitmenschen gebrüstet mit meinem theologischen Wissen, später setzte sich das vermeintliche psychologische Wissen an dessen Stelle. Ich war besetzt mit dem Hochmut, Bescheid zu wissen und mit der Überheblichkeit, es moralisch besser zu wissen. Und gleichzeitig war ich von Gott und allen guten Geistern verlassen. Ich kann Gott nur aus tiefstem Herzen danke sagen, dass er mich nicht aufgegeben hat – verdient habe ich es gewiss nicht.

„Von nun an werden mich selig preisen alle Kindeskinder.“

Wer sich so sicher ist, dass es wirklich Gott ist, dem er sich hingegeben hat, wer sich so sicher ist, dass es wirklich Gottes Geist ist, der in ihm wächst und aus ihm spricht, wer diese Sicherheit hat, mit der Ewigkeit in Verbund zu sein, der kann ohne Arroganz sagen: „es werden mich selig preisen alle Kindeskinder“. Wir normal Sterblichen, jedenfalls so jemand wie ich, sollte sich vor solchen Sätzen hüten.

„Denn er hat große Dinge an mir getan, der da mächtig ist und des Name heilig ist. Und seine Barmherzigkeit währet immer für und für bei denen, die ihn fürchten.“

„Poieo“ – das griechische Verb für „tun“ – lateinisch facere – meint hier nicht das flache „Machen“, das uns so geläufig ist, nicht dieses Schrödersche: „Wir machen das!“, nicht das Tun, das der homo faber, der homo „Macher“ kann – sondern es ist das schöpferische Schaffen Gottes selbst. Es ist das „Tun“ – das in Genesis 1 genannt wird: Am Anfang „schuf“ Gott Himmel und Erde. In Maria und mit Maria wiederholt sich die Schöpfung Gottes – aber nicht so, dass „halt“ alles noch einmal gemacht wird, sondern dieser wiederholte Schöpfungsakt Gottes ist eine Neu-Schöpfung, eine unglaublich verdichtete, in dem Gefäß Maria enggeführte Neu-Schöpfung und Neu-Deutung alles bisher Da-Gewesenen.
Wie aber lässt sich Neues überhaupt denken – geschweige denn verwirklichen?
Man muss sich der Gefahr bewusst sein, dass sich Altes mit Neuem verkleiden kann. Der neue Haarschnitt, das neue Kleid, die neue Wohnung, der neue Job, der neue Partner, das neue Auto, dieses: „das ist jetzt mal was anderes“ – das ist nur neu Gemachtes – mit Neu-Schöpfung hat es meist nichts zu tun.
Heiraten und Kinderkriegen hat schon eher mit Neuschöpfung zu tun. Warum?

Wesentliches Kriterium der Neuschöpfung ist die Unmöglichkeit der Rückkehr zum Alten. „The point of no return“. Und genau das ist es, was so Angst macht. Jede Frau erlebt es an ihrem eigenen Leib hautnah – viel hautnaher als wir Männer im übrigen: wer schwanger ist und die Schwangerschaft durchhält und ein Kind gebiert – für den ist das „Leben davor“ für allezeit vorbei. Dies verbunden mit der Trennung von dem Baby durch die Geburt ist der Stoff für die bekannte „Wochenbettdepression“. Aber natürlich gilt auch für uns Männer: wer Vater geworden ist, kann nie mehr Nicht-Vater sein. Er kann nur so tun, als wäre er kein Vater – er kann die Neuschöpfung ablehnen. Aus diesem Stoff sind die vielen Trennungen und Scheidungen gewebt.

Aber warum ist das wirkliche Erleben von Neuschöpfung notwendig schmerzhaft? Weil es in seiner Endgültigkeit an den Tod gemahnt. Die letzte unvermeidbare Neuschöpfung, die wir zu erleben haben, ist unser aller Sterben. Und dieses Sterben beginnt mit dem Leben, beginnt mit unser aller Geburt. Wir würden zwar alle so gerne sagen: „Ich fühle mich wie neugeboren“, aber wir vergessen dabei nur allzu leicht, dass dieses Gefühl nur mit dem gleichzeitigen Absterben des Alten zu erleben ist. Die Fähigkeit zur Neu-Geburt bedingt die Fähigkeit zum inneren Sterben. Und dem weichen wir gerne aus und machen uns mit Pseudoneuerungen etwas vor. Ich glaube S. Freud hat einmal gesagt, dass er der Ansicht ist, in der Tiefe sind wir Menschen nicht in der Lage, uns unseren Tod vorzustellen.

Wie dem auch sei: Wirkliche Neugeburt, radikal Neues erwächst nur im Schmerz und durch den Schmerz hindurch. Wer diesem Schmerz ausweicht, der ist nicht „geschaffen für das Reich Gottes“, sagt Jesus hart und klar. Wer aber diesen Schmerz aushält, der kann an seinem eigenen Leibe und vor allem in seiner eigenen Seele die Neuschöpfung Gottes erleben. Dass diese Neuschöpfung alles andere als harmlos ist, davon gibt der das Magnifikat abschließende Abschnitt beredt Kunde:
„Er übt Macht mit seinem Arm; er zerstreut, die in der Gesinnung ihres Herzens hochmütig sind. Er stößt die Mächtigen vom Thron herab und erhebt die Niedrigen. Die Hungrigen füllt er mit Gütern und die Reichen schickt er leer fort. Er nimmt sich Israel, seines Knechtes, an, er erinnert sich an seine Barmherzigkeit: gerade so, wie er zu den Vätern geredet hat, gegenüber Abraham und seinen Nachkommen in Ewigkeit.“

Neuschöpfung hat mit Absetzung zu tun. Die alten Machthaber in uns, die wollen keine Veränderung, keine Verwandlung, keine Erneuerung. Die alten Machthaber in uns wollen nur eines: dass „alles beim Alten“ bleibt. Der Vorteil dieser Haltung ist unübersehbar: das Alte ist das Vertraute, Bekannte, Gewohnte. Das Neue ist das Unbekannte, Fremde, Verunsichernde.

Die alten Machthaber sagen: „Wir wollen dich doch nur schützen, dich vor überflüssigem Schmerz bewahren. Bleibe bei uns, dann musst du keinen Tod und keine Vergänglichkeit erleben. Lebe nicht, dann musst du auch nicht sterben!“

Wir müssen diesen inneren Machthabern alles entgegensetzen, was wir haben – sonst bleiben wir in ihrer Gefangenschaft. Das Gefühl dieser Gefangenschaft ist die bedrückte Seele einerseits, die überhebliche Seele andererseits. Der Weg heraus aus dieser Bedrückung und Unterdrückung, der Weg in unsere innere und äußere Freiheit ist mühsam, eng und steinig. Und voller Verführungen. So meinen viele, die eine Ahnung von diesem Weg haben, es würde genügen, am Sonntag in die Kirche zu gehen, mal für eine Woche an einem Zen-Seminar teilzunehmen oder Einkehrtage zu besuchen. Oder man läuft zweimal in der Woche zum Psychotherapeuten, Körpertherapeuten, Yoga-Lehrer oder ich weiß nicht was. Auf diese Weise wird der Heiland nicht in uns geboren. Um den Satz „meine Seele erhebt den Herrn“ wahrhaftig sagen zu können, ist ein <u>alltägliches</u> Sich-einlassen-auf-diesen-Weg vonnöten. Es ist wirklich wie mit einer Schwangerschaft: wer sich nicht alltäglich auf das Schwanger-Sein einlässt und einstellt mit allen Konsequenzen, der riskiert einen Abgang.

Und wenn dann das Baby auf der Welt ist, ist es genauso: wer sich nicht alltäglich auf die Bedürfnisse seines Babys einstellt, der bekommt ein unzufriedenes Baby, das quengelt und schreit, was wiederum die eigene Unzufriedenheit und Genervtheit schürt. So entsteht ein Kreislauf des Gegenseitig-von-einander-genervt-Seins. Wenn man aber von einander genervt ist, hat man unweigerlich Schuldgefühle, die einen fesseln. Dann ist man „verstrickt“ – möchte am liebsten um sich schlagen, weiß aber nicht wogegen, weiß nicht wohin – die Fesseln sind unsichtbar. Was einem bleibt, ist die Flucht – die Flucht in die Einkehrtage, in das Wellness-Hotel, in die Arbeit, in das Schreiben von Predigten, ich weiß nicht was. Jeder hat seine eigenen Fluchtpunkte.

Solange wir vor Gott fliehen, kann sich sein Geist nicht in uns einnisten. Solange wir vor Gott fliehen, kann der Heiland nicht in uns geboren werden. Solange wir vor Gott fliehen, gilt, was Angelus Silesius sagt:

„Wär’ Christus tausendmal in Bethlehem geboren, doch nicht in dir, du wärest ewiglich verloren.“ Dass uns Gott die Kraft der Geduld verleihen möge, die wir brauchen, um den langen dunklen Weg unseres Lebens alltäglich zu gehen, dass uns, Gott die Sicherheit des Vertrauens verleihen möge, die wir brauchen, um alltäglich immer tiefer in IHN hinein geboren zu werden, darum bitten wir. Und dazwischen singen wir, heiter und zufrieden: „Meine Seele erhebt Gott den Herrn und mein Geist erfreut sich in Gott, meinem Heiland“ AMEN.

Anstelle einer Weihnachtspredigt: Am Tag der Zerstörung
(nach einer chassidischen Geschichte)

„Man fragte Rabbi Pinchas: ‚Warum soll, wie uns überliefert ist, der Messias am Jahrestag der Zerstörung des Tempels geboren werden?'

‚Das Korn', sprach er, ‚das in die Erde gesät ist, muss zerfallen, damit die neue Ähre sprieße. Die Kraft, die in dem Korn ruht, kann nicht wachsen, kann sich nicht entwickeln, wenn sie nicht in die große Verborgenheit eingeht. Die feste Struktur des Kornes muss sich lösen, damit Neues entstehen kann. Diese Lösung geschieht in der Leere, im Durchschreiten der Dunkelheit des Nichts.

In der Schale des Vergessens wächst die Macht des Gedächtnisses.

Die Macht des Gedächtnisses ist das Gedenken daran, wer du wirklich bist, und was du wirklich zu tun hast auf dieser Welt. Dies ist die Macht deiner Erlösung. Die Macht deines Gedächtnisses führt dich zu deinem eigenen Selbst. Zu dem, der du wirklich vor Gott bist. So löst sie dich von deinen alten Illusionen darüber, wer du glaubtest zu sein, oder wer du meintest, für andere sein zu müssen. Oder was dir von anderen eingeredet wurde, wer du seiest. Wenn du dich traust, dich für Gott zerstören zu lassen, wird Gott in dir geboren.

Am Tag der Zerstörung, da liegt die Macht Gottes auf dem Grunde und beginnt zu wachsen. Darum sitzen wir an diesem Tag am Boden, darum gehen wir an diesem Tag auf die Gräber, darum wird an diesem Tag der Messias geboren. Wohl dem, der sich traut, sich von Gott zu Gott hin zerstören zu lassen.'"

Predigt über Jesaja 49, 13-16 am 1. Sonntag nach Weihnachten 2007

Unser Predigttext für den heutigen Sonntag steht bei Jesaja im 49. Kapitel:

„Jubelt ihr Himmel, frohlocke, Erde, brecht ihr Berge in Jubel aus,
denn ER tröstet sein Volk, seiner Gebeugten erbarmt er sich.
Zion spricht: ER hat mich verlassen, vergessen hat mich mein Herr! –
Vergisst denn ein Weib ihren Säugling ohne Erbarmen für den Sohn ihres Leibes?
Und wenn sie ihn vergessen sollte – ich aber vergesse dich nicht!
Da, auf beiden Handflächen habe ich dich eingegraben,
stets sind deine Gemäuer vor mir.“

Stellen Sie sich vor, liebe Gemeinde, Sie haben mit Ihren eigenen Augen den Fall der Stadtmauern Ihrer geliebten Stadt, den Fall Jerusalems mit ansehen müssen. Stellen Sie sich weiter vor, Sie wurden zusammen mit vielen Jerusalemern ins E-xil gebracht, nach Babylonien. Sie haben Heimweh, Sie wissen nicht, wie es den Daheim-Gebliebenen geht, und ob überhaupt eine Chance besteht, dass Ihre Stadt wieder aufgebaut werden kann. Und dann hören Sie einen, der mit ihnen ins Exil gegangen ist, der vorgibt im Namen von IHM, von GOTT selbst zu sprechen. Er bezeichnet sich als „Knecht Gottes“, tritt auf als Prophet und sagt im Namen Gottes: „Ich (dein Gott) aber vergesse dich nicht. Da, auf beiden Handflächen habe ich dich eingegraben, stets sind deine Gemäuer vor mir.“

Jeder Mensch, der klaren Verstandes und bei Sinnen ist, kann darüber nur den Kopf schütteln. Es ist so paradox, so wider allen Schein, dass es unglaublich und unglaubhaft ist. Macht sich so ein Gott nicht lächerlich, und sein Prophet mit ihm? „Wenn es Gott gäbe“, so hatten die „Gebeugten“ gesagt, dann wäre unsere Stadt, die Stadt Gottes nicht eingenommen worden, sie wäre nicht besiegt worden. Dass unsere Stadtmauern darniederliegen, kann nur eines heißen: „Unser Gott ist schwach geworden, er hat uns verlassen. Es ist besser, sich den Göttern der Besiegten zuzuwenden: sie stehen offensichtlich auf der Seite der Macht!“

Die Gedanken der Gebeugten sind Gedanken, die man heute depressive Gedanken nennen würde: „Wir sind auf der Schattenseite des Lebens, wir müssen in der Fremde leben, aber die anderen, die haben es gut, das sind die Sieger, sie stehen auf der Sonnenseite.“ Aus diesen depressiven Gedanken folgt das gerade bei uns in Deutschland verbreitete Gejammer und Gestöhne. Wir Deutschen sind in der Tat sehr kreativ darin, Gründe zu finden, warum es uns nicht gut gehen kann. Und auch dieses unangenehme Gefühl, es ist nicht genug, es muss irgendwie anders, besser oder ich weiß nicht was sein, das uns antreibt und jagt, nimmt in diesen depressiven Gedanken seinen Ursprung.

Jesaja, der Prophet, lässt für Depression keinen Platz. Ihn interessieren weder die Sieger noch die Verlierer. Und damit interessiert ihn auch nicht die Welt der Sinne, des Augenscheins. Das einzige, was ihn interessiert, ist ER, GOTT, und die Beziehung Gottes zu seinem Volk. „Lasst euch doch nicht beirren!" verkündet er. „Ich lehre euch einen dritten Weg, der euch heraus führt aus eurem in Widersprüchen gefangenem Denken!"
Und wie lautet dieser dritte Weg?
„Denn ER tröstet sein Volk, seiner Gebeugten erbarmt er sich" verkündet Jesaja.
Und er fährt fort: „Ist es schon unwahrscheinlich genug, dass eine Mutter ihren Säugling im Stich lässt – noch unwahrscheinlicher, ja unmöglich ist es, dass Gott sein Volk im Stich lässst!" Und wie als endgültigen nicht mehr zu widerlegenden Beweis fügt er hinzu: Wie sollte Gott euch vergessen, hat er doch „dein Gemäuer eingegraben in seine Hände!" Die Stadtmauer, die für Schutz, Uneinnehmbarkeit und Unbesiegbarkeit steht, ist eingegraben in den Händen Gottes. Was kann einem da noch passieren? Die Stadtmauer in den Händen Gottes ist unzerstörbar.

Wobei wir Christen ja eine ähnlich verrückte Botschaft verkünden: im Schicksal des gescheiterten, verurteilten, wenn sie so wollen zerstörten Jesus aus Nazareth geschieht unserem Glauben zufolge Befreiung, Trost und Heil.

Natürlich meldet sich hier die Gegenstimme der Rationalität des Augenscheins: Die zerstörten Stadtmauern, das Scheitern Jesu am Kreuz ist Ausdruck dafür, dass Gott uns vergessen hat. Ist Ausdruck für die Absurdität unserer Existenz. Wir sind alle „Gottes vergessene Kinder" – wir sind allein hier. Macht euch doch nichts vor, hört endlich auf, euren selbstgemachten Illusionen hinterher zu jagen. Was nützen mir die Stadtmauern in der Hand Gottes, wenn sie in Wirklichkeit in Schutt und Asche liegen? Was nützt mir der Glaube an den auferstanden Christus, wenn er in Wirklichkeit am Kreuz gescheitert ist?

Liebe Gemeinde,
der dritte Weg, den Jesaja lehrt, ist der Weg, der das helle Licht des Augenscheins verlässt. Er führt in die Dunkelheit der Sinne und in die Dunkelheit des Glaubens und schließlich in die Dunkelheit Gottes selbst. Es bedarf eines „neuen Herzens" um mit Jeremia zu reden, das diesen dritten Weg erkennt und die Kraft hat, ihn zu gehen. Und mit diesem neuen Herzen ist auch eine neue Sprache zu lernen, eine Sprache, die das Lebendige so abbildet, dass es in ihr selbst lebendig wird. Jesus hat diese „Sprache des Werdens" in seinen Reich-Gottes-Gleichnissen so lebendig gesprochen, dass der Gedanke nahe lag: wer derart Gott Gestalt werden lassen

kann, der muss selbst von Gott sein, der ist sein ewiger Logos, sein ewiges Wort, das in diesem Menschen selbst Fleisch und Blut annahm. Wir haben es vorhin gehört – das ist die Quelle der johanneischen Theologie: „das Wort ward Fleisch und wohnte unter uns“ – Christus selbst ist zum „Wort des Lebens“ geworden. Und ich glaube, es ist die neue Aufgabe einer jeden Generation, die überkommen Wörter und Geschichten die vom Leben und Werden handeln wieder zum Leben zu erwecken, zum Klingen und Singen zu bringen. Wenn es uns gelänge, uns dem Überlieferten so zuzuwenden, als hörten wir es zum ersten Mal…

Ich will es mit unserem Predigttext versuchen, ich verstehe ihn ungefähr so:

Welch' ein Glücksgefühl, dass ich erleben darf: ich bin gar nicht allein! In mir spannt sich eine Kraft aus, die von ganz unten bis nach ganz oben reicht. Diese Kraft hat mit der Anerkennung der Drei zu tun: bislang glaubte ich immer, du Mutter/Gott, musst wirklich bei mir sein, damit es mir gut geht, deshalb habe ich dich gehasst, wenn du mich verlassen hast. Jetzt spüre ich, du verlässt mich nur, wenn ich mich an dich klammere, wenn ich dich mit meinen Sinnen und meinem Verstand festhalten will. Dann ist mein Herz gebeugt, dann fühle ich mich depressiv. Lasse ich dich frei, lässt du mich frei, auf einmal ist Raum da und Freiheit zwischen uns, auf einmal entdecke ich den Zwischenraum, sehe die Schönheit der Berge, die zwischen Himmel und Erde sich erstrecken. Und erst in diesem Zwischenraum beginne ich zu vertrauen, dass du mich nicht vergisst, dass deine Abwesenheit nicht meine Verlassenheit bedeutet, sondern meine Freiheit, und in dieser Freiheit entdecke ich meine Liebe zu dir, und in dieser Liebe zu dir entdecke ich mein Gemäuer, meine guten Grenzen, die mich vor Eindringlingen schützen. Durch die ich erlebe, wer ich bin, wo ich anfange und aufhöre, was ich kann und was ich nicht kann. Ich darf endlich sein und fehlerhaft. Ich darf ein Mensch sein. Und es berührt mich zutiefst, dass du meine Grenzen für mich aufgehoben hast, bewahrt hast in deinen Händen. Das verstärkt mein Vertrauen in dich, und aus diesem Vertrauen merke ich, dass mein Misstrauen, du hättest mich jemals vergessen, unbegründet war, ja ich befürchte, dass du schon immer mich geliebt hast, auch zu den Zeiten, als ich dich noch hasste. Mein Hass und mein Neid auf deine Größe und Freiheit hat meine inneren Grenzen zerstört und mich in die Gottverlassenheit gestürzt. Jetzt merke ich, dass du meine Grenzen nie verloren hast, im Gegenteil: du hast sie für mich gehalten und in diesem Halten hast du mein Ganzheit und mein Heil gehalten. Ich selbst war der, der, ohne es zu merken, sein Heil und seine Ganzheit immer wieder zertrümmert hat, weil ich meine Einsamkeit für unerträglich hielt, weil ich mich so wertlos fühlte und deshalb verzweifelt in dich hineinschlüpfen wollte. Jetzt aber weiß ich: wenn ich in dich hinein schlüpfe, verliere ich dich und mich, wenn ich dich frei gebe, gewinne ich mich und dich. Nicht ich kann in dir leben, sondern du willst in mir Wohnung nehmen. Und weil du Gott bist, brauchst du keine Zeit, um in mir Wohnung zu nehmen und auch keinen Raum. Nicht du bist das Problem, sondern ich! In meinen Ängsten lenke ich mich mit Unwesentlichem ab, in meinem Hass umgebe ich mich mit Totem, in meinem Neid stelle ich mein kleines, eitles Ich über dich und meine Mitmenschen. Weil ich mich so minderwertig und verlassen fühle, tue ich so, als bräuchte ich niemanden, als könnte ich aus mir selbst heraus leben, als könnte ich mein eigener Schöpfer sein verwechsle dies mit Selbstverwirklichung. Tatsächlich ist es aber nur Selbstbespiegelung. Und so werde ich immer einsamer, blicke mit meinen vermeintlich göttlichen Augen auf eine trost- und sinnlos gewordene Welt herab, auf eine Welt, die ihrer Farben und ihres Glanzes verlustig gegangen ist. Und in meiner Einsamkeit habe ich auch meine Sprache entleert, spreche ich nicht mehr die Sprache des Lebens, sondern die des Todes, in der es nur darum geht, dass „ich immer Recht habe“. Und dabei ist es so leicht, wieder die Farben zu entdecken. Und die Töne. Und die Gerüche. Das Leben wartet jeden Augenblick vor meiner Tür. Ich brauche meine Türe nur zu öffnen. Ich brauche mein selbstgebautes Gefängnis nur zu verlassen. Der dritte Weg steht jederzeit offen. Ist das nicht Grund zum Jubeln?

Aber wenn das so einfach ist: warum gehen dann so wenig Menschen diesen dritten Weg? Warum halten wir so fest an unseren selbstgebauten Gefängnissen aus Hass, Neid, Angst und Überheblichkeit?

Gefängnisse haben einen großen Vorzug gegenüber allen anderen Plätzen auf dieser Welt: sie sind sehr sicher. Und einen Weg gehen, heißt unweigerlich, Unsicherheit ertragen. Und einen unbekannten Weg gehen, heißt, sehr viel Unsicherheit ertragen. Heißt sogar ertragen, dass nicht einmal das Ziel bekannt ist. Auf dem Weg in unsere Freiheit des Eins-Werdens mit Gott verdunkeln sich unsere Sinne, unser Glaube und am Ende Gott selbst, sagt der Heilige Johannes vom Kreuz. Es gibt ein kleines Gedicht – ich weiß nicht, von wem es stammt. Es ist sehr einfach, einfach wie ein Kinderlied. Ich habe das Gefühl, es handelt von dem dunklen dritten Weg. Sie kennen es vielleicht. Es lautet:

Ich weiß nicht, woher ich komme, ich weiß nicht wohin ich gehe, ich weiß nicht, wer ich bin – mich wundert, dass ich so fröhlich bin.

Ich wünsche Ihnen in diesem Sinne ein fröhliches Neues Jahr! AMEN.

Predigt über 1. Johannes 5, 11- 13 am 2. Sonntag nach Weihnachten 2010

Liebe Gemeinde,

wir haben es in diesem ersten Gottesdienst im Neuen Jahr gleich mit einem Predigttext zu tun, der sich – jedenfalls für mich – gegen seine Predigt sperrt. Der Text leistet mir Widerstand. Oder ich dem Text? Jedenfalls weiß ich nicht, wie anfangen, wie fortfahren. Also bleibt mir nichts übrig, als mich dem Widerstand zu stellen. Was ist los?

Bereits das Evangelium für diesen Sonntag höre ich ehrlich gesagt mit sehr gemischten Gefühlen. Der zwölfjährige Jesus lehrend im Tempel „voller Weisheit" – ich kenne Zwölfjährige ganz gut, ich habe alltäglich mit einem Zwölfjährigen näher zu tun, den ich wirklich von Herzen liebe – aber wenn ich mir vorstelle, er würde hier in der Kirche lehren ... Gut – es gibt Ausnahmegenies, der zwölfjährige Mozart hatte schon eine komplette Messe und ein Singspiel komponiert ... Aber Mozart als Mensch?
Einwand: Es geht bei Jesus ja nicht um einen normalen Zwölfjährigen, sondern um den Sohn Gottes.

Und eben dieses Sohn-Sein, die „Sohnschaft" ist der Fokus unseres heutigen Sonntages. (Das Rechtschreibprogramm von Microsoft Word kennt übrigens den Begriff „Sohnschaft" nicht; es schlägt stattdessen „Sohnschuft", oder „Sohnchaot" oder „Sohnschaf" vor! Welche Vater-Sohn-Beziehung hat wohl der Programmierer dieses Programms erlebt?)

Schon der Wochenspruch stellte das Sohn-Sein in den Mittelpunkt: „Wir sahen seine Herrlichkeit, eine Herrlichkeit als des <u>eingeborenen Sohnes</u> vom Vater, voller Gnade und voller Wahrheit." (Johannes 1,14b). Nahtlos schließt sich hier der Predigttext an (auch von Johannes, und zwar aus seinem ersten Brief):

„Und darin besteht das Zeugnis: Gott gab uns das ewige Leben, und eben dieses Leben ist in seinem Sohn. Wer den Sohn in sich hält, der hält das Leben in sich. Wer das Leben nicht in sich hält, der hält auch nicht den Sohn Gottes in sich.
Dies habe ich euch geschrieben, damit ihr wisst, dass ihr das ewige Leben in euch haltet, und zwar die, die vertrauen in den Namen des Sohnes Gottes."
(1. Johannes 5,11-13)

Mein Widerwillen dagegen, diesen Text zu predigen hat offensichtlich mit dieser Vater-Sohn-Beziehung zu tun. Natürlich weiß ich, dass Johannes damit eine spirituelle Beziehung gemeint ist: eben die von Gott-Vater zu seinem göttlichen Sohn. Mein Wissen ändert aber nichts daran, dass die Metapher, das Bild, in dem dies ausgedrückt wird, im Bild einer Vater-Sohn-Beziehung ausgedrückt wird. Und damit schwingt natürlich und sofort all das mit, was ich an Vater-Sohn-Beziehung erlebt habe. Meine persönliche Erfahrung mit dieser Beziehung „verunreinigt" die idealtypische, die reine Vater-Sohn-Beziehung, von der hier die Rede ist. Also muss ich mich von meiner persönlich erlebten Vater-Sohn-Beziehung lösen, um zum spirituellen Gehalt des Bildes vorzudringen. Dies ist auch deshalb nötig, weil Gott natürlich auch Mutter ist, und sein Sohn natürlich auch seine Tochter. Gott integriert die polare Geschlechtlichkeit unserer Welt. Dann bleiben aber nur sehr abstrakte theologische Gedanken, Spekulationen über das Leben „der drei Personen (Vater – Sohn – Heiliger Geist)" in Gott, denen das Erleben fehlt. Das Problem ist: Bleibe ich zu sehr an meinem persönlichen Erleben mit den konkreten Begriffen von Vater und Sohn kleben, gelingt mir der Übergang auf eine allgemein gültigere, spirituelle Ebene nicht. Entferne ich mich zu weit von meinem persönlichen Erleben, werden meine Gedanken anämisch: ihnen fehlt der Saft des Lebens. Spiritualität geschieht genau in jenem Zwischenraum zwischen abstrakter Leblosigkeit und konkret-individuellem Erleben.

Wie also, so könnte man das Problem noch einmal anders formulieren, können wir alle – egal ob wir Söhne, Töchter, Mütter, Väter sind - <u>erleben</u>, was Johannes da schreibt: „Gott gab uns das ewige Leben, und eben dieses Leben ist in seinem Sohn"? Johannes gibt uns hierzu keine Hilfestellung. Auch wenn er sagt: „Wer den Sohn in sich hält, hält das Leben in sich, wer den Sohn nicht in sich hält, hält das Leben nicht in sich" hilft da nicht weiter! Wie geht das, möchte ich Johannes zurufen? Den Sohn in sich halten? Das Leben in sich halten? Hier schweigt sich Johannes aus. Allerdings nicht ganz. „Wer an den Sohn Gottes <u>glaubt</u>, hat das Zeugnis in sich…" heißt es unmittelbar vor unserem Abschnitt. Hilft dieser Hinweis weiter? „Glauben beginnt dort, wo das Wissen aufhört", hat mein Mathematiklehrer (auch eine Vater-Figur in meinem Leben) spöttisch gesagt. „Dass Jesus Gottes Sohn ist, musst du schon glauben", hat mein Religionslehrer gesagt – eine andere Vater-Gestalt. Mich hatten diese Botschaften verwirrt; ich habe mich in die Musik zurück gezogen, hielt es mit Beethoven: „Musik ist höhere Offenbarung als alle Weisheit und Philosophie."

Jetzt, im nachhinein, fällt mir auf, wie sehr es bei diesen Sätzen um Macht ging: das Wissen ist dem Glauben überlegen, nein, der Glaube an den Sohn Gottes ist allem Wissen überlegen, nein, die höchste Offenbarung ist die Musik. Es geht nicht mehr um die Sache, sondern darum: was ist das Beste, Höchste, Stärkste, Mächtigste? Und ist Macht nicht auch ein wesentliches Merkmal von Vater-Sohn-Beziehungen? Liegt nicht geradezu in der Genetik der Vater-Sohn-Beziehung die

Frage: wer kastriert, ja wer vernichtet wen? Ich erinnere an die zahllosen Mythologien vom Sohnes- und/oder Vater-Mord.

Die Vater-Sohn-Beziehung, von der Johannes spricht, entspringt ganz offensichtlich einem anderen Denken. Gott-Vater und Gott-Sohn sind nicht in Macht aufeinander bezogen. Es geht in ihrer Beziehung nicht darum: wer ist der Stärkere, wer besiegt wen? Sie sind eher im Schmerz gemeinsam zu tragender Ohn-Macht aufeinander bezogen, der Ohn-Macht des Kreuzes. Das ist das Bemerkenswerte an dieser göttlichen Vater-Sohn-Beziehung: gerade im gemeinsamen Aushalten der Ohnmacht, des Ohne-Macht-Seins, entfaltet sich ihre Stärke. Dieses Aushalten wird zum katastrophalen Wendepunkt: zunächst für die Beziehung der beiden und dann (als Folge) für die Beziehung all derer, die den Mut und das Vertrauen haben, durch diese katastrophale Verwandlung hindurch zu gehen.

Die Katastrophe ist das Ende, ist die Zerstörung einer Beziehung, die auf Macht gegründet ist. In und aus dieser Zerstörung erwächst das Neue. Das Neue ist das, was wir als „Reich Gottes" benennen; es ist das „Reich des Sohnes" – wiederum nicht biologisch-konkret zu verstehen. Die Predigt dieses Reiches ist das Herzstück der Predigt Jesu, die wir auch in diesem Neuen Jahr hören und in uns Gestalt annehmen lassen wollen. Und im Reich des Sohnes leben heißt: ein Leben nicht mehr aus Macht und Kontrolle heraus führen, sondern ein Leben aus Vertrauen und Liebe wagen. Das ist viel leichter gesagt als getan. Wer es wagt, sein Leben auf Vertrauen zu gründen, der setzt sich nämlich dem Spott und Hohn eines ganzen Systems aus: jenes Systems, das der Meinung ist, ohne Macht und Kontrolle ist Leben nicht möglich. So manche Dornenkrone wird dem Ohn-Mächtigen aufgesetzt. Es ist ein Irrtum zu meinen, das „Vertrauen in den Namen des Sohnes Gottes" führt zu einem unbeschwerten, paradiesischen Leben .
„Wer dies Kind mit Freuden umfangen, küssen will, muss vorher mit ihm leiden groß Pein und Marter viel" heißt es in einem alten Adventslied.

Das gilt auch und besonders für uns Pfarrer: es ist viel leichter, Liebe und Vertrauen zu predigen .. als zu leben! Ob ich wirklich im Vertrauen lebe, erweist sich nämlich dann, wenn mein Leben <u>nicht</u> so läuft, wie ich es mir vorstelle. So lange alles „glatt" geht, kann ich leicht „im Vertrauen" leben. Die Gefahr ist die, dass wir – ohne es zu merken – unseren „Glauben" dafür verwenden, dass unser Leben so läuft, wie wir es haben wollen, und dass wir Gott dafür verwenden, dass er uns doch bitte dafür helfen soll, dass unser Leben nach unseren Vorstellungen und Wünschen abläuft. Die Gefahr ist, dass wir statt an Gott an unser eigenes Ich glauben.
Wenn ich versuche zu erleben, wovon Johannes schreibt, wenn ich versuche, den Sohn wirklich in mir zu halten, dann führt mein Weg auch zum Kreuz. Gekreuzigt

werden diejenigen Ich-Wünsche, die mich von Gott trennen. Das sind diejenigen Wünsche, die mich von meinem eigentlichen, wirklichen und wahrhaftigen Leben trennen. Wenn ich versuche, den Sohn in mir zu halten, dann gebe ich den erschöpfenden Kampf um den Sinn meines Lebens, das verzweifelte „wer bin ich?“ und „was will ich?“ ab: ich überlasse mich der Beziehung zwischen Vater und Sohn, die in Jesus Christus sich offenbarte. Ich glaube, hier ist die Wurzel meines Widerstandes und Widerspruches gegen unseren Predigttext zu finden: mein Ich will nicht mitmachen bei einer Predigt, die von der Aufgabe eben dieses Ich handelt.

Mein Ich sagt: ohne mich kannst du doch gar nicht predigen, ohne mich weißt du doch gar nicht wer du bist. Mein Ich sagt: „Unterm Strich zähl ICH“: das ist mein gefühlter Widerstand gegen unseren Text, der sich um dieses Ich gar nicht kümmert. Die Predigt des Evangeliums Jesu Christi stellt dieses „unterm Strich zähl ich“-Denken nicht nur in Frage, es wird von ihr ausgehebelt. Wer sich auf dieses Evangelium einlässt, der muss sein Ich in die Schranken verweisen; wer den Sohn in sich hält, der kann gar nicht mehr sagen: „unterm Strich zähl ICH“ – er sagt voller Selbstbewusstsein: „dein Wille geschehe!“
Er sagt: „Mein Ich hängt dort am Kreuz, nun aber lebt der Sohn in mir!“ Und der Sohn ist niemand anderes als die mir zugewandte Seite des Vaters, die lichte Seite des Vaters, der im Dunklen wohnt, unerkannt und unerkennbar. Nur über die Beziehung des Sohnes zu seinem Vater leuchtet ein Licht in diese Dunkelheit, ein Licht des Ur-Vertrauens, der Hoffung und der Liebe. Und in diese Beziehung will Gott mein Leben, will Gott mich hineingestalten!

Die Verinnerlichung des Sohnes, das „In-sich-Halten des Sohnes“ bedeutet also die Verinnerlichung einer lebendigen Beziehung, die gespeist ist von gegenseitiger Wertschätzung, Achtung und Liebe!

Hier wird ein Wort wichtig, über das wir bislang noch nicht gesprochen haben: das „Zeugnis“. Johannes wird nicht müde, vom „Zeugnis“ zu sprechen, das Gott uns in seinem Sohn gegeben hat. „Gezeugt, nicht geschaffen“ heißt es ausdrücklich im alten konstantinopolitanischen Glaubensbekenntnis. „Gezeugt“, das heißt echt, wahrhaftig, ehrlich. Es ist eine Absage an alles „Gemachte“, manipulierte, Künstliche!

Wir können unsere Wünsche – die sich gerade zum Jahreswechsel häufen – darauf hin überprüfen, ob sie gekünstelte oder wahrhaftige sind. Ob sie der Mehrung von Macht und Kontrolle oder der Entwicklung und dem Wachstum des Lebens dienen. Ob sie dem „unterm Strich zähl Ich“ oder dem „dein Wille geschehe“ entspringen.

Echte, wahrhaftige, aus dem Zeugnis dieser lebendig-liebevollen Vater-Sohn-Beziehung entstehende Wünsche, kreisen nicht mehr darum, dass ich bei bester Gesundheit möglichst lange lebe, möglichst viel Geld habe, möglichst noch viel erleben, reisen usw. kann. Das ist alles in Ordnung und auch ganz nett. Aber wer einmal erlebt hat, wie unvergleichlich anders, intensiv und erfüllt das Leben in innerer Beziehung ist, wer einmal die Lebendigkeit der Gottesbeziehung in sich gespürt hat, der wünscht sich nur mehr eines: dass diese lebendige Beziehung ihm nie mehr verloren gehen möge. Wer das Glück hat, als Kind aufwachsen zu dürfen in einer lebendigen Liebesbeziehung zwischen Vater und Mutter, dem fällt es natürlich viel leichter, eine solche lebendige innere Beziehung sein Leben lang zu halten und spirituell zu überformen.

Gebe Gott, dass wir auch in diesem noch so neuen Jahr „den Sohn in uns halten." In ihm wirkt seine liebevolle Beziehung zu seinem Vater, der in und durch diese Liebe zu unser aller Vater und Mutter geworden ist. Gebe Gott, dass uns die Kraft dieser Liebe durch dieses Jahr hindurch geleite und uns auch in schweren Stunden die Kraft gebe, die wir benötigen, um den Widrigkeiten und Widersprüchen, die dieses Jahr sicherlich auch mit sich bringt, in Geduld und Vertrauen stand zu halten.

Ich wünsche Ihnen und mir für dieses Jahr, dass wir ganz oft erleben dürfen, was Paul Gerhardt so gedichtet hat:

„Eins aber hoff ich, wirst du mir, mein Heiland nicht versagen:
dass ich dich möge für und für in, bei und an mir tragen.
So lass mich doch dein Kripplein sein; komm, komm und leg dich bei mir ein:
dich und all deine Freuden."

„So lass mich doch dein Kripplein sein" –
und darin liegt das Zeugnis der liebevollen Beziehung:
Jetzt kann das Neue Jahr kommen! AMEN.

Predigt über Matthäus 2, 1-12 an Epiphanias 2009

Liebe Gemeinde,

unser Predigttext, das vorhin gehörte Evangelium, ist eigentlich in einem Bild zusammenzufassen: Die Weisen aus dem Morgenland beten das Jesus-Kind an. In keiner Krippe fehlt es: friedlich vereint mit den Hirten und Schafen aus dem Lukasevangelium stehen die drei Weisen, und bringen Jesus in der Krippe ihre Geschenke dar. Eine nette Geschichte, ein schönes Bild – nur:
Was gibt es da viel zu predigen?
Diese Frage wurde für mich um so quälender, je näher der heutige Gottesdiensttermin rückte. Ich hatte mir vorgenommen, in den Weihnachtsferien gemütlich meine „Drei-Königs-Predigt“ zu schreiben. Nur – worüber?
Die aktuelle Situation ist nicht geeignet für romantische Krippenstimmung. Außerdem weiß ich nicht, wie man so etwas predigen soll.
Man könnte sich über den machtbesessenen König Herodes auslassen. Dass er nur die Erhaltung seiner Macht im Sinne hat, dass er sich von dem „neuen König“, der da kommen soll, bedroht fühlt. Man könnte eine Parallele zu Ödipus ziehen und auf die mörderische Dimension von Vater-Sohn-Beziehungen hinweisen. Man könnte sich über die Polarisierungen des Evangelisten Matthäus Gedanken machen, der sein Evangelium immer wieder gegen das jüdische Establishment seiner Zeit schreibt und deutlich machen will, dass der Messias für alle Menschen, gerade auch für die Nicht-Juden gekommen ist.
Man könnte dies, man könnte das – aus: man könnte ist noch nie eine gute Predigt geworden.

Vielleicht leide ich auch nur an einer Weihnachtsdepression: kennen Sie das – wenn alles vorbei ist, die Anspannung abfällt und man nur noch Leere in sich spürt?
Will nicht jemand von Ihnen heute das Amt des Predigens übernehmen? Ich fühle mich so leer, mir fällt einfach nichts Rechtes ein …
– andererseits, gleich als erstes im Neuen Jahr versagt zu haben, das kann es doch auch nicht sein. Dabei hatte ich mich so gefreut, mit Ihnen das Epiphaniasfest – vorverlegt auf den heutigen Sonntag – zu feiern.

Epiphanias – die Erscheinung Gottes: das ist doch eigentlich ein großartiges Thema! Wenn mir wenigstens eine Idee erschiene – es muss ja nicht gleich Gott sein. Wie gut hatten es die Weisen aus dem Morgenland: die hatten ihren Stern, der sie führte! Oder besser: von dem sie sich haben führen lassen. Ohne Vertrauen auf dieses Himmelslicht, das ihnen im Dunkeln den Weg wies, wären sie nämlich nie nach Bethlehem gekommen.

Vielleicht bahnt sich da auch ein Weg für diese Predigt an? Wenn wir versuchen, uns von dem Text selbst führen zu lassen – ohne gleich zu wissen, wo es hinführt…

Es geht damit an, dass Menschen auf der Suche sind. Sie sind nicht stehen geblieben, es bewegt sie noch etwas. Und sie machen sich auf den Weg. Ein schönes Bild, letztlich für das Leben selbst. Wer sein Leben lebt, wer Ja zu seinem Leben sagt, der ist auf dem Weg im Letzten zu sich selbst. Oder zu Gott – das ist irgend wann nicht mehr so recht unterscheidbar. Die Bibel ist voll von Geschichten, die Leben als unterwegs sein beschreiben. In unserer Geschichte sind es „magoi" – Magier. Wie viele wissen wir nicht, jedenfalls mehrere, eine kleine Gruppe. Das griechische „magos" ist ein Lehnwort aus dem Iranischen und bezeichnet Mitglieder einer Priesterkaste. Im Laufe der Zeit nahm es dann die Bedeutung von „Traumdeuter, Zauberer, Betrüger" an. (Nebenbei: eine für den Psychotherapeuten spannende Verbindung von Traumdeuter und Betrüger!) Vielleicht können wir so sagen: ein kleine Gruppe spirituell aufgeschlossener Menschen ist unterwegs. Sie sind konfessionell nicht festgelegt. Das einzige, was sie verbindet, ist: sie kommen von Osten: wörtlich vom „Aufgang der Sonne". Das unterstreicht noch einmal die Offenheit dieser kleinen Gruppe für „Neues". Es scheint eine Gruppe zu sein, die nicht im Alten erstarrt ist, die neue Wege geht, denen etwas „aufgegangen" ist, die noch etwas suchen. Als einzigen Wegweiser haben sie einen Stern, oder eine besondere Konstellation von Sternen. Und sie scheinen über ein unerschütterliches Vertrauen zu verfügen, dass dieser Stern ihnen den Weg weist.

Nun kann man diesen Stern, dem die Weisen aus dem Morgenland folgen, logischerweise nur sehen, wenn es dunkel ist. Das helle Licht der Sonne überdeckt ihn. Dasselbe gilt im übrigen auch für die Bilder unserer Träume: sie werden auch erst sichtbar, wenn das helle Licht des Verstandes sich zur Ruhe begeben hat. Die Bilder unserer Träume wie das Licht jenes Sternes, dem die Weisen gefolgt sind, werden nur dem sichtbar, der es wagt, das vertraute, sichtbare Land des Verstandes zu überschreiten, zu transzendieren.

Jetzt verstehen wir auch besser, warum „Magier" sowohl Traumdeuter als auch Betrüger heißen kann: es ist gefährlich, Träume für bare Münze zu nehmen, ebenso wie es gefährlich ist, einer Kraft jenseits des Verstandes mehr als dem Verstand zu vertrauen. Viele Menschen bleiben an dieser Schwelle stehen – viele Menschen klammern sich verzweifelt an das, was sie sehen – und merken gar nicht, dass es einen Stern gäbe, der ihnen zuzwinkert und ihnen zuflüstert: „Vertraue mir, ich führe dich in ein ganz neues Land, in ein Land, in dem es dir gut

gehen wird“. Vielleicht hat es mit diesem ängstlich-klammernden Misstrauen zu tun, dass auch in unserer Geschichte nur eine kleine Gruppe sich auf den Weg gemacht hat, diesem merkwürdigen Licht zu folgen. Unsere kleine Gruppe ist dem „Strahl der Dunkelheit“ gefolgt – hat die Fährnisse des langen Weges bestanden und kommt schließlich ihrem Ziel immer näher. Merkwürdig: der Stern hat sie nicht in ein Land der Freiheit und des Friedens geführt, sondern in ein Land, in dem ein machtbesessener König seine kleine, ihm von den Römern zugestandene Macht ausübt: das Land des Königs Herodes.
Dieser empfängt sie auch, wie es sich gehört, man könnte sagen diplomatisch korrekt: er empfängt sie an seinem Hofe und scheint sich für das Ziel der Fremden zu interessieren: „Zieht hin und forscht genau nach dem Kind!“ sagt er zu ihnen. „Wenn ihr es aber gefunden habt, so berichtet es mir, damit auch ich komme und ihm huldige.“
Wir wissen – bzw. Matthäus hat es so konzipiert -, dass dies geheuchelt war. In Wirklichkeit hatte Herodes Angst vor einem Kind, das ihn entmachten könnte.
Herodes ist damit der erste einer sehr langen Reihe von Menschen, die Jesus und seine Predigt missverstanden haben: es gibt keine wirklichen Anzeichen dafür, dass es Jesus darum gegangen wäre, ein weltlicher Machthaber zu werden. Seine Radikalität ist nicht die der Machtergreifung, sondern die des befreienden Los-Lassens. „Jesus ist kommen, nun springen die Bande“ haben wir gerade gesungen: Das ist die Machtergreifung des Messias, das ist die Herrschaft des Heilands: wer sich auf dieses Kind aus Bethlehem wirklich einlässt, der wird wirklich ein neuer Mensch – in ihm regieren nämlich die Freiheit, die Wahrheit und die Liebe.
So gesehen hat Herodes dann doch wieder recht: mit diesem Messias aus Bethlehem - aus dieser unbedeutenden Stadt, die gewiss keinen bedeutenden Herrscher hervorbringen wird – mit unserem Messias, liebe Gemeinde, funktioniert kein Macht-Regime im Sinne eines Herodes. Im Gegenteil, jeder Herrscher, der dazu aufruft, an ihn, statt an Gott zu glauben, ist mit diesem Messias entmachtet. Dies gilt sowohl für individuelle Machthaber als auch für Prinzipien, die uns Menschen knechten wollen. Z.B. das Prinzip „Gewinnmaximierung“ ist ein Herodes-Prinzip, aber kein Messianisches. Das messianische Prinzip hat den Egozentrismus mit seinen aus Angst, Gier, Neid und Hass gebauten Gitterstäben durchbrochen – folgen wir seinem Stern, so werden auch wir zu Befreiten!

Und dann ist es gut, wenn wir mit den Weisen das Wertvollste, das wir haben, aus unserer Hand geben und dem Messias-Kind darbringen.
Gold ist das uralte Symbol für den Herrscher: wenn ich mein Gold dem Messias schenke, dann sage ich fröhlichen Herzens: von nun an mögest du über mich herrschen, du verstehst das nämlich besser. Deine Herrschaft ist gerecht.
Weihrauch ist das uralte Symbol für den Priester: wenn ich meinen Weihrauch dem Messias-Kind schenke, dann höre ich auf, mich selbst zu beweihräuchern,

dann verstehe ich, dass mein Wille nicht automatisch Gottes Wille ist, dann habe ich gelernt, mich unter seinem Willen zu beugen und mein Leben aus seiner Hand dankbar und froh zu empfangen.
Myrrhe schließlich ist ein uraltes Symbol für den Arzt, den Heiler: wenn ich mein illusionäres Mich-selbst-Heilen-Wollen aufgebe, wenn ich das Messias-Kind als meinen Heiland aus tiefstem Herzen anerkenne, dann geschieht Heil-Werden in mir, weil ich dann ganz werde, nicht mehr Teile von mir abspalten muss und als Splitter in den Augen meiner Nächsten sehen muss.

Liebe Gemeinde,
ich weiß nicht wie es Ihnen jetzt geht – ich finde es hat sich, jedenfalls für mich, gelohnt, dass ich aufgegeben habe zu meinen, ich müsste Ihnen heute etwas sagen. Ich bin im nachhinein froh, dass ich mich von der Geschichte selber habe führen lassen. Ich möchte in dem neuen, noch jungen Jahr versuchen, mit den Magiern zu ziehen. Ich will einem Licht vertrauen, das weiter weg ist als unsere alltägliche Sonne. Einem Licht, das nur in der Dunkelheit gesehen werden kann. Meister Eckehart, von dem eine Predigt zu Epiphanias aus dem Jahre 1326 erhalten ist, sagt zu diesem Licht: „Ein Stern ist oberhalb der Sonne; das ist der oberste Stern, der ist edler als die Sonne … er fließt durch die Sonne und durch alle Sterne und fließt in die Erde und macht sie fruchtbar.“ Und er fährt überraschend fort: „Ganz so ist es mit dem recht demütigen Menschen … denn eine Wurzel aller Sünden und aller Flecken ist die verborgene, verhohlene Hoffart, und ihr folgt nichts als Leid und Weh nach. Die Demut hingegen ist eine Wurzel alles Guten…“ Die Demut könnte auch eine Wurzel sein, die uns von der derzeit oft benannten Gier heilt: Demut heißt ja wörtlich: „die von oben begrenzte Seele“. Wenn ich mich sicher von unten getragen und gut von oben begrenzt erlebe – aufgespannt zwischen Himmel und Erde -: warum sollte ich dann gierig von einem zum nächst Besten hetzen?
Könnte es sein, dass der Stern, unter dem Jesus geboren wird, der Stern der Demut ist? Sollte das Licht, das in der Finsternis leuchtet, und das von der Finsternis nicht ausgelöscht werden kann, das Licht der Demut sein?
„Meine Demut gibt Gott seine Gottheit“, sagt Meister Eckehart am Ende seiner Predigt. Denn: „Der Mensch, der … in allen seinen Werken nichts meint noch liebt als Gott, dem gibt Gott seine Gottheit.“ Solange ich mein Gold und meinen Weihrauch und meine Myrrhe für mich verwende – solange bleibe ich ein König Herodes. Wenn ich mich aber traue, sie Gott selbst zu schenken – dann werde ich zu - Gott. So nämlich, dass Gott mit seiner heilsamen Herrschaft in mir Wohnung nimmt und mich erblühen lässt. Und dann vergeht die Finsternis und das wahre Licht scheint jetzt.

Und indem dies geschieht finde ich auf einem neuen Weg zu mir nach Hause: wie die drei Weisen, deren Heimweg nicht mehr über König Herodes führte. Das will sagen: wenn die Demut des Messias-Kindes mich erleuchtet, wenn das wahre Licht der Demut aus mir strahlt, dann lasse ich die Macht-Ideen eines Herodes links liegen – sie interessieren mich nicht mehr! Es ist auch eine Macht-Idee zu meinen, andere von der Wahrheit des wahren Lichtes überzeugen zu müssen. Müssen wir nicht und können wir nicht; die Wahrheit leuchtet aus sich heraus und in den hinein, der sich auf sie einlässt. Wer von der Wahrheit erleuchtet ist, in dem lebt die Freiheit, der zieht niemanden mehr irgendwo hin. In ihm wohnt ein lächelndes Baby, umgeben von heiterer Leichtigkeit.

Dass auch wir in diesem Neuen Jahr immer wieder mit leeren Händen reich beschenkt zu uns selbst und darin zu Gott zurückkehren mögen, dass in diesem Sinne unser Neues Jahr ein Fröhliches Neues Jahr werde – das verleihe uns der Gott, bei dem es Möglichkeiten gibt, die uns Menschen unmöglich sind (Lukas 18,27), AMEN.

Predigt über Matthäus 4, 12-17 am 1. Sonntag nach Epiphanias 2011

Liebe Gemeinde,

unser aller Werden liegt im Dunklen. Neun Monate verbringen wir in Dunkelheit, ehe wir das Licht der Welt erblicken.

Viel älter als das Sehen ist das Hören. Bereits mit vier Monaten ist der Hörsinn des Embryos voll ausgebildet.

In dem vorhin gehörten Evangelium wird Hören und Sehen miteinander verbunden: „Und siehe, die Himmel wurden ihm geöffnet und er sah den Geist Gottes wie eine Taube herabfahren und auf sich kommen. Und siehe, eine Stimme kommt aus den Himmeln, die sagt: „Dies ist mein lieber Sohn, an dem ich Wohlgefallen habe."

In dem Satz: „Und siehe, eine Stimme kommt aus dem Himmel…" werden zwei Sinne miteinander verbunden, die wir gelernt haben zu trennen: unser Verstand sagt: Eine Stimme kann ich nicht sehen! Es bedarf einer Kraft „jenseits" des konkreten überscharfen Formulierens, die aushält, dass Stimmen gesehen werden. Wir nennen dieses das Phänomen der Koenästhesie und verwenden es im Alltag: wenn wir von einem „trockenen Wein" sprechen, verbinden wir unseren Geschmackssinn mit unserem Tastsinn. Oder nehmen sie das Wort „Klangfarbe": es verbindet unmittelbar Gehörtes mit Gesehenem. Ich bin mir sicher, dass wir alle eine Zeit in uns tragen, in der Sonnenstrahlen nach Muttermilch schmecken, in der wir mit Klängen malen können, in der wir unsere Umgebung riechen. Doch durch die einseitige Herrschaft unserer Rationalität ist diese Fähigkeit bei vielen Menschen verkümmert.
Unser heutiger Predigttext entzieht sich dieser Rationalität. Rational betrachtet gibt er wenig her, höchstens den historisch interessanten Hinweis, dass Jesus zum Kreis um Johannes den Täufer gehörte. Er steht bei Matthäus und schließt an die Versuchungsgeschichte Jesu an. Taufe – Versuchung – Beginn der Predigt Jesu: so die Komposition des Evangelisten Matthäus. (Nebenbei: „Komposition" wird hier auf die Zusammenstellung von Texten angewendet – in Analogie zur musikalischen Komposition.)

„Als nun Jesus hörte, dass Johannes gefangengesetzt worden war, zog er sich nach Galiläa zurück. Und er verließ Nazareth, kam und wohnte in Kapernaum, das am See liegt im Gebiet von Sebulon und Naftali, damit erfüllt werde, was gesagt ist durch den Propheten Jesaja, der da spricht (8,23;9,1):
‚Das Land Sebulon und das Land Naftali,

das Land am Meer, das Land jenseits des Jordans,
das heidnische Galiläa,
das Volk das in der Finsternis saß,
hat ein großes Licht gesehen;
und denen, die saßen am Ort und im Schatten des Todes,
ist ein Licht aufgegangen.'
Seit der Zeit fing Jesus an zu predigen: ‚Tut Buße, denn das Reich der Himmel ist nahe herbeigekommen.'" (Matthäus 4,12-17)

Wie gesagt, rational betrachtet ist zu diesem Text nicht viel zu sagen: vielleicht noch der Hinweis, dass dies typisch Matthäus ist: Jesu Biographie mit dem Alten Testament so zu verknüpfen, dass deutlich wird: er ist der verheißene, erwartete, ersehnte Messias der Juden!

Verlassen wir den dürren Boden der Rationalität! Fragen wir: was bedeutet das alles? Lassen Sie uns nach verborgenen Verbindungen suchen, die sich im gleißenden Licht bekannten Wissens nicht finden lassen. Lassen Sie uns Ausschau halten nach jener dunklen Wolke des Glaubens, die das Volk Israel bei ihrem Auszug aus Ägypten begleitete und ihren Weg erleuchtete. (vgl. Ex. 14,20)
Jesus zieht sich zurück - damit beginnt unser Text. Sein Rückzug ist eine Reaktion auf die Gefangennahme seines Lehrers Johannes des Täufers. Sein Rückzug ist auch eine Stellungnahme zur Öffentlichkeit. Vielleicht hatte er Angst, auch gefangen genommen zu werden.
Der getaufte Jesus, der die Audiovision von „dieser ist mein Sohn" erlebte, zieht sich zum zweiten Mal zurück: sein erster Rückzug war der in die Einsamkeit der Wüste.
Beide Rückzüge dienen seinem seelischen Wachstum. „Dieser ist mein Sohn!" – dieses „himmlische Bekenntnis" ist auszuhalten, zu verarbeiten und zu verwandeln. Die Gefahr besteht in der Selbstüberschätzung, in der Selbstüberheblichkeit. Sich selbst an die Stelle Gottes zu setzen: das ist die teuflische Versuchung. Jesus kämpft mit dieser Versuchung in der Wüste und er begegnet ihr mit seiner Predigt: „Tut Buße, denn das Reich Gottes ist nahe herbei gekommen!" – Jesus stellt sich bescheiden in die Tradition der Propheten des Alten Testamentes und bekennt sich inhaltlich zu seinem Lehrer Johannes den Täufer. Erst allmählich wird er die Botschaft vom nahe herbeigekommenen Gottesreich verwandeln in die Botschaft von der Gegenwart des Gottesreiches. Auch ein Messias fällt nicht vom Himmel. Auch ein Messias muss lernen, wachsen und sich entwickeln.
Matthäus verbindet nun den zweiten Rückzug Jesu mit einem Wort des Propheten Jesaja:
„Das Land Sebulon und das Land Naftali,
das Land am Meer, das Land jenseits des Jordans,

das heidnische Galiläa,
das Volk, das in der Finsternis saß,
hat ein großes Licht gesehen;
und denen, die saßen am Ort und im Schatten des Todes,
ist ein Licht aufgegangen."

Es ist die Rede von einem Land – jenseits. Es ist ein fernes, ein unbekanntes Land, in dem die Sonne Gottes verdunkelt ist. Nehmen wir diese Aussage als Bild, das nach innen weist.

Wir Menschen leben innerlich in dem uns bekannten Land. Es geht bis zum Jordan. In diesem Land kennen wir uns aus, wissen, wo was hingehört. Es ist das uns vertraute Land unseres Bewusstseins. In diesem Land funktionieren wir dank unseres Verstandes ganz brauchbar. Wir überleben nicht nur, sondern wir leben mit einigem Luxus. In diesem Land sind wir sicher, wir wissen, wer wir sind, wir wissen wo unsere Grenzen sind, dass unsere Haut unseren Körper umgrenzt und beendet. Aber hören wir wirklich da auf zu sein, wo unsere Haut aufhört zu sein? Kenne ich den wirklich, von dem ich 100 Mal am Tage „Ich" sage?

Das Land jenseits des Jordans kennen wir vielleicht ein wenig aus unseren Träumen. Im hellen Licht des Tages geht es schnell unter. Das Land jenseits ist für unsere an die Helligkeit des Tages gewöhnten Augen ein dunkler Kontinent. Im Land jenseits des Jordans kennen wir uns nicht aus. Es ist uns unheimlich, so unheimlich wie eine Nachtwanderung in einem unbekanntem Land. Wir können die Geräusche nicht einschätzen, wissen nicht, wer oder was uns begegnet, ob Gefahr droht. Aber dieses Land, dieses Anderland liegt am Meer: es hat Zugang zum Meer des Unbewussten. Unser Weg zum Unbewussten führt uns unweigerlich in die Dunkelheit des Nicht-Wissens und Nicht-Kennens.

Die Wurzelspitzen unser Seele gründen in jenem Anderland, in dem das Licht unseres Verstandes verschluckt wird. Jesus wohnte am See heißt es in unserem Text: das heißt soviel wie, er kam seiner Seele nahe, in jenem Gebiet von Sebulon und Naftali. Sebulon heißt übrigen „verweilen", also ein Raum und eine Zeit, wo man sich aufhält. Und Naftali bedeutet „Neffe" oder „Nichte" – also verwandt sein. Es ist merkwürdig, wenn man sich in das Anderland der eigenen Seele wagt, zu erleben, wie einem das Unbekannte doch irgendwie vertraut erscheint, als hätte es schon seit ewigen Zeiten nur darauf gewartet, erkannt zu werden.

Es bedarf eines Messias, eines Messias in uns, der es wagt, die bekannten Ufer unseres Wissens und unserer Vor-Urteile zu verlassen, und sich in die Dunkelheit des Landes jenseits vorzutasten. Nur ein Messias ist in der Lage, Licht in diese Dunkelheit zu bringen; ein Licht – vergleichbar dem Infrarot oder dem Ultraschall.

„…und denen, die saßen am Ort und im Schatten des Todes, ist ein Licht aufgegangen…“
Unser scheinbar sicheres Leben im vertrauten Diesseits des Jordans lässt unsere inneren Mitbewohner im jenseitigen Land verkümmern. Einem Leben ohne Schatten fehlt die Tiefe, die Erdung: es bleibt flach und oberflächlich. Wir brauchen unsere dunklen Seiten, um lebendig zu werden. Wir müssen in die Dunkelheit uns wagen, wenn wir das Leben in seiner Fülle erleben wollen.
„Tut Buße!“ heißt für mich dann: ändert eure Blickrichtung! Ändert eure Laufrichtung! Statt vor euren inneren Dunkelheiten zu fliehen, geht auf sie zu. Meidet das blendende Licht eurer oberflächlichen Rationalität, die euch einreden will, ihr wisst schon alles. Bleibt und werdet neugierig für das Unbekannte, Unsichere. Für die Zwischentöne, das zwischen den Zeilen erklingende! Statt euch mit flimmernden Bildern berieseln zu lassen: malt selbst eure Bilder – jene Bilder, die aus der Tiefe eures Unbewussten stammen und nach Gestalt suchen. Schreibt das Buch, das ihr schreiben müsst, oder das Gedicht, das sich in euch formen will. Oder die Melodie, die in euch zum Klingen gebracht werden will.
Gebt eurer Dunkelheit Raum und Zeit – und findet darin den guten Augenblick. Verweilt (Sebulon) im Augenblick, der euch gerade geschenkt wird. Wie ein Sonnenstrahl versucht, eine schmutzige alte Glasscheibe zu durchdringen, oder wie sich in einer Pfütze am Wegrand der blaue Himmel spiegelt. Lernt den Regen wieder auf euerer Haut zu spüren und den Wind, der euch frech ins Gesicht bläst. Und jedes Mal, wenn ihr so ganz tief in eurem einzigartigen Augenblick angekommen seid – dann ist das Reich Gottes nahe herbeigekommen!
„Welche der Geist Gottes Geist, sind Gottes Kinder!“ (Römer 8,14) That’s it!
Es gibt Menschen die sagen: das würde ich ja alles ganz gerne, aber vorher muss noch mein Kopfweh vergehen, oder meine Angst um meine Mutter oder, oder…
Es gibt Menschen, die finden immer etwas, was sie davon abhält, das Land jenseits des Jordans zu betreten. Nun, ich fürchte, ihnen kann man nicht helfen. Am wenigstens hilft man ihnen damit, aus falsch verstandener „Rücksicht“ sich selbst zu beschneiden und zuhause zu bleiben. Es ist keineswegs egoistisch, sich des eigenen Zugangs zum Meer zu erfreuen. Und aus dieser Freude heraus zu leben. Im Gegenteil – manchmal kann diese Freude auch ansteckend wirken.

Liebe Gemeinde,
das waren meine Gedanken zum Neuen Jahr angeregt durch unseren Predigttext. Ich wünsche Ihnen und mir viele lebendige Begegnungen in Anderland und einen regen und kreativen Austausch unserer Gedanken, wo auch immer Sie sich und wir einander begegnen. AMEN.

Predigt über Römer 12, 1-3 am 1. Sonntag nach Epiphanias 2010

Liebe Gemeinde,

„welche vom Geist Gottes getrieben werden, die sind Söhne (Kinder) Gottes.“
So einfach ist das. Damit schließt sich der Wochenspruch für diese Woche nahtlos an den Predigttext des letzten Sonntags an, der von der „Sohnschaft“ handelte. „Wer den Sohn in sich hält, hält das ewige Leben in sich“, hieß es da.

„Jeder Mensch aber ist wahrhaft der Sohn, der seine Werke aus Liebe tut,“ sagt Meister Eckhart. So einfach ist das.

Der heutige Predigttext, der Beginn des 12. Kapitels aus dem Römerbrief, formuliert weiter, was es heißt, „Sohn“ bzw. „Kind Gottes“ zu sein.

„1 Ich ermahne euch, Brüder, durch die Erbarmungen Gottes, eure Leiber zur Verfügung zu stellen als lebendiges, heiliges, Gott wohlgefälliges Opfer: als euren vernünftigen Gottesdienst.
2 Und schaltet euch mit dieser Welt nicht gleich, sondern lasst euch verwandeln in einer Erneuerung eures Sinnes, damit ihr überprüft, was der Wille Gottes ist: das Gute, das Wohlgefällige, das Vollkommene.
3 Denn ich sage durch die Gnade, die mir gegeben wurde, zu jedem von euch: er möge nicht höher von sich denken, als zu denken sich gebührt, sondern er habe ein gesundes Selbstbewusstsein darüber, wie Gott einem jeden das Maß des Glaubens zugeteilt hat.“
Ich sage ein drittes Mal: so einfach ist das!
Doch lassen Sie uns den Predigttext für den heutigen Sonntag genauer anschauen.

„Ich ermahne euch“, das griechische „para-kaleo“ ist bei Paulus stets ein Hinweis darauf, dass es jetzt um das praktische alltägliche Zusammen-Leben der Menschen geht. Es geht um ethische Erwägungen, die aus den theologischen Grundgedanken des Paulus, aus seiner Theologie der Rechtfertigung des Sünders fließen.

„Ich ermahne euch“ ist nicht zu streng zu verstehen: es heißt so etwa „ich lade euch ein und erwarte, dass ihr euch damit beschäftigt, was ich zu sagen habe.“ „Was ich zu sagen habe durch die Erbarmungen Gottes“ ist sofort notwendig hinzuzufügen. Die Ethik des Paulus steht auf dem Fundament seiner Beziehung zu Gott, und zwar zu einem Gott des Erbarmens. Dies ist der weihnachtlich mensch-

lich gewordene Gott: er hat sich in seinem Mensch gewordenen Wort unser erbarmt, er ist ein Gott zum Anfassen, zum Begreifen im wahrsten Sinne des Wortes geworden.
Und diesem sich unser erbarmenden Gott, diesem durch den Sohn zum „Vater unser“ gewordenen Gott sollen wir „unsere Leiber zur Verfügung stellen.“ Unsere Leiber (griech. somata) – damit ist nicht das sündige, von Gott entfremdete „Fleisch“ (sarx) des Johannesevangeliums gemeint. Unsere Leiber: das meint die nüchterne, materielle, äußere, somatische Wirklichkeit. Unsere Leiber: das ist das Fundament unseres Lebens: ohne Leib gibt es weder seelisches noch geistiges Leben. „Unsere Leiber Gott zur Verfügung zu stellen“ ist also eine eindeutige Absage an eine Religion bloßer Innerlichkeit: auch das Außen, das „nackte, bloße Außen“ ist in Beziehung zu Gott zu bringen. Wie denn? So, dass es geopfert wird, als lebendiges, heiliges, Gott wohlgefälliges Opfer.“ Und dieses Opfer sei unser „vernünftiger Gottesdienst“. Wie lässt sich das verstehen?

Ich nehme den nächsten Vers mit dazu: „Schaltet euch nicht der Welt gleich!“ Unterscheidet euch von einer Welt, der es vor allem um das „Äußere“ geht. „Opfert euere Leiber“ hieße dann: verzichtet auf ein Denken, das nur um äußere und äußerliche Dinge kreist. Schaut „hinter die Dinge“, macht euch die Mühe, „hinter die Kulissen“ zu schauen, erkennt die Bedeutung dessen an, was hinter der äußeren leiblich-materiellen Welt sich abspielt. Und eben dies sei euer „vernünftiger Gottesdienst“. Aber ist das nicht doch eine Abwertung der sinnlich-konkreten Welt? Nein, es ist eine Relativierung, ein in Bezug bringen der äußeren Welt. Die äußere Welt bekommt gleichsam ihren Schatten, ihre Tiefe durch diesen Blick hinter die Dinge. (Übrigens: unsere moderne Naturwissenschaft gibt es nur, weil Menschen es gewagt haben, „hinter“ das Äußere, Sinnenfällige zu schauen. Gingen wir nur nach dem Sinnlich-Augenfälligen, wären wir immer noch der Überzeugung, dass die Erde eine Scheibe ist und die Sonne auf der einen Seite auf- und auf der anderen untergeht usw.)
In einem etwas gewagten Vergleich könnte man sagen: es ist eine Reduzierung der ganzen Wirklichkeit, bei der reinen „Somatik“ stehen zu bleiben: die Somatik ist in die Psychosomatik zu verwandeln – und zwar so, dass nicht das Psychische das Somatische und nicht das Somatische das Psychische dominiert. Der Leib ist beseelt, die Seele ist beleibt – so möchte ich die Beziehung von Soma und Psyche verstehen. „Opfert eure Leiber“ hieße dann: gebt den falschen, weil illusionären Glauben auf, dass es ein „reines“ Soma, einen unbeseelten Körper gibt. Die Seele wäre dann der Schatten des Leibes, sie verleiht dem Leib, in seinem somatischen Sein seinen Tiefsinn.
Der Blick auf den eigenen Schatten, auf das eigene Dunkel macht Angst. Paradoxerweise ist es für manche Menschen erträglicher, sich ganz fest einzureden, dass mit ihrem Körper etwas nicht in Ordnung ist, als anzuerkennen, dass die Körper-

Schmerzen verkörperlichte Seelenschmerzen sind. Ich glaube, die Beruhigung, dass es nur ein „körperlicher“ Schmerz ist, hat damit zu tun, dass ich dann nicht erleben muss, was „im Dunklen“ (Freud hat dazu „unbewusst“ gesagt) mit mir los ist. Kopfweh haben viele Menschen, Krebs auch, Rückenschmerzen auch, Herzinfarkt auch – es ist halt Verschleiß, zuviel gearbeitet, ungesund ernährt, zu viel Stress etc… So redet die Welt.
„Schaltet euch nicht gleich mit der Welt“ heißt also: lernt ganzheitlich zu denken, verlasst die Oberflächlichkeiten der Welt, die auf Abspaltungen beruhen.
„Lasst euch verwandeln in eine Erneuerung eures Sinnes“. „Sinn“ griechisch „Nous“ – das ist das, woraus das Denken entspringt. Es ist die unerkennbare Quelle, die stets am Sprudeln ist, die unsere Gedanken, derer wir uns dann bewusst werden, formt. Nous, das ist der unterirdische Wasserlauf unseres „vorgedanklichen“ Lebens, das uns stets begleitet. Und wenn die Gedanken in Form von Sätzen aus uns heraus sprudeln, dann entstammen sie dieser unterirdischen Quelle. Die ethischen Erwägungen des Paulus setzen also in einer unerhörten Tiefe an: es geht nicht um das Erlernen moralischer Gebote oder Verbote, sondern um die „Erneuerung unseres inneren, unseres unterirdischen vor-gedanklichen Denkstromes.“
Aber wie soll ich etwas erneuern, etwas verwandeln, das ich gar nicht sehen kann, das in meiner eigenen Dunkelheit sich vollzieht, das mir eben „un-bewusst“ ist?
Paulus sagt: doch, du kennst es, weil du Gottes Willen kennst. Gottes Wille ist: deine Erlösung! Von was? Von dem Gefangen-Sein in der Fremde, in der Isolierung von Gott. Gott kann gar nicht anders, als zu lieben, sagt Meister Eckhart. Gott ist die Liebe sagt Johannes. Wenn dein unterirdischer Denkstrom aus Gott heraus fließt, dann fließt er aus der Liebe heraus. Nicht Gott ist das Problem, sondern die Vertrautheit unseres alten Denkstromes, der meint, ohne Gott auskommen zu können. Wir kommen nämlich alle unvermeidlich von einem gottlosen Denken her. Von einem Denken, das die Illusion für wahr hält, es könne aus sich heraus leben. Es brauche niemanden. Das ist das Denken der tyrannischen „1“. Die „1“, die niemand neben sich duldet: die 1 formuliert tyrannische Gedanken: es gibt nur den Körper: alles Gerede von einer Seele ist Humbug. Und natürlich auch anders herum: es gibt nur die Seele. Diese tyrannische 1 führt zur ver-zwei-felten 2: wenn es nur eines geben darf, dann ist die zwei nur im Entweder-Oder denkbar: entweder Homöopathie, oder Schulmedizin, entweder katholisch oder evangelisch, entweder weiß oder schwarz. Endstation. Die tyrannische 1 führt notwendig zur Abspaltung des anderen, das sie in Frage stellen würde. Die tyrannische 1 fällt auf sich selbst zurück – in verzwei-felter Ein-Samkeit!

In diesem „ein-samen“ Denken kommt Gott nicht vor und kann Gott nicht vorkommen. Es kann das Wort „Gott“ vorkommen, aber es ist seiner Bedeutung entleert.

Es bedarf eines neuen Denkens, damit Gott allererst entstehen, werden, sich entwickeln kann. Diese neue Denken nimmt seinen Ausgang ebenfalls von der 1 – aber von einer gutartig gewordenen Eins. Die gutartige Eins ist der gütige Vater, die gutartige Definition, die mir hilft, Ordnung in die chaotische Vielfalt dessen, was meine Sinne aufnehmen, zu bringen. Die Güte der Eins drückt sich darin aus, dass sie nicht an sich selbst festhält, sich zurück nimmt, sich zur Zwei hin „opfert." Mit der Zwei – gezeugt aus der Eins – kommt der „Sohn" hinzu, das Andere, das Nicht-mehr-ganz-eins-mit-Gott-Seiende. Nur der Gott, der diese Fähigkeit hat, sich selbst zurückzunehmen, ist der Schöpfer-Gott. (Der große jüdische Mystiker Isaak von Luria hat dies in seiner Lehre vom zimzum ausformuliert.) Diese „Zwei" des Sohnes hat die Ver-Zwei-flung der von Gott isolierten Schöpfung überwunden; in der Zwei des Sohnes regiert die Eins des Vaters so wie die Eins des Vaters den Sohn aus sich entlassen hat. Das ist der Sinn des Wortes: „Ich und der Vater sind eins" – und „Niemand kommt zum Vater denn durch mich." Diese neue Beziehung ist dadurch verwandelt, dass Vater und Sohn <u>in Liebe</u> aufeinander bezogen sind. Ausdruck dieser Ur-Zwei ist das vorhin gehörte Wort: „Dies ist mein lieber Sohn, an dem ich Wohlgefallen habe." Und die stimmige Antwort des Sohnes darauf lautet: „Vater unser, dein Reich komme…".

In der Liebe ist Platz für zwei: an die Stelle neidischer Rivalität, zerstörerischen Neides ist freundliches Miteinander getreten. Freundliches Miteinander, das weiteres Fremdes, Anderes nicht ausschließt und nicht ausschließen kann. Indem ich sage: in der Liebe ist Platz für zwei, habe ich die Drei schon mitgedacht. Vater – Sohn – und (die Verbindung der beiden:) die Liebe. Dies wusste Augustinus, wenn er den Heiligen Geist als das vinculum caritatis, das Band der Liebe zwischen Vater und Sohn bezeichnet. Die Bewegung des Denkens auf die Drei hin, liebe Gemeinde, ist der Prüfstein, ob mein Sinn aus Gott strömt, ob mein Sinnen Gottes Willen entspricht, oder ob mein Denken ein-sam und von Gott isoliert sich vollzieht. (Es ist übrigens wie in der Musik: die Quinte, der Dritte Ton der Obertonreihe, verleiht die Weite, führt über das Unisono der Oktave hinaus, ohne ihre Abstammung von ihrem Grundton zu verleugnen.)

Wenn Paulus sagt: „Gottes Wille ist das Gute, Wohlgefällige und Vollkommene" so spielt er im übrigen selbst auf die Drei an: das Gute ist der Vater, das Wohlgefällige ist der Sohn, (vgl. das heutige Evangelium: „Dies ist mein lieber Sohn, an dem ich Wohlgefallen habe" (Mt. 3,14)), das Vollkommene ist der Heilige Geist, insofern er als Band der Liebe zwischen Vater und Sohn Gott selbst vervollkommnet, ihn ganz und heil macht. Die Vollkommenheit Gottes aber ist die Kraft des All-Ein-Seins.

Liebe Gemeinde,

ich sage jetzt nicht mehr: so einfach ist das! Und sollte jemand meine Gedanken wenig verständlich finden, den möchte ich mit einem Wort von Meister Eckhart trösten: „Wer diese Rede nicht versteht, der bekümmere sein Herz nicht. Denn solange der Mensch dieser Wahrheit nicht gleicht, solange wird er sie nicht verstehen."

Und dabei haben wir den dritten Vers unseres Textes noch gar nicht behandelt. Aber dieser letzte Vers ist wirklich wieder einfacher: „Denn ich sage durch die Gnade, die mir gegeben wurde, zu jedem von euch" – Paulus spricht nicht aus eigener Kraft, sondern er weiß, dass sein Denken, seine Gedanken aus einer Quelle entspringen, die ihm geschenkt wurde. Dieses Wissen bewahrt vor unangemessener Eitelkeit und peinlicher Überheblichkeit. Dieses Wissen erdet, macht bescheiden und dankbar. Wer diese Gnade vergisst, wird selbstgefällig: er denkt von sich höher, als es ihm gebührt. Und Paulus fährt dem entsprechend fort: „Er möge nicht höher von sich denken, als zu denken sich gebührt, sondern er habe ein maßvolles Denken darüber, wie Gott einem jeden das Maß des Glaubens zugeteilt hat."

Das passt auch gut zu dem vorhin zitierten Satz von Meister Eckhart: der eine kann leichter komplizierte Gedanken denken, der andere kann leichter nicht weniger schwierige handwerkliche Dinge ausführen, der eine ist künstlerisch begabt, der andere technisch. Keines ist besser. Besser, höher, wichtiger: diese Begriffe entspringen wieder einem Denken, in dem die Zwei für Neid und Rivalisierung verwendet wird. Nein – „jeder nach seinem von Gott zugeteilten Maß!" – in Bescheidenheit, Demut und gerade so in Freude und mit gesundem Selbstbewusstsein.

Gebe Gott, dass wir auch in diesem Jahr unser Leben Gott zur Verfügung stellen, dass wir bescheiden bleiben bei all dem, was uns gelingt, dass wir ruhig bleiben, bei all dem was scheitert.
Gebe Gott, dass wir immer tiefer lernen, aus der Liebe heraus zu denken und zu handeln, AMEN.

Predigt über 1 Korinther 2,1-10 am 2. Sonntag nach Epiphanias 2012

Liebe Gemeinde,

da gibt es heute diese poetische Evangeliumslesung, die berühmte Geschichte der Hochzeit zu Kanaan. Ein bisschen märchenhaft ist sie, wie da der junge Jesus fast widerwillig den Wunsch seiner Mutter erfüllt und Wasser zu Wein verwandelt. Und sie hat etwas Strahlendes, ein junger Held scheint geboren, begabt mit übernatürlichen Kräften. Man darf auf ihn gespannt sein!
Und da gibt es heute einen Predigttext, aus der Feder des Paulus stammend, dessen erster Teil nüchtern und spröde sich darstellt: nicht um Heldentum, nicht um Wunder, nicht um strahlendes Wissen geht es, sondern: „allein Jesus Christus, der Gekreuzigte" ist das Zentrum.
Hören Sie selbst: **„Auch ich, liebe Brüder, als ich zu euch kam, kam ich nicht mit hohen Worten und hoher Weisheit, euch das Geheimnis Gottes zu verkündigen. Denn ich hielt es für richtig, unter euch nichts zu wissen als allein Jesus Christus, den Gekreuzigten. Und ich war bei euch in Schwachheit und Furcht und mit großem Zittern; und mein Wort und meine Predigt geschahen nicht mit überredenden Worten menschlicher Weisheit, sonder in Erweisung des Geistes und der Kraft, damit euer Glaube nicht stehe auf Menschenweisheit, sondern auf Gottes Kraft."** (1. Kor, 2,1-5)
„Jesus Christus allein, der Gekreuzigte!" Und schon wieder derselbe Widerspruch: Christus, griechisch Christos, der Gesalbte, hebräisch Messias – der ersehnte Erlöser, Retter der Welt. Und der Gekreuzigte, der als Verbrecher Hingerichtete, der Outlaw, der Gotteslästerer.
Wie soll man das zusammen bringen?
Nun – eine Art des Zusammenbringens bestand und besteht darin, das Kreuz zu vergolden – und es dann als Schmuckstück auszustellen oder gar sich umzuhängen. Doch Vorsicht: es ist das Gold des Galgens, das da glänzt!
Eine andere Art des Zusammenbringens war und ist es, das Leiden zu verherrlichen: sich opfern als Weg zur Erlösung, sich selbst geißeln und quälen. Und dies alles verbunden mit der Vorstellung eines grausamen Vater-Gottes, dem es eine „Genugtuung" (satisfactio) ist, wenn sich sein eigener Sohn opfert.

Beide Arten des Zusammenbringens sind nicht integrativ: sie kippen auf eine Seite, entweder auf die Seite der triumphalen Erhöhung oder auf die Seite der niedergeschlagenen Bedrückung. Zur Zeit Martin Luthers hatte die ihm bekannte Kirche starke Schlagseite in Richtung „vergolden". Mit seiner theologia crucis wollte er dies korrigieren, die Kirche reformieren. Leider hat es historisch zu einer weiteren Abspaltung und bis heute nicht zu einer guten ökumenischen Integration geführt.

Ich möchte mit Ihnen heute versuchen, ein paar Gedanken zu einer wirklichen Integration von Leiden und Erlösung, von Opfer und Befreiung, von Kreuz und Auferstehung zu entwickeln.
Ich beginne mit der persönlichen Stellungnahme des Paulus: „…ich war bei euch in Schwachheit und Furcht und mit großem Zittern.“ Was Paulus hier ausdrückt ist ein uns allen wohl bekanntes Gefühl: Angst! Es ist zugleich ein Gefühl, das sich einzugestehen schwer fällt, besonders uns Männern. Und am Schlimmsten ist, Angst zu haben und nicht zu wissen, wovor. Die namenlose, atmosphärische, nicht fassbare Angst. Und so haben wir Menschen viele schlaue Strategien entwickelt, Angst zu „binden“. Ein für mich immer wieder beeindruckendes Bild gebundener Angst sind die Dämonen im Eingangsbereich romanischer Kirchen. Indem sie hier einen Platz bekommen, können sie nicht mehr frei und nebelhaft durch den Raum schweben. Eine andere Art der Angstbindung ist die medizinische Diagnose: wenn ich nur weiß, was mir fehlt, dann scheint es schon nicht mehr ganz so schlimm zu sein. Leider ist das mit den Ängsten unserer Seele nicht so einfach; die „Dämonen im Inneren“ sind nicht so leicht in Stein zu hauen. Unsere nächtlichen Träume, falls wir es wagen sie ernst zu nehmen, sind ein Führer unserer Ängste und eine starke Möglichkeit ihrer Linderung. Denn alles, was ich träumen kann, ist schon einmal durch einen ersten Filter des Verstehens gelaufen, hat seine ungehemmte, unkontrollierte Gewalt verloren.
Zurück zu Paulus: er macht eine unerwartete Verbindung zwischen seiner Angst und dem Sinn und Zweck seiner Botschaft: „… mein Wort und meine Predigt geschahen nicht mit überredenden Worten menschlicher Weisheit, sondern in Erweisung des Geistes und der Kraft, damit euer Glaube nicht stehe auf Menschenweisheit, sondern auf Gottes Kraft.“ Die Angst verbunden mit Schwachheit und Zittern musste Paulus ertragen, indem er <u>nicht</u> versuchte zu überreden! Gottes Kraft bedarf keiner Überredungskünste! Gottes Kraft wirkt aus sich selbst heraus, wenn wir sie bloß wirken ließen. Denn es ist unsere Angst, die uns davon abhält, unseren Körper, unsere Seele, unseren Geist dem göttlichen Wirken „wirklich und wirksam“ zur Verfügung zu stellen. Es ist unsere Angst, die uns hindert, uns mit unseren nächtlichen Träumen wirklich und wirksam auseinander zu setzen. Dann müssen wir uns nämlich darauf einlassen, nicht zu wissen, was da alles so heraus kommt! Es ist unsere Angst, die uns dazu führt, die Dinge „in den Griff kriegen zu wollen“: „Denn die Juden fordern Zeichen, und die Griechen fragen nach Weisheit, wir aber predigen den gekreuzigten Christus, den Juden ein Ärgernis und den Griechen eine Torheit.“ (V. 22-23)

Der gekreuzigte Christus eignet sich nicht dafür, etwas „in den Griff zu kriegen“. Gleichviel ob man Kreuze vergoldet oder Asche auf sein Haupt streut: beides entspringt der Idee des „Machens“ – der gekreuzigte Christus aber entzieht sich allem menschlichen Machen. In diesem Entzug entspricht der gekreuzigte Christus

der Predigt Jesu vom Reiche Gottes: auch dieses entzieht sich menschlicher Machbarkeit; es geschieht, es wächst, wie die Saat auf dem Acker, wie das Senfkorn, es entwickelt sich, wie guter Wein …
Und in diesem Entzug wird die Predigt vom Gekreuzigten Christus zur Torheit vor der Welt des Machens und der Machbarkeit, und zur Weisheit in der Welt des Reiches Gottes.

Davon handelt der zweite Teil unseres Predigttextes:
“Wovon wir aber reden, das ist dennoch Weisheit bei den Vollkommenen; nicht eine Weisheit dieser Welt, auch nicht der Herrscher dieser Welt, die zunichte werden. Sondern wir reden Gottes Weisheit, die in einem Geheimnis verborgen ist, die Gott vorherbestimmt hat vor aller Zeit zu unserer Herrlichkeit, die keiner von den Herrschern dieser Welt erkannt hat: denn wenn sie die erkannt hätten, so hätten sie den Herrn der Herrlichkeit nicht gekreuzigt. Sondern es ist gekommen, wie geschrieben steht (Jesaja 64,3): 'Was kein Auge gesehen hat und kein Ohr gehört hat und in keines Menschen Herz gekommen ist, was Gott bereitet hat denen, die ihn lieben.'
Uns aber hat es Gott offenbart durch seinen Geist; denn der Geist erforscht alle Dinge, auch die Tiefen der Gottheit.“ (V. 6-10)

In diesem Übergang wandeln sich die Gedanken des Paulus, verwandeln, zwar nicht Wasser zu Wein, aber doch menschliche Weisheit zu göttlicher Weisheit, zur „Weisheit der Vollkommenen“. Die Vollkommenen (teleios), das sind (wörtlich) die am Ziel Angekommenen. Das klingt sehr hoch und ist missbrauchbar für Überheblichkeit. Aber die teleioi, das sind im Griechischen auch ganz einfach die Erwachsenen. Dann geht es um die „Weisheit“ derer, die es wagen, „erwachsen“ zu werden. Und dieses Erwachsen-Werden ist nichts anderes als sich zu öffnen für jenen Geist, der in der Welt des „die-Dinge-in-den-Griff-Kriegens“ nicht zu finden ist. Das ist die Welt des Machens, der Macher und der Macht. In ihr findet sich nicht, was Gott bereit hält für die, die ihn lieben. Und das ist gut so!

Und der gekreuzigte Christus ist die „Verwandlungsstelle“, ist das Bild, in dem das Denken der Welt an sein Ende kommt („Das Gesetz ist erfüllt.“) und gerade so die Keimzelle eines neuen, von der Gnade herkommenden Denkens geboren wird. Das ist der tiefere Grund für das heutige Evangelium: es geht nicht um irgend etwas Magisches, es geht um eine Verwandlung unseres Denkens.

Es ist die wandelnde Kraft der Liebe, die zu wirklicher Integration befähigt. Aus ihrer Kraft heraus wird das Kreuz verwandelt: es ist nicht länger der Galgen des Verbrechers, es wird zur Weg-Kreuzung, an der sich die Geister scheiden. Mit Christus, dem Gekreuzigten, ist nichts zu „machen“, nichts „in den Griff zu kriegen", nichts zu erreichen. Mit Christus dem Gekreuzigten kann man auch keinen Staat machen. Christus der Gekreuzigte macht nichts her! Das ist es. Und so schützt er davor, sich selber zu wichtig zu nehmen, sich auf sich selbst (oder auf die eigene Predigt) zu viel einzubilden. Indem wir Christus den Gekreuzigten in uns wohnen lassen, in uns hineinbilden, brauchen wir uns freilich auch nicht zu wundern, dass wir nicht der Magnet der Massen sind. Dass unsere Botschaft nicht so wahnsinnig attraktiv ist. Bei „Deutschland sucht den Superstar" brauchen wir mit unserem gekreuzigten Christus jedenfalls nicht anzutreten. (Gott behüte, ich würde es auch gar nicht wollen!) Mit Christus dem Gekreuzigten kommen völlig neue Gedanken auf die Welt: Gott selbst offenbart sich in seinem Sohn auch als ein verletzbarer und verletzlicher Mensch, fragil und zerstörbar, leidend und mitleidend. Gott verwandelt sich in Christus dem Gekreuzigten: er nimmt die Verachtung, die Einsamkeit, die Schmerzen seiner Kreaturen in sich selbst hinein. Und zwar so, dass er zunächst selbst die Ohnmacht erträgt, die zu ertragen ist, im Angesicht des Grauens, der Kriege, der Ungerechtigkeiten auf dieser unserer Erde. Auch die Ohnmacht, die zu ertragen ist, wenn ich mich nicht verstanden fühle oder nicht verständlich machen kann. Auch die Ohnmacht, wenn ich krank werde, Schmerzen erleiden muss und so fort…

Zunächst sage ich, ist die Ohnmacht zu ertragen: weil unser Denken und Erleben und dann auch unser Handeln nicht bei dem Gekreuzigten stehen bleiben darf. Christus ist der Gekreuzigte, der Messias ist der Gekreuzigte. Will sagen, zur Messias-Werdung gehört das (Er-)Tragen des eigenen Kreuzes: „Wer mir nachfolgen will, der verleugne sich selbst, nehme sein Kreuz auf sich und folge mir nach!" (Mk 8,34) Und in diesem Prozess geschieht die (Ver-)Wandlung, in diesem Prozess verwandelt sich das schwere Kreuz zu einem Früchte tragenden Lebensbaum. „Mein Joch ist sanft."

Es gibt eine wunderschöne chassidische Geschichte, die in ihrer Weise Christus den Gekreuzigten predigt, vielleicht besser, als ich das mit vielen Sätzen kann. Sie lautet: **Am Tag der Zerstörung***

Und jetzt wird auch verständlich, inwiefern die Predigt von Christus, dem Gekreuzigten, unbedingt zur Weihnachtsbotschaft dazugehört. Das Herz von Weihnachten ist ja nichts anderes als die Geburt des Messias, „wo die Macht Gottes auf dem Grunde liegt …" AMEN.

* Hier abgedruckt auf Seite 27.

Predigt über Epheser 1, 15 – 20a am 4. Sonntag nach Epiphanias 2006

Liebe Gemeinde,

es ist beruhigend zu wissen, wer man ist, wo man ist und in welcher Zeit man ist. Ich z.B. weiß, ich bin der Malkwitz, befinde mich in der evangelischen Kirche in Pullach, es ist heute Sonntag, kurz vor halb elf Uhr. Dass ich diesen schwarzen Talar anhabe hat damit zu tun, dass ich der Pfarrer bin, der jetzt gerade predigt.

Nun haben Predigten ihren Vorlauf. Es gab einen Zeitpunkt, da habe ich mir gedacht, so könntest du deine Predigt beginnen. So, wie Sie es gerade gehört haben. Zu diesem Zeitpunkt, als ich mir das dachte, und dann auch die Sätze aufgeschrieben habe, waren die Sätze nur teilweise richtig. Ich war auch damals der Malkwitz, aber ich befand mich in meinem Arbeitszimmer, es war Donnerstag kurz vor halb elf Uhr – das stimmt zufällig – aber ich hatte keinen schwarzen Talar an und ich predigte auch nicht. Sondern ich schrieb an einer Predigt.

Dass ich an jenem Donnerstag an meinem Schreibtisch Sätze schreiben konnte, wie „heute ist Sonntag, ich trage einen schwarzen Talar und predige“ – ohne dass ich das Gefühl hatte, ich bin verrückt – was, nebenbei nicht viel besagt: die wenigsten Menschen bezeichnen sich selbst als verrückt, (aber ich kann mich auch nicht erinnern, dass mich jemand für verrückt erklärt hätte, - Sie können nachher meine Frau fragen, ob ihr etwas aufgefallen ist) – wie dem auch sei, dass ich am letzten Donnerstag diese Sätze schreiben konnte, hat mit der menschlichen Fähigkeit zu tun, sich etwas vorstellen zu können, was nicht da ist.
Oder, anders ausgedrückt: sich Gedanken machen zu können. Gedanken sind die Nicht-Dinge, die da sind, wenn die Dinge weg sind. Gedanken lassen sich über unsere Sinne nicht erfassen, Gedanken kann man nicht sehen, nicht riechen, nicht schmecken, nicht hören, fühlen. Sie sagen vielleicht, Sie hören doch meine Gedanken? Nein, was Sie hören sind Schallwellen, die mit meinem Kehlkopf, mit Bewegungen meiner Zunge etc. zu tun haben. Wenn Sie mich verstehen wollen – worüber ich mich freuen würde – müssen Sie diese Schallwellen transformieren, rückverwandeln in Gedanken; Sie müssen sich die Mühe machen mit zu denken!

Nun waren die Gedanken, die ich mir an jenem Donnerstag machte, nicht schwer. Ich wusste ja, was auf mich zukommen wird, ich halte nicht zum ersten Mal Gottesdienst usw. Die Gedanken an heute waren nicht weiter beunruhigend. Ganz anders war es gestern abends. Meine Predigt war fertig und eigentlich wollte ich mich gemütlich zum Abendessen setzen. Aber irgend etwas quälte mich. Wie wird es morgen sein? Werde ich mich verständlich machen können? Stoße ich auf Interesse? Ich denke, Sie kennen das: Es gibt bei aller Vorbereitung das unvorbereitete, das unvorhersehbare Jetzt des Augenblicks. Der unweigerlich kommen wird, es sei denn, ich weiche aus davor. Sich über dieses Jetzt Gedanken zu machen, heißt über ein Nichts nachzudenken, das je und je sich ereignet. Es ist wie mit der Offenbarung Gottes: nur im Nachhinein, gleichsam an seinem Mantelsaum entlang, kann man ein winziges Stückchen von dem, das sich ereignet hat, fassen. Was wir jetzt in der Tiefe unseres Unbewussten gerade erleben – wer vermöchte es zu sagen? Glücklicherweise können wir in unseren Träumen mehr und tiefer sehen als in der Wirklichkeit. Leider ist das, was wir da erleben, nicht immer angenehm, so dass wir gerne unsere Träume als blödes Zeug abtun. Wenn wir uns ihnen aber stellen, werden wir neben Schönem auch Furchtbares erleben. Es ist spannend, dass der Wochenpsalm in den meisten Bibelübersetzungen in der harmloseren Variante: „Gott, wie wunderbar sind deine Großtaten“ nachzulesen ist. Im Hebräischen heißt es ganz eindeutig: „Gott, wie furchtbar sind deine Taten!“ Und das war es wohl, was mich quälte: ich wollte genau das nicht wahrhaben, dass ich bei aller Vorbereitung nicht weiß, wie es jetzt sein wird. Genauer: mein kleines, ängstliches Ich, das immer gerne alles im Griff hätte, mag es gar nicht, wenn es sich damit auseinandersetzen muss, dass das Entscheidende eben nicht planbar ist. Möglicherweise kennen Sie das auch.

Unser heutiger Predigttext – eine Stelle aus dem Brief des Apostels Paulus an die Epheser - passt an dieser Stelle sehr gut. Er spricht nämlich von einer Kraft, die helfen kann, sich diesem unvorhersehbaren Unbekannten auszusetzen.
„ …seitdem ich gehört habe von dem Glauben bei euch an den Herrn Jesus und von eurer Liebe zu allen Heiligen, höre ich nicht auf, zu danken für euch, und gedenke eurer in meinem Gebet. (Ich bete darum), dass der Gott unseres Herrn Jesus Christus, der Vater der Herrlichkeit, euch gebe den Geist der Weisheit und der Offenbarung, ihn zu erkennen. Und er gebe euch erleuchtete Augen des Herzens, damit ihr erkennt, zu welcher Hoffnung ihr von ihm berufen seid, wie reich die Herrlichkeit seines Erbes für die Heiligen ist und wie überschwänglich groß seine Kraft an uns, die wir glauben, ist, weil die Macht seiner Stärke in uns wirkt, mit der er in Christus gewirkt hat. Durch sie hat er ihn von den Toten auferweckt…“ (Epheser 1, 15-20a)

Paulus beginnt unseren Abschnitt mit Dank! Spannend: „Dank“ und „Gedanken“ kommen vom selben Wortstamm. „Denken“ ist der Stamm dazu. Denken können und danken können scheint eine ähnliche Fähigkeit zu sein. Und in der Tat: auch das Danken hat mit dem Akzeptieren von „Nicht“ zu tun. Wenn ich aus ehrlichem Herzen – und nicht, dass man es halt muss – „danke“ sage, heißt das: ich erkenne an, etwas bekommen zu haben, was ich mir selbst nicht machen konnte. Und was ich so auch nicht erwarten konnte. Dem Denken wie dem Danken ist die Fähigkeit, das Nicht auszuhalten, innewohnend. Diese Fähigkeit hat viel mit Beschei-

denheit zu tun. Paulus schreibt eben nicht: „Ihr könnt euch bei mir dafür bedanken, dass es euch jetzt so gut geht, dass ihr zum wahren Denken, zu Gott gefunden habt!“ Paulus schreibt: „Ich danke Gott dafür.“
Nun könnte man kritisch sagen: ja, aber das ist doch nur ein Trick. Paulus verherrlicht selbstverliebt seine eigenen Gedanken und tut so, als wären sie göttlich. So wie alle Religionen. Man blicke nur auf die Texte in diesem Gottesdienst zurück: Geht es nicht immer um die einfache Ausage: unser Gott ist der Richtige, unser Gott hat die Macht, die Kraft über Wind, Wetter, andere Völker, über die Geschichte und zuletzt über den Tod.
Ist das nicht alles ein bisschen viel, ein bisschen zuviel. Und ein bisschen überheblich, ein bisschen arrogant.
Ist das nicht genau die Überheblichkeit, die fließend zur Gewaltbereitschaft führt? Unser Gott ist der Stärkste, unser Glaube ist der Richtige. Ist das nicht ein gefährlicher, ein lebensgefährlicher Gedanke? Ist das nicht die Stelle, an der kritische Zeitgenossen dankbar für ein atheistisches Europa sind und dafür plädieren – Man hätte doch gesehen, man sieht es doch alltäglich, dass religiöse Ideen nur Glauben und Unfrieden, Streit und schließlich Krieg gebären.
Stimmt. Stimmt solange, wie Glaube konkret genommen wird. Stimmt, wenn die Welt der Dinge und die Welt der Nicht-Dinge miteinander vermengt werden und in Unordnung geraten. „Mein Reich ist nicht von dieser Welt“ – wer daraus macht: dann ist es also von einer Welt danach, Jüngstes Gericht, und dann Reich Gottes, und die Gläubigen bei Gott und die Ungläubigen in der Hölle – und alles ganz konkret-dinglich – dem ist das Verständnis für das, was Jesus unter „Reich Gottes“ verstanden hat, verloren gegangen.

Ganz anders Jesus: „Das Reich Gottes ist inwendig in Euch“ - und Paulus erbittet erleuchtete Augen des Herzens. Ein schöner Gedanke. Und ein sehr schmerzhafter.
Ich kann mich noch gut erinnern, wie ich als 10jähriger in meinen ersten Glaubenskrieg hineinschlitterte. Ich hatte einem Mitschüler eine Ohrfeige gegeben, weil er ernsthaft behauptet hatte, Winnetou und Old Shatterhand hätten nie gelebt. Das empfand ich als die bodenloseste Gemeinheit, die man sich ausdenken konnte. Eine infame Lüge. Natürlich habe ich die Ohrfeige teuer bezahlt – mit einem Magenschwinger. Schnell kamen mir meine Freunde – und dem Gegner seine zu Hilfe. Es kam zu einer richtigen Schlägerei. Wie es ausgegangen ist? Wie bei den echten Religionskriegen - unentschieden. Aber was heißt das? In mir jedenfalls leben sie heute noch: Winnetou Old Shatterhand, Sherlock Holmes und Watson, dazugekommen sind Harry Potter, Luke Skywalker und viele andere.
Halt – Vorsicht: Ist Jesus eine bloße Fantasiegestalt? Zu Beginn des 20. Jahrhunderts hatte man ernsthaft und wissenschaftlich versucht zu beweisen, dass Jesus nie gelebt hat. Es ist Aufgabe der sogenannten „historisch-kritischen Forschung“,

historische Erkenntnisse ans Licht zu bringen. Inzwischen gibt es keinen Zweifel mehr: Jesus ist eine historische Persönlichkeit. Das unterscheidet ihn von den Fantasiegestalten. Jesus hat wirklich gelebt und wirklich gepredigt. Und Paulus auch. Paulus war ein rechtgläubiger Jude, der jahrelang die neue Botschaft über Jesus – dass er der Christus, der Messias sei – bekämpfte. Paulus war Anführer eines leidenschaftlichen Religionskrieges. Bis er in einer großartig-schrecklichen, ihn gänzlich überwältigenden Vision sich davon belehren ließ, dass er den Falschen bekämpfte. Nachzulesen in der Apostelgeschichte.

So wurde aus dem leidenschaftlichen Kämpfer gegen Christus der leidenschaftliche Kämpfer für Christus. Überzeugen lassen hat er sich von einer Vision, einem ihn überwältigenden Tagtraum: dass Christus selbst ihm erschienen ist. Er hat dem, was er visionär sah, getraut und danach sein Leben verändert! Er hat den Augen seines Herzens mehr getraut als seinem Verstand! Und aus diesem, seinem Vertrauen heraus schreibt er diese jubelnden Worte, die wir vorhin hörten. Er singt einen Hymnus auf die Wirkkraft, die dem erlebbar wird, der glaubt. Eine Kraft, die Totes lebendig machen kann! Aber eben nicht dinglich-konkret-historisch! Wer seinen Glauben davon abhängig macht, ob sich beweisen lässt, dass Jesus im historischen Sinne von den Toten auferstanden ist, dem fehlt das Vertrauen in diese Kraft, die aus dem Nichts wirkt! Der setzt letztlich sein Ich an die Stelle Gottes. Der sagt: Ich beweise, also glaube ich. Statt zu sagen: ich glaube und dafür danke ich. Erst wenn das „ich glaube“ an die erste Stelle rückt, entsteht der „Raum“, den Gott benötigt, „in das Denken einzufallen“ – um ein Wort des jüdischen Philosophen und Talmudauslegers E. Levinas zu zitieren. „Ich glaube“ aber heißt in der Tiefe: ich öffne mich so weit ich kann für das Nicht-konkrete, Nicht-gedachte – für das unbekannte Neue.

Gott ist ebenso wenig wie der auferstandene Christus aus Fleisch und Blut. Er ist aber auch kein Phantom. Und er ist keine Figur aus einem Roman. Der auferstandene Christus lässt sich nicht dinglich beschreiben – genauso wenig wie Gott. Wer Gottes Antlitz sieht, muss sterben, Paulus ist mehrere Tage blind nach seiner Vision. Da stoßen wir wieder an das Furchtbare, Überwältigende des Schauens mit den Augen des Herzens. Gott ebenso wie der Auferstandene sind und bleiben Fremde in unserer Welt. Sie sind nicht ausgedacht und nicht ausdenkbar. Sie sind erlebbar nur als Geschenk. Das bedeutete die alte Redeweise, der Heilige Geist geht vom Vater und vom Sohne aus – und nicht von einem Menschen.

Der Heilige Göttliche Geist ist die Kraft, in der und durch die der Glaube wirkt und kräftig wird, die unsere Herzen erleuchtet. Diese Kraft ist eine ganz andere als jene Kräfte und Mächte, denen wir alltäglich begegnen. Es ist die Kraft der Kreativität, die sich entfalten will und entfaltet in der Kunst wie in der Wissenschaft. Es ist jene Kraft, die sich schenken will, die ich aber nur empfangen kann, indem ich anerkenne, dass ich sie nicht machen und nicht halten kann. „Es denkt aus mir heraus, es musiziert aus mir, es malt aus mir, es träumt aus mir“ ist die

angemessene Redeweise für diese Kraft. Eine Kraft, die unverfügbar und unbesitzbar bleibt. Was wir können ist, uns dieser Kraft immer wieder hinzugeben und zu hoffen, sie zu empfangen. Was wir können ist: vertrauen, denken und danken. Im gläubigen Vertrauen öffnen wir uns dem Nicht-Da, lassen wir das Neue in uns hinein. Im Denken verwandeln wir das Neue und eignen es uns an. Im Danken erkennen wir an, dass dieser ganze Prozess ein Geschenk ist und bleibt, auf den wir auch nicht das geringste Anrecht haben.
Natürlich lässt sich diese Kraft auch nicht herbei reden. So schließe ich jetzt besser und zwar mit zwei Gedanken eines Mannes, der zwar in der konkreten Welt Geschichte geschrieben hat, aber in der Tiefe um diese schöpferische Kraft wusste:
„Es ist gewiss, dass der Mensch an sich selbst von Grund auf verzweifeln muss, um geeignet zu werden, die Gnade Christi zu empfangen."
„Nicht der ist gerecht, der Vieles leistet. Sondern der, der ohne Werke (Nicht-Da) inständig an Christus glaubt".
Ich finde, diese Sätze haben nichts an ihrer Aktualität eingebüßt. Unser kleines, eitles Ich, das alles machen und kontrollieren will, muss verzweifeln, damit wir uns öffnen können für das viel größere Geschenk unseres Lebens. Und wenn Sie morgen in so ein banges Montags-Gefühl kommen sollten: ah, schon wieder Arbeiten, was wird die Woche bringen, schaffe ich all die Anforderungen – dann denken Sie vielleicht an den zweiten Satz: über die Werke, über das Machen allein gibt es keine Zufriedenheit. Die wächst nur über gläubiges Vertrauen.

Diese beiden Sätze sind übrigens zwei Thesen von M. Luther, die er damals, 1517 in Wittenberg an die Kirchentür nagelte. Auch er war einer, der sich überwältigen ließ und überwältigt wurde von dem Neuen, Fremden und immer wieder unbekannten Gott.
Und – wie wir aus seiner Lebensgeschichte wissen – war dies durchaus nicht nur schön für ihn – sondern es hat ihn auch in große Gefahren gebracht.

Aber – was bleibt einem übrig, wenn Gott ins Denken einfällt? AMEN.

Predigt über 2. Buch Moses 3, 1-14 am letzten Sonntag nach Epiphanias 2011

Liebe Gemeinde,

zwei Geschichten stehen im Mittelpunkt des heutigen Gottesdienstes, zwei Geschichten, die veranschaulichen, was der Wochenspruch aus Jesaja bedeuten kann: „Über dir geht auf der Herr, und seine Herrlichkeit erscheint über dir“. (60,2)
Wir sind ja ganz selbstverständlich daran gewöhnt, Gott irgendwo „oben“ zu suchen. So verwundert es uns nicht, dass der Herr „über dir“ aufgeht. Bei der Taufe Jesu kommt eine Stimme „von oben“ – aus dem Himmel. Die Verklärung Christi geschieht auf einem Berg. Das Reich Gottes heißt auch Reich der Himmel.
Wir vermuten, suchen, erhoffen Gott in der vertikalen Achse. Die vertikale Achse bestimmt aber nicht nur die Höhe, sondern auch die Tiefe. Lateinisch „altus“ heißt beides, hoch und tief. So sagen wir auch: diese Begegnung hat mich tief berührt, oder diese Erfahrung hat mich tief erschüttert. Auch der Teufel, die Hölle liegt auf der vertikalen Achse: irgendwo unten.
Die vertikale Achse scheint mit der Intensität der Erfahrung zu tun zu haben. Wenn wir sagen: das war oberflächlich, heißt das, man ist nicht tiefer in die Materie hinein-gedrungen. Die Bewegung auf der Oberfläche ist eine horizontale Bewegung, eine Bewegung entlang des Horizontes - keine vertikale.
Die vertikale Achse ist die Achse des gefühlsmäßigen Berührt-Seins. Dies muss keinesfalls angenehm sein: die Jünger erschraken …
In gleichförmiger Routine gibt es kein Erschrecken. Vielleicht dient Routine genau dazu, nicht erschrecken zu müssen. Die Routine im Gottesdienst heißt Liturgie. Sie beruhigt – und steht in der Gefahr, nur mehr routiniert zu sein. Routine, die um sich selbst kreist, kann nicht Neues mehr entdecken. Zuviel Routine führt zur Erstarrung.

Wenn wir uns jetzt unserem Predigttext zuwenden, so wollen wir ihn nicht routiniert lesen und verstehen. Versuchen wir eine Haltung, die auf Unbekanntes ausgerichtet ist und Bekanntes vergisst.
Ex 3: **„1 Mose war Hirt der Schafe Jethros, seines Schwiegervaters, Priesters von Midian. Als er die Schafe hinter die Wüste trieb, kam er an den Berg Gottes, zum Choreb.“**
Moses, der Schafhirt. Schafe hüten heißt, sich um anvertrautes Leben sorgen. Es vor Zerstreuung zu bewahren. Und dafür sorgen, dass es zu essen gibt. Hinter die Wüste treibt Moses die Schafherde des Priesters, seines Schwiegervaters. Moses bewegt sich in geographischer Hinsicht klar und eindeutig. Aber was bedeutet „hinter die Wüste“? Gibt es ein jenseits der Wüste? Hinter der Wüste ragt der Berg Gottes empor. Gott wird in und zugleich hinter der Wüste erfahren. So bei

Moses. So bei Jesus. Wer die Leere innerer Wüste erträgt, gelangt über sie hinaus, ohne sie je zu verlassen.

„2a SEIN Bote ließ von ihm sich sehen in der lodernden Flamme eines Feuers mitten aus dem Dornbusch.“

Nicht Gott selbst – Gott ist auch für Moses unsichtbar – sondern sein Bote wird sichtbar und lässt sich von Moses erblicken. Aber Moses sieht nicht den Boten Gottes, sondern das merkwürdige Phänomen eines nicht verbrennenden Dornbusches.

„2b Er sah: da, der Dornbusch brennt im Feuer, doch der Dornbusch wird (vom Feuer) nicht verzehrt.“

Der Dornbusch und der Bote Gottes sind so sehr eins, dass sie getrennt bleiben. Würde das Feuer den Dornbusch verzehren, würde es mit dem Dornbusch verschmelzen, ihn sich einverleiben. Vom Dornbusch bliebe nur mehr Asche. Würde der Dornbusch das Feuer verlöschen, würde das Feuer erkalten: der Dornbusch hätte das Feuer zerstört. Dornbusch und Feuer sind ununterscheidbar vereint.

„3 Mose sprach: ich will doch hintreten und ansehen dieses große Gesicht – warum der Dornbusch nicht verbrennt.“

Das ist der Geist der Rationalität, der aus Mose spricht: wie, weshalb, warum, wer nicht fragt bleibt dumm. Aber das Warum-Fragen führt nicht zum Erleben des Lebendigen:

„4 Als ER aber sah, dass er hintrat, um anzusehn, rief Gott ihn mitten aus dem Dornbusch an, er sprach: Mose, Mose! Er antwortete: Da bin ich!“

Unbemerkt ist aus dem Boten Gottes Gott selbst geworden. Gott nennt Mose zweimal bei seinem Namen. Und Moses antwortet lapidar: „Da bin ich!“ So einfach und ehrlich ist diese Begegnung. Warum das Feuer den Dornbusch nicht verbrennt, ist nicht mehr von Interesse.

„5 ER sprach: Nahe nicht herzu, streife deine Schuhe von deinen Füßen, denn der Ort, darauf du stehst, ist Boden der Heiligung.“

Gott beschränkt: nahe nicht herzu. Schranken können lebenswichtig, lebensrettend sein. Falsche Nähe kann Leben verwirren und zerstören: die falsche Nähe zwischen Mutter und Sohn, Vater und Tochter, Lehrer und Schüler. Es gibt auch eine falsche Nähe zu Gott, ein falsches Du auf Du. Moses soll barfuss, auf dem Boden der Tatsachen stehend, Gott gegenübertreten! Der Boden der Tatsachen ist der Boden der Gesundung, der Heil-(ig)-ung. Nicht um Unterwürfigkeit oder Demütigung geht es, sondern um Demut und Respekt – bloßen Fußes stehend auf dem Boden der Wirklichkeit findet die Begegnung mit Gott statt.

„6a Und (Gott) sprach:
Ich bin der Gott deines Vaters, der Gott Abrahams, der Gott Jizchacks, der Gott Jaakobs.“

Jetzt gibt sich Gott zu erkennen als der Gott, der in der Tiefe der Geschichte der Väter so wirkt, dass diese Geschichte verständlich wird. Gott ist die Verbindung, zu der hin und von der aus die Geschichten der Väter zu lesen sind. Gott ist nie das eine, oder das andere – Gott ist immer „dazwischen." So ist Gott niemals ein Ding, eher schon ein Nicht-Ding (englisch: no thing →nothing).

Der Gott deines Vaters, der Gott Abrahams, der Gott Isaaks und der Gott Jakobs: das konstante Verbindungsglied ist Gott.

Eine alte chassidische Geschichte erzählt: *„Der Baalschem sprach: ‚Wir sagen: Gott Abrahams, Gott Isaaks und Gott Jakobs, und sagen nicht Gott Abrahams, Isaaks und Jakobs; denn Isaak und Jakob stützten sich nicht auf Forschung und Dienst Abrahams, sondern selber forschten sie nach der Einheit des Schöpfers und seinem Dienst.*" (M. Buber, S.128)

Selber-Foschen ist von Gott her nicht verboten – sondern im Gegenteil: es ist erwünscht, es ist von Gott erwünscht, jedenfalls von dem Gott, auf dessen Boden Mose steht, auf dessen Boden wir stehen. Die alles verbindende Einheit Gottes ist im Werden, sie wird/geschieht im Forschen nach ihm. So ist der eine Gott eine bewegliche Konstante. Der Gott Abrahams ist ein anderer Gott als der Gott Isaaks. Und der Gott Isaaks ist ein anderer Gott als der Gott Jakobs. Gott ist einer und wirkt doch verschieden in der Verschiedenheit jedes Menschen. Wer dies anerkennt, kann Gott nicht mehr als Waffe fanatischer Gedanken missbrauchen. Wer es wagt, sich von Gott sehen zu lassen, der erkennt sich in seiner Freiheit und im selben anerkennt er die Freiheit des anderen, seines Mitmenschen, seines Mitgeschöpfes. Und so geschieht der EINE Gott in der Vielfalt – wie die verschiedensten Wellenberge und -täler doch nichts anderes als Bewegungen ein und desselben Meeres sind. Und das Meer selbst ist nichts anderes als die unendliche Verbindung unendlich vieler Tropfen. Jeder auf Verbindung trachtende Gedanke wird zu einem Tropfen im Meer Gottes.

Wer es wagt, sich von Gott sehen zu lassen, der wagt es, den dunklen Weg des Nichts-Wissens zu beschreiten:

„6b Mose verhüllte sein Antlitz, denn er fürchtete sich, zu Gott hin zu blicken."

Das, was Moses erlebt, kann nur sichtbar werden in einer Verdunkelung des Blickes. Hochglanzpolituren blenden: sie machen blind für Gott.

„7 ER aber sprach: Gesehn habe ich, gesehn die Bedrückung meines Volks, das in Ägypten ist, ihren Schrei vor seinen Treibern habe ich gehört, ja, erkannt habe ich sein Leiden."

Gott ist ein Gott der sieht, der hört, der erkennt. Gott ist nicht blind, nicht taub, nicht dumm. Mehr noch: erkannt habe ich das Leiden (meines Volkes): das ist dasselbe Erkennen, mit dem Adam sein Weib Eva erkannte, das aus der Tiefe kommende ganzheitliche Wahrnehmen des Anderen, das nur im Mit-Leid in der Empathie möglich ist. Gott ist ein empathischer Gott.

„8 Nieder zog ich, es aus der Hand Ägyptens zu retten, es aus jenem Land hinaufzubringen, nach einem Land, gut und weit, nach einem Land, Milch

und Honig träufend, nach dem Ort des Kanaaniters und des Chetiters, des Amoriters und des Prisiters, des Chiwwiters und des Jebusiters.“
Nieder zog … es hinaufzubringen: das ist die vertikale, die göttliche Achse, die zur Errettung führt, die herausführt aus der inneren wie äußeren Sklaverei und der damit verbundenen Enge. Das verheißene Land ist gut und weit: Güte und Weite entsteht in der Verbindung von Vertikalem mit Horizontalem – es entsteht die Bewegung der sich öffnenden Spirale – Abbild seelischen Wachstums.
„9-10 Nun, da ist der Schrei der Söhne Israels zu mir gekommen, und gesehn habe ich auch die Pein, mit der die Ägypter sie peinigen:
nun geh, ich schicke dich zu Pharao, führe mein Volk, die Söhne Israels aus Ägypten!“ In der Berufung Mose zum Führer des Volkes kommt unsere Gesichte an ihr Ziel: „Über dir geht auf der Herr und seine Herrlichkeit erscheint über dir.“ Von diesem Wort sind wir ausgegangen; wir haben versucht, es unroutiniert zu verstehen. Zu Hilfe kam uns die Geschichte der Berufung des Mose zum Befreier aus dem Land der Knechtschaft und zum Führer in ein Land, wo Milch und Honig fließen. Sie wissen, dass Mose Führerschaft alles andere als einfach war, er hatte es mit einem Volk zu tun, das murrte und meuterte, das um ein goldenes Kalb tanzte, das ihn so in Rage brachte, dass er die zehn Gebote – eben erst von Gott empfangen – zerschmetterte! Mit anderen Worten: Man weiß nicht so recht, ob man es sich wünschen soll, einer von denen zu sein, über denen der Herr aufgeht, über denen die Herrlichkeit des Herrn erscheint. Beliebt haben sie sich nicht gemacht, die Diener Gottes, sei es ein Martin Luther, ein Meister Eckehart, ein Johannes vom Kreuz. Und auch ein Jesus aus Nazareth: als Messias verehrt und als Verbrecher hingerichtet. Beides scheint zusammen zu gehören: so als wäre es Fluch und Segen zugleich, von Gott beauftragt zu werden. Nicht ganz: denn wer sich von Gott beauftragen lässt, der erlebt etwas, was ihn heraushebt (vertikal) aus der engen Routine seines Alltags: ich meine jene Zusage, die wenige Verse nach unserem Predigttext zu hören ist. Auf die Frage des Mose, was er denn dem Volk sagen soll, wenn er gefragt wird, welcher Gott ihn beauftragt habe, erfährt er: „Ich werde da sein, als der ich da sein werde.“ Dieser da seiende Gott ist der Gott Abrahams, der Gott Isaaks und der Gott Jakobs. Er ist auch der Gott Jesu Christi und er ist nicht zuletzt der Gott von Ihnen und der Gott von mir. Und auch wenn er in jedem von uns in einer anderen persönlichen Färbung sich zeigt, so will er doch nichts weiter, als sich mit uns vereinen und aus uns heraus strahlen einem nichtverbrennenden Dornbuschfeuer gleich. Einem Wassertropfen gleich, der in den Farben des Regenbogens schimmert bis er von der Sonne erhoben wird und in das Unendliche hinein sich erlösen lässt. „Über dir geht auf der Herr, und seine Herrlichkeit erscheint über dir“ – oder schlicht: „du bist nicht einsam, ich bin da…“ Möge dieses „Ich-bin-da“-Feuer des Dornbusches in uns allen brennen und aus uns heraus leuchten, mögen wir zu einem Dornbusch werden, in dem SEIN „Ich-bin-da“-Feuer leuchtet, AMEN.

Predigt über Hebräer 11, 8-10 am Sonntag Reminiscere 2008

Liebe Gemeinde,

„Glauben beginnt dort, wo das Wissen aufhört", sagte mein Mathematiklehrer spöttisch immer dann, wenn einer von uns Schülern unsicher wurde, eine ungenaue oder falsche Antwort gab, ein hingestottertes „ich glaube, das ist so und so..." In seinem Spott schien mir immer auch die Überheblichkeit des Wissenden mitzuschwingen, der gegenüber du dich nicht nur als Unwissender sondern schlicht als Idiot fühlst.

„Ich glaube an Gott..." haben wir vorhin bekannt – wie in jedem sonntäglichen Gottesdienst. Für uns Christen ist der Glaube Fundament unseres Bekenntnisses. Und für viele unserer Zeitgenossen sind wir deshalb höflich ausgedrückt naiv, weniger höflich ausgedrückt Idioten.

Und die Wissenden haben den Triumphzug der Naturwissenschaften, haben die grandiosen technischen Errungenschaften auf ihrer Seite. Dass wir hier nicht frieren müssen, dass wir elektrisches Licht haben, dass ich in ein Mikrofon sprechen kann, dass ich diese Predigt hier mit meinem Laptop geschrieben habe – dies und viele andere Annehmlichkeiten mehr verdanken wir den Entdeckungen der Neuzeit. Und es ist mir wichtig, danke zu sagen an die Naturwissenschaft und an die Technik. Denn erst wenn ich danke sagen kann, kann ich den anderen anerkennen. Erst dann verlasse ich die Feindbilder des Entweder-oder-Denkens. Und kann gelassen meinem Mathematiklehrer antworten: Wir verdanken dem Wissen viel, was Erkenntnisse betrifft, die sich auf Unbeseeltes beziehen. Unlebendiges ist die Domäne des Wissens.

Aber wir sind alle Lebewesen. Und wenn wir bekennen: „Ich glaube an Gott..." dann wenden wir uns einem ganz anderen Thema zu: nämlich dem Thema des Lebens, des Wachstums und der Entwicklung. Vielleicht ist es Zufall, vielleicht auch nicht, dass unser Glaubensbekenntnis mit dem Wort Leben endet. Jedenfalls ist unser Glaubensbekenntnis Ausdruck des Versuches, zu Gott hin zu denken. Und weil ich weiß, dass ich aus eigener Kraft gar nicht zu Gott hinkomme, weil Gott zu mir kommt, mich ergreift, in mein Denken einfällt, deshalb sage ich zu allererst: „Ich <u>glaube</u> an Gott..."

„Ich glaube an Gott..." erkennt an: das Fundament meines Lebens ist nicht mein Wissen, mein von mir geschaffener Kosmos, sondern das Fundament meines Lebens ist etwas, zu dem ich Gott sage. Und wenn ich hinzufüge: „...den Allmächtigen", erkenne ich fundamental meine Ohnmacht, mein Nicht-Wissen an.

Der Predigttext für den heutigen Sonntag handelt von diesem Fundament des Glaubens, handelt von dem notwendig dunklen Weg des Glaubens und wohin er führen kann, wenn man bereit ist, sich führen zu lassen.
„*Im Glauben* gehorchte Abraham Gottes Ruf, auszuwandern zu einem Ort, den er zum Erben empfangen sollte: Und er wanderte aus, ohne zu wissen, wohin ihn der Weg führte. Im Glauben ließ er sich nieder in dem Land, das ihm verheißen war, als Fremdling im fremden Land, und wohnte dort in Zelten zusammen mit Isaak und Jakob, den Miterben der Verheißung. Denn er wartete auf die Stadt, die auf sicherem Fundament steht, weil Gott ihr Planer und Erbauer ist.“ (Brief an die Hebräer, 11, 8-10)

Liebe Gemeinde,
unser kurzer Ausschnitt aus dem Hebräerbrief ist eine verdichtete Reflexion darüber, was sein Autor unter „Glauben“ versteht. Er veranschaulicht seine Gedanken in unserem kurzen Abschnitt an Geschichte von Abraham, einem „Urvater des Glaubens“. Sie dient gleichsam als Modell, an dem entlang der Autor sein Verständnis des Glaubens entwickelt.
Erstens: Glauben beginnt mit „Hören“: „Im Glauben gehorchte Abraham Gottes Ruf …“ Wenn wir das alte Wort „gehorchen“ befreien von seiner Aura der Macht und des blinden Gehorsams, so entdecken wir sofort, dass sich in „gehorchen“ „horchen“ versteckt. „Horchen“ aber bedeutet: „aufmerksam hören“. Vor dem Reden, vor dem Handeln steht das gläubige Hören des Rufes Gottes. Nebenbei: Kirche, griechisch ek-klesia, meint nichts anderes als die Gemeinschaft derer, die den Ruf Gottes gehört haben und versuchen ihm zu folgen. Sofort aber stellt sich die Frage: woran erkenne ich, dass das, was ich höre, der Ruf Gottes ist? Und nicht der Ruf meiner Eitelkeit, der Ruf meiner Sehnsucht nach Bedeutung – kurz: woran erkenne ich, dass ich dem Ruf Gottes folge und nicht dem Ruf meiner Selbstverliebtheit?
Zweitens: Der Weg des Glaubens ist für das bekannte Wissen dunkel: „Und er wanderte aus, ohne zu wissen, wohin ihn der Weg führte.“ Das größte Hindernis, sich auf den dunklen Weg des Glaubens einzulassen, liegt ganz am Anfang: der Weg des Glaubens ist ein Weg, der nicht vorhersehbar, der nicht kontrollierbar ist. Der Weg selbst ist dunkel, wird der Heilige Johannes vom Kreuz nicht müde zu sagen. Und es gibt keine Glühbirne und keine Taschenlampe, die diesen dunklen Weg beleuchten könnte. Wir können Städte beleuchten, wir können die Nacht zum Tag machen, aber um diesen Weg überhaupt zu sehen, bedarf es anderer Mittel, Mittel, die sich der Machbarkeit der vielgepriesenen modernen Rationalität entziehen. Es bedarf der Augen des Glaubens, um diesen Weg zu entdecken, es bedarf der Augen des Herzens, die einem den Mut und die Gelassenheit verleihen, sich auf die Finsternis dieses aus allem Vertrauten herausführenden Weges einzulassen. Wirklicher Glaube fängt nicht da an, wo das Wissen aufhört, sondern er

erträgt geduldig die Un-Wissenheit: „Ich weiß, dass ich nichts weiß“ der berühmte Satz des Sokrates, ist ein tief gläubiger Satz.
Drittens: Abraham wusste auch nicht, warum er seine Heimat verlassen sollte – aber er tat es im gläubigen Vertrauen auf den Ruf Gottes. Und so wurde er zum Fremdling im fremden Land. Das Gefühl der Fremdheit ist ein weiteres Kennzeichen des auf Gott gerichteten Glaubens. Manche von Ihnen kennen dieses Gefühl vermutlich sehr genau aus eigener Erfahrung. Ein Fremdling sein in einem fremden Land. Aber bei genauerer Betrachtung ist es ein Gefühl, das zu den frühesten Gefühlen von uns Menschen gehört: werden wir doch alle in eine Welt hinein geboren, die uns völlig unbekannt ist. Als Neugeborene haben wir keine Ahnung, wer wir sind, wer die anderen sind, und was wir hier sollen. Alles ist uns fremd. Übrigens spannend: Bereits im Mutterleib ist das Gehör des Embryos voll funktionsfähig, und es ist zu vermuten, dass dem neu auf die Welt gekommenen Baby Töne und Stimmen, die es - wenn auch gedämpft und verzerrt - im Mutterleib hörte, doch irgendwie bekannt sind. Also: früheste Wahrnehmung von „Welt da draußen“ ist nicht das Sehen, sondern das Hören dieser Welt. Je unsanfter, lieb- und lebloser die Welt war, in die wir hinein geboren worden sind, desto mehr werden wir dieses Gefühl des Fremdseins auch hassen. Je weniger wir uns willkommen geheißen gefühlt haben, desto weniger können wir ertragen, dass andere Fremde bei uns willkommen geheißen werden. Ich vermute, hier liegt eine wesentliche psychische Wurzel des Fremden- und Ausländerhasses und des Rückzugs in die stickige aber eben so vertraute Welt des „Wir sind wir“! Wirklicher Glaube befähigt hingegen, mein Fremdsein auf dieser Welt anzunehmen und darin das Fremd-Sein meiner Mitmenschen.
Viertens: Aus dieser Annahme meines eigenen Ausländer-Seins erwächst die Neugierde auf das Fremde in mir und auf das Fremde im Anderen. Dieses Annehmen meiner Fremdheit im fremden Land erst ermöglicht mir das „Mich-Niederlassen.“ „Im Glauben ließ sich Abraham nieder im fremden Land“, das heißt, es beginnt der lange Prozess der Aneignung des Fremden. Der auf Gott gerichtete Glaube befähigt also zur Aneignung des Fremden, zur inneren und äußeren Integration des Fremden. Und in dieser Integration findet Wachstum und Verwandlung statt. Leider lehrt die Geschichte bis heute, dass oftmals statt Integration Hass, Gewalt und Bemächtigung des Fremden stattfanden und stattfinden.
Fünftens: Indem ich beginne, mich niederzulassen, beginne ich, Heimat zu finden. Aber: Wirklicher, auf Gott gerichteter Glaube weiß um die Vorläufigkeit der Beheimatung auf dieser Welt. In Zelten – also in aller Vorläufigkeit – warten die Gläubigen auf die Stadt, die Gott selbst plant und baut. Die Fähigkeit warten zu können, ist eine weitere wichtige Kraft des auf Gott gerichteten Glaubens.

Wir leben in einer Zeit, in der der Zwang zur schnellen Befriedigung geradezu kultiviert wird. Als ich vor kurzem in einem Geschäft sagte: „Ich habe es nicht eilig", schaute mich der Verkäufer an, als wäre ich ein Marsmännchen. Wer wartet, der muss aushalten, dass gerade nichts ist. Keine Quelle, die die Lust befriedigt. Dieses Warten ist aber nötig, damit etwas reifen kann: sei es ein guter Wein, sei es ein gelungenes Bild, sei es ein gutes Werkstück, sei es eine gute Predigt. „Gut Ding' will Weile haben" – sagt das Sprichwort. Und worauf wartet der auf Gott gerichtete Glaube? Auf die neue, von Gott selbst erbaute Stadt, auf das himmlische Jerusalem, das auf sicherem Fundament steht. Hier lässt sich der Bogen zu dem vorhin gehörten Evangelium schlagen: auch dort war implizit vom Aufbau die Rede, wenn es hieß: „Der Stein, den die Bauleute verworfen haben, ist zum Eckstein geworden!" (Psalm 118,22) Die Sicherheit des Fundaments hat mit einem Eckstein zu, der von den Bauleuten verworfen worden ist! Die Bauleute, das sind die Teile unserer Persönlichkeit, die meinen, schnell schnell „machen" und „haben" zu müssen, die die Spannung des „Es-ist-nichts" unerträglich finden. Der Eckstein, den wir als Jesus Christus bekennen, steht für: „Aus Nichts wächst das Neue!" In der Welt der Dinge, in der Welt der Sinne, kann man die größten Städte aufbauen: aber nicht die Stadt, deren Fundament wirklich trägt. Diese Stadt ist wie das Reich Gottes nicht von dieser Welt, und doch in dieser Welt. In jedem Menschen kann sich diese Stadt erbauen, in jedem Menschen, der sich traut, den dunklen Weg in die Fremde, den dunklen Weg zu Gott und so zu sich selbst zu gehen.

„Gott selbst erbaut diese Stadt" heißt es in unserer Textstelle. Das ist vielleicht das größte Hindernis, diese Stadt zu finden: erst wenn Gott als Baumeister anerkannt wird, findet Wachstum in der Tiefe statt. Die Anerkennung Gottes als des Baumeisters bedeutet aber die Absetzung meines alten, machenden, wissenden Ichs, das sich lange Jahre irrtümlicherweise für das Zentrum hielt. Die Absetzung dieses alten Ichs, des alten Adam, wie Luther sagt, ist vielleicht der schwierigste Schritt. Denn wer gewohnt ist, dass sich alles um ihn dreht, hat es nicht gerne zu erleben, dass er nur mehr ein Mitbewohner unter anderen sein soll. Freiwillig tritt dieses Ich nie zurück – es muss abgesetzt werden. Aber erst in dieser Verwandlung wird der Egoismus gesund: natürlich soll und muss mein Ich egoistisch sein – was denn sonst. Aber mein Ich, mein Egoismus wird durch die gute Ordnung und die guten Grenzen die in der Stadt Gottes herrschen, befriedet. Es dreht sich nicht mehr alles um mein Ich, sondern das geordnete, lebendige Miteinander, wo jeder seine Stimme hat und jede Stimme gehört wird, ist das neue Zentrum. Und es vergeht kein Tag, an dem mein altes Ich mit seinen Bauleuten nicht versucht, alte Zustände wiederherzustellen, die Macht an sich zu reißen und den neuen Eckstein zu verwerfen. Deshalb muss jeder Tag aufs Neue der alte Adam ersäuft werden. Und deshalb gibt es keinen langweiligen Tag, weil ich an jedem Tag meines Lebens vor der Aufgabe stehe, Gott an seiner Stadt in mir weiter bauen zu lassen.

Und deshalb ist es gut, wenn ich jeden Tag damit beginne zu beten: „Ich glaube an Gott…“ und das heißt: dieser Tag ist ein guter Tag, in dem Gott seine Stadt weiter bauen will, auch und gerade, wenn mein Ich es nicht versteht, was er mit mir vor hat, was ich heute erleben soll.

Aus dieser Haltung heraus, wenn mein Glaubensbekenntnis ein Alltagsbekenntnis geworden ist, erlebe ich den Frieden Gottes in mir auch und gerade an den schweren Stunden eines Tages. Das sind die Stunden, wenn es nicht so läuft, „wie (mein) Ich es haben will!“ In der Stadt Gottes wird diesem enttäuschten Ich freundlich gesagt, wer weiß, wozu es gut ist, dass du genau das heute erleben musst. Vertraue auch du auf Gott, glaube an Gott, lass auch du dich von Gott befrieden, von jenem Gott, dessen Weisheit höher ist als alle menschliche Vernunft, dessen Erbarmen tiefer reicht als alle menschliche Kälte und dessen Ruf an alle ergeht, die es wagen, ihn zu hören und ihm zu gehorchen, AMEN.

Predigt über Markus 8, 31 – 38 am Sonntag Estomihi 2009

Liebe Gemeinde,

die Geschichte der Religionen lehrt, dass Fluch und Segen nahe beisammen sind. Bis heute werden im Namen und Glauben an einen Gott Menschen abgewertet, verachtet, ja getötet. Und bis heute gibt es ein unübersehbares Bedürfnis des Menschen nach Glauben, nach Gott. Beide „Stränge“, Hass und Liebe, Streit und Versöhnung, Qual und Erlösung, Gefängnis und Freiheit haben sich natürlich auch in den schriftlichen Überlieferungen der Religionen niedergeschlagen. Die Bibel ist voll davon und auch unser sogenanntes „Neues Testament“ bildet hier keine Ausnahme. Das Evangelium, das wir vorhin gehört haben, es ist gleichzeitig der heutige Predigttext, scheint auf den ersten Blick eher jene dunkle Seite von Religion abzubilden, mit der wir uns ungern beschäftigen. Da ist von den Schriftgelehrten die Rede, die Jesus töten werden, da wird Petrus, einer der engsten Freunde Jesu, als Satan beschimpft, um schließlich in dem hässlich-hassvollem Satz zu gipfeln: „Denn wer sich meiner und meiner Worte schämt unter diesem ehebrecherischen und sündigen Geschlecht, dessen wird sich auch der Sohn des Menschen schämen, wenn er kommen wird in der Herrlichkeit seines Vaters mit den heiligen Engeln.“ Wer diese Sätze und Gedanken wörtlich nimmt, der landet unweigerlich in einer Sekte, mit einem hasserfüllten Sektenführer, der seine Mitglieder dazu nötigt, ihm nachzufolgen, weil sie sonst vernichtet werden. Nun können wir aber nicht die Augen davor verschließen, dass diese Sätze gerade so in unserem geliebten Neuen Testament stehen, ja mehr noch, Teil eines Evangeliums, einer Frohen Botschaft sind. Oder jedenfalls sein wollen.

Geht dies, liebe Gemeinde? Wo bitte ist die „Frohe Botschaft“ im Hass, im Aufruf zur Selbst-Verleugnung, in der Beschimpfung des und der anderen? Führt nicht genau eine solche Predigt in der sich auch noch der Prediger in den Mittelpunkt stellt („wehe, ihr folgt nicht mir nach, wehe ihr opfert nicht euer Leben um meinetwillen“) zu jenem fundamentalistischen Fanatismus, zu jenem explosiven Gemisch, das dann in Gewalt und nichts als Gewalt explodiert – wie die Bomben der Selbstmordattentäter?

Die Liturgie für diesen Sonntag hat unserem Evangeliumstext eine Epistel an die Seite gestellt, deren Lesung in Ihrer Gottesdienstordnung nicht vorgesehen ist. Heute muss ich sie hinzunehmen, denn sie stellt die Brücke dar, die notwendige und einzige Brücke, die aus der Welt des Hasses mit seinen Spaltungen in Gut und Böse, mit seinen Zwängen und Nötigungen und mit den Überheblichkeiten derer, die meinen, sie hätten „die Wahrheit“ gefunden, herausführt.

Das notwendige Korrektiv für den heutigen Predigttext steht im ersten Korintherbrief, Kapitel 13. Dort heißt es – ich verkürze -:
„Wenn ich in den Sprachen der Menschen und der Engel rede, aber keine Liebe habe, so bin ich ein tönendes Erz oder eine klingende Schelle. Und wenn ich Weissagung habe und alle Geheimnisse und alle Erkenntnis weiß und wenn ich allen Glauben habe, so dass ich Berge versetze, aber keine Liebe habe, so bin ich nichts. ... Die Liebe ist langmütig, die Liebe ist gütig, sie neidet nicht, die Liebe tut nicht groß, sie bläht sich nicht auf ...“ Und am Ende heißt es: „Nun aber bleibt Glaube, Hoffnung, Liebe, diese drei: die größte aber von ihnen ist die Liebe.“

Wenn wir versuchen wollen, unseren heutigen Predigttext als Evangelium zu verstehen und zu erleben, so benötigen wir jene Haltung, die allein in der Liebe möglich ist: denn nur die Liebe hat die Kraft, die Wucht und die Verführung der Spaltungen zu überwinden, wegzuspülen wie eine Welle, vor der die überheblichen Ich-habe-die-Wahrheit-Sandburgen zerbröseln. Alles hängt davon ab, ob es gelingt, aus der Liebe heraus zu leben. Sie wissen, und ich weiß es, wie schwer dies in unserem Alltag ist. Und Sie wissen, und ich weiß, dass es zum Mensch-Sein dazu gehört, immer wieder auch „aus der Liebe zu fallen“.
Mit so einem „AusderLiebeFallen“ beginnt unser Text: Die beiden Freunde, Petrus und Jesus – beide sind sie aus der Liebe gefallen. Petrus schilt Jesus – Jesus schimpft zurück. „Epitimao“ im Griechischen meint ein echtes Schimpfen und Schelten – ohne auf Umkehr zu zielen, wie es alltäglich `zigmal geschieht. Dahinter steht ein recht einfaches Gefühl: „Wie kann man nur so blöd sein, so etwas zu sagen oder gar zu machen!“ Und jeder von uns schimpft und schilt mit den ihm zur Verfügung stehenden Mitteln: Kinder schmeißen Türen, drehen Musik laut auf, verweigern ihre Schularbeiten. Erwachsene, je intellektueller sie sind, desto geschliffener erklären sie den anderen für „blöd“. Theologen z.B. waren und sind schnell bei der Hand, Andersgläubige zu „ex-kommunizieren“ (wörtlich: den anderen aus der Gemeinschaft des Miteinander-Redens auszuschließen). Psychotherapeuten erklären ihre andersgläubigen Kollegen als „hochgradig neurotisch“, vielleicht sogar als „psychisch krank“. Wenn also Jesus zu Petrus erwidert: „Geh weg, hinter mich, Satan“ – so erscheint das zunächst einmal auch eine menschliche Reaktion auf die Schelte zu sein, die er vorher von seinem Freund und Jünger Petrus erlitten hatte.
Wenn wir jetzt aber einen Schritt weiter gehen und versuchen, dieses Geschehen aus seiner Konkretheit zu lösen, zu transzendieren in Richtung „Liebe“, dann könnte man sagen: Der „Satan“ wird von Jesus nicht exkommuniziert, sondern auf seinen Platz verwiesen: „hinter mich“, das heißt, du sollst mit deinen Satans-Gedanken mich nicht von meinem Weg abhalten, der vor mir liegt! Und dann fügt Jesus diese merkwürdige Begründung an: „denn du sinnst nicht auf das, was Gottes, sondern auf das, was des Menschen ist.“

Wieder können und müssen wir auf der konkreten Ebene antworten: Was soll das? Soll jetzt Menschliches gegen Göttliches ausgespielt werden? Ich dachte, das Zentrum der christlichen Religion ist, dass Gott selbst Mensch geworden ist. Das Zentrum der christlichen Religion ist ein integrativer Gedanke – und keine Spaltung! Und wieder brauchen wir die Liebe, die allein in der Lage ist, uns die integrative Kraft des Zusammendenkens zu schenken – gerade dort, wo sich auf den ersten Blick nur hässliche Gräben auftun. In dieser liebenden Haltung wollen wir uns nun den drei Kerngedanken der Predigt Jesu zuwenden:

„Wenn jemand mir nachfolgen will, verleugne er sich selbst, nehme sein Kreuz auf sich und folge mir nach."

„Wer sein Leben retten will, wird es verlieren, wer es verliert um meinetwillen, wird es gewinnen."

„Was nützt es dem Menschen, wenn er die Welt gewönne und doch Schaden nähme an seiner Seele."

Das griechische Verbum „akoloutheo" wird mit „nachfolgen" ein wenig unglücklich übersetzt wird, weil dadurch nahegelegt wird: schalte dein eigenes Denken aus, laufe blind und gedankenlos hinter mir her. „Nachfolgen" heißt im Griechischen wörtlich: „einen Weg gehen". So verstanden heißt Nachfolge eben genau nicht, das Leben Jesu zu imitieren. Nachfolge bedeutet schon eher, sich mit dem Leben Jesu zu identifizieren. „Wenn du mir nachfolgen willst", so verstehe ich meinen in Liebe verwandelten Jesus, „dann gehe du <u>deinen</u> Weg, und indem du ihn gehst, bist du mir ganz nahe. Mein ganzes Bestreben ist es nämlich, <u>meinen</u> Weg zu gehen. Und das Herzstück meiner Predigt ist es, euch zu sagen: der Weg zu sich selbst und, was dasselbe ist, der Weg zu Gott, ist gehbar! Gott wartet auf euch! Sein einziges Streben ist es, sich euch zu zeigen, zu offenbaren."

Und womit beginnt dieser Weg? Damit, sich selbst zu verleugnen. „Verleugnen", „aparneomai" heißt auch „sich lossagen". Wer den Weg zu seinem „eigenen Eigenen" – oder, was wieder dasselbe ist, den Weg zu Gott - gehen will, der muss sich von all dem lossagen, was er fälschlicherweise dachte, „sein zu müssen" oder gar zu „sein". Und jetzt verstehen wir, was das Prinzip „Satan" ist: Satan, das ist der große Verführer, dessen ganzes Trachten darin besteht, uns daran zu hindern, den Weg zu uns selbst, zu dem, wer wir wirklich in der Tiefe sind, zu finden und zu gehen. Satan, das ist der Meister des ablenkenden Einflüsterns: „Sei doch nicht so dumm, was soll der Quatsch mit dem eigenen Weg! Mach' es doch wie die anderen! Wichtig ist, dass du gut da stehst, dass du eine gute Position hast. Dann bist du abgesichert. Suche dir einen Halt im Außen. Und schau, dass du immer auf der richtigen Seite bist. Die Anderen, das sind die Falschen, die ignorierst du am besten!" Die große Verführung des Satans ist, dass er zu vermeintlicher Klarheit verführt. Alle Ideologien und alle Religionen, die für Ideologie missbraucht werden, leben von simplen Spaltungen und dem Denkverbot, diese zu hinterfragen. Auf dem Weg der Nachfolge Christi (nicht nur Jesus) der zu sich selbst führt,

werden meine Selbst-Täuschungen, falschen Sicherheiten und Sicherungen zerstört. Diese Zerstörung ist sehr schmerzhaft, immer wieder mit Todesangst verknüpft. Und genau an diesen Ängsten und Schmerzen dockt sich der teuflische Verführer an. Er verlockt damit, alles beim Alten zu lassen. Genau diese Verführung, die Welt der Sicherheiten und des Misstrauens, die Welt der Kontrollen und Feindbilder nicht zu verlassen, ist das „menschliche Sinnen", von dem Jesus spricht. Man könnte auch sagen, es ist jenes Denken und Sinnen, das sich nicht um Integration bemüht, das den schmerzhaften Weg der Liebe nicht geht, nicht gehen will und vielleicht auch nicht gehen kann. Die wirklich großen Weisen erkennt man daran, dass sie jemand, der diesen Weg nicht geht, ja der sagt: „Ich verstehe nicht, wovon du redest", gerade nicht verachten, sondern liebevoll sagen: „Wer diese Wahrheit nicht versteht, der bekümmere sein Herz nicht damit. Denn solange der Mensch dieser Wahrheit nicht gleicht, solange wird er die Rede nicht verstehen." Das sagt Meister Eckehart. Oder anders ausgedrückt: Wie soll ich einen Weg gehen, wenn ich keinen Weg sehe?
Wenn ich es aber wage, einen Weg zu gehen, den ich nicht sehe, habe ich Angst. Angst mich zu verirren, Angst zum Gespött der anderen zu werden, Angst verrückt zu werden. Diese Gefühle sind zusammen gefasst in dem Gefühl: ich verliere mein Leben. Die Mystiker der unterschiedlichsten Religionen betonen: dieses Gefühl ist auf dem mystischen Weg, nicht nur über Gott zu reden und zu denken, sondern Gott wirklich zu erleben, unvermeidlich! Weil sich dieses Gefühl der menschlichen Normal-Sprache entzieht, ist die Sprache der Integration so geheimnisvoll und voller Paradoxien: „wer sein Leben retten will, wird es verlieren. Wer sein Leben verliert, wird es retten." Diese Sprache transzendiert unsere sinnliche Alltags-Erfahrung. Versucht man sie in den Alltag „herunter zu brechen" (wie einen Bruch), so zerfällt sie und wird entweder bedeutungslos, oder die Zerfallsprodukte werden zu freien Radikalen, die in die eingangs beschriebene Gewalt führen.

Liebe Gemeinde,

ich bin mir unsicher, inwieweit ich mich Ihnen heute verständlich machen konnte. Falls nicht – dann nehmen Sie es bitte nicht schwer. „Bekümmern Sie bitte Ihr Herz nicht." Und die, die mich verstehen, fragen sich jetzt vielleicht: aber wie soll das gehen, aus der integrativen Kraft der Liebe heraus zu leben? Das kann ich nicht. Auch hier habe ich einen Trost: ich kann das auch nicht. Das liegt daran, dass in uns eben auch ein Petrus lebt, dem das „Göttliche" zu hoch ist. Dieser Petrus in uns lässt sich genauso wenig „abschaffen", wie der Satan in uns, der uns dazu verführt, in den Verschmelzungen mit unseren vermeintlichen Richtigkeiten zu bleiben. Sie sind die Gegenspieler zu jenen messianischen Gedanken, denen die Mystiker aller Zeiten so deutlichen Ausdruck verleihen. Aber dieser Messias, dessen Weg über jene menschlichen Ängste hinausführt, der lebt auch in uns! Alles hängt davon ab, wo wir ihm vertrauen können. Und ob wir bei allem Leiden, Schmerz, Ausgeliefert-Sein, ja Verhöhnt-Werden in diesem Vertrauen bleiben können. Und dazu brauchen wir die Kraft der Liebe.

Mir hilft es in Zeiten des Haderns und des Zweifelns mich daran zu erinnern, dass ich einen Gott glaube, der sich in mein eigenes Leid und in meinen eigenen Schmerz über mein Schicksal, über meine Ohnmacht, ja über all das, womit ich so hadere, über meine Mühen, mein Kreuz zu tragen, einfühlen kann, weil er es am eigenen Leibe erlebt hat! Und indem ich mich traue, diese Einfühlung Gottes in mein ganz persönliches Schicksal zuzulassen, wird es weich in mir und licht, spüre ich, dass ich mein Kreuz mit seinen Schmerzen nicht mehr alleine tragen muss und dass es da eine Kraft gibt, die mich erträgt.

Ich sage: „wenn ich diese Einfühlung Gottes in mich zulasse." Dies ist nämlich die Crux, die Jesus in seinem vierten Gedanken anspricht: „Wer sich meiner und meiner Worte schämt..., dessen wird sich auch der Menschensohn schämen." Dahinter steht die Frage: „Was habe ich denn, das ich Gott anbieten kann?" Was habe ich als „Lösegeld", damit Gott mich auslösen, erlösen kann? Die ehrliche Antwort darauf lautet: nichts. Und das will ausgehalten sein. Das ist der „wunderbare Tausch", von dem Luther spricht: alles, was ich habe, sind meine „Sünden", meine gottfernen Illusionen, ich könne aus mir heraus leben. Und indem ich diese aufgebe, indem ich von ihnen loslasse, bekomme ich alles, was ich zum Leben brauche. So einfach ist das und so schwer zugleich. Die Schwierigkeit ist das Loslassen. Die Schwierigkeit ist, dass ich nur Loslassen kann, wenn ich irgendein Vertrauen habe, nicht ins Bodenlose zu fallen. Und die Schwierigkeit ist, dass ich auch dieses Vertrauen mir nicht selbst geben kann. Wer in seinem Leben oft fallen gelassen wurde – der hat es natürlich besonders schwer, seine eigenen vermeintlichen Sicherungen aufzugeben. Er hat keinerlei Modell, dass Vertrauen gut gehen kann, dass Liebe stärker ist als der Tod.

Gebe Gott, dass wir bei allen Schmerzen, Ängsten und Verführungen die Kraft haben, dieses wunderbare Geschenk, das Gott selbst ist, empfangen zu können, auf dass es in uns wirksam werde und aus uns heraus leuchte: und in diesem Leuchten geschieht und zeigt sich Gottes wahres Gesicht, seine unbedingte Liebe zu allem, was da ist. AMEN.

Predigt über Markus 12, 41-44 am Sonntag Okuli 2011

„Das Scherflein der Witwe“ – oder: was ist Hingabe?

Liebe Gemeinde,

gestern um die Zeit war es … Uhr. Machen Sie das auch so wie ich, dass Sie sich nach der Zeitumstellung noch eine Weile die „alte“ Zeit herholen? Oder, wenn etwas sehr teuer ist, dann rechne ich schnell in die alte Währung (DM) um. Ich denke, die Bedeutung dieses Geschehens ist es, sich zu orientieren. Sich einen vertrauten Anhaltspunkt „herzuholen“.
Vertrautes zu denken beruhigt. Neues zu denken verunsichert. Der Rückblick gibt Sicherheit. Vermeintliche Sicherheit. Denn, genau genommen, was nützt es, wenn ich weiß, wie spät es gestern um die Zeit gewesen ist? Es ändert jedenfalls nichts an der Jetzt-Zeit.
„Wer seine Hand an den Pflug legt und sieht zurück, ist nicht geeignet für das Reich Gottes.“ (Lukas 9,62) Das ist beunruhigend. Wo nimmt man da die Sicherheit her, die man zum Leben braucht? Brauchen wir nicht den Rückblick, um uns im Heute zu orientieren?
Unser heutiger Predigttext handelt von Orientierung. Allerdings von einer sehr ungewöhnlichen:
„Und Jesus setzte sich dem Opferstock gegenüber und sah zu, wie das Volk Geld einlegte in den Opferstock. Und viele Reiche legten viel hinein. Und es kam eine arme Witwe und legte zwei Scherflein ein: das macht zusammen einen Pfennig. Und er rief seine Jünger zu sich und sprach zu ihnen: ‚Wahrlich, ich sage euch: diese arme Witwe hat mehr in den Opferstock gelegt als alle, die etwas eingelegt haben. Denn sie haben von ihrem Überfluss eingelegt; diese aber hat von ihrer Armut ihre ganze Habe eingelegt, alles, was sie zum Leben hatte.“ (Markus 21,41-44)
Liest man diese Geschichte schnell, ohne länger über sie nachzudenken, so wird man verführt, sie im Rahmen eines uns allen sehr vertrauten, Sicherheit gebenden Denkens zu verstehen. Einem Denken, das Orientierung im Konkreten sucht. Das eine ist gut, das andere ist schlecht. In unserem Fall ist das Tun der Witwe gut, das der Reichen schlecht. Weil die Reichen nur von ihrem Überfluss geben, die Witwe aber alles gibt. Zu diesem uns vertrauten Denken gehört: Wenn … dann, weil und du bist schuld. Das Problem dieses Denkens liegt in seiner Wurzel: es ist kein ganzheitliches Denken, es strömt nicht aus einer Bewegung heraus. Es ist zerfallen in Ursache – Wirkung; gut – böse; - links - rechts.
Die Grund-Haltung dieses zerfallenen Denkens ist die (moralische) Überheblichkeit: da die richtige und die falsche Seite immer schon feststehen, muss nur noch beurteilt werden, wer auf der richtigen und wer auf der falschen Seite steht. Zu

diesem Zwecke setzt man sich vor den Opferkasten und beobachtet. Die moderne Form der Beobachtung sind die Videoaufzeichungen. Wir könnten in unserer Kirche auf der Decke Videokameras installieren, die aufzeichnen, was Sie geben, wenn der Klingelbeutel durch die Reihen geht. Wie wäre das? Keine gute Idee? Aber könnte man sich dafür auf Jesus, oder zumindest auf unseren Text berufen.

Man könnte. Aber man muss nicht. Ich möchte unseren Predigttext anders lesen. Als Ausdruck eines Denkens und einer Art zu leben, die auf Ganzheit, auf Heil, auf Heiligung ausgerichtet ist; einer Art zu denken, wo die Wirklichkeit nicht in „entweder – oder" zerfallen ist. Für mich ist Jesus ein Vor-Denker des Denkens in sich entwickelnden Verbindungen. So verstehe ich seinen Satz, mit dem unser Gottesdienst begann: „Wer seine Hand an den Pflug legt und sieht zurück, ist nicht geeignet für das Reich Gottes." Ich verstehe das so: welche Tätigkeit auch immer du ausübst, übe sie „ganz" („heil") aus. „Sei bei der Sache!" – „und indem du bei der Sache bist, bist du bei dir." Viele Menschen haben vor nichts so sehr Angst, als „bei sich zu sein". Sie sind „zerstreut". Es gibt viele Formen von Zerstreuung: beim Essen Zeitung lesen, beim Vokabeln-lernen Musik hören. Beim Gespräch schon an das Nächste zu denken. Jetzt noch schnell den Gottesdienst hinter sich bringen, und dann ... Es gibt Menschen, die lassen sich mit einem Radiowecker wecken: schon im Aufwachen vermeiden sie, bei sich zu sein, versuchen sich abzulenken. Nichts ist einfacher und nichts ist schwieriger, als bei sich zu sein. Sie können es jetzt gleich ausprobieren: Sind Sie bei sich? Spüren Sie den ruhigen Fluss Ihres Atems? Oder sind Sie in Gedanken bei – ich weiß nicht was. Sind Sie ganz hier? Wir können es noch weiter ausprobieren. Wenn es jetzt still wird. Wenn auch ich schweige. Wenn es keine Ablenkung mehr gibt. Was passiert dann? Hören wir das Dröhnen in unseren Köpfen?
Warum ist Stille so schwer zu ertragen?
Weil wir das „Nichts" nicht mögen. Es ist unheimlich. „Der Menschensohn hat nichts, wo er sein Haupt hinlege", haben wir vorhin gehört. Da ist das Nichts wieder. Das ist schwer erträglich. Sogar die Tiere haben Nester, haben Höhlen. Wir haben unsere Wohnungen und Häuser, unsere Autos, in denen wir uns „einnisten". Wir haben unsere Überzeugungen, auf die wir unser Haupt betten. Wir haben unsere christlich geprägte Kultur, unsere klassische Musik, unser Vaterland und unsere Muttersprache. Die Sprache ist ein großer Gegner der Stille. Wenn Sie still werden, merken Sie, wie schnell in Ihnen Sprache sich entwickelt. Wir nennen das „Gedanken". Ich habe gehört, dass wir jeden Tag zu 90 Prozent dasselbe denken. Also von 100 Gedanken sind 90 alt. Alt heißt aber auch vertraut. Wir haben unsere vertrauten Gedanken, die uns tragen, und die wir mit uns herum tragen. Täglich, stündlich, minütlich. Diese Gedanken haben uns Struktur gegeben – wir nennen das Charakter.

Vertrautes Denken: gestern war es um diese Zeit …
Ursprünglich einmal gab es keine Gedanken – da gab es nur Emotionen. Ein Baby denkt nicht - ein Baby erlebt. Erst aus vielen, vielen Erlebnissen heraus entstehen die ersten Gedanken. Die Gedanken schirmen die Emotionen ab – machen sie erträglich. Wenn ich mich allein, hungrig und voller Todesangst fühle und denken kann, dass die Quelle guter Milch nicht versiegt ist, wird sich meine Angst mildern. Obwohl sich an meiner äußerlichen Situation nichts geändert hat.
Und jetzt kommen wir zurück zu unserer Geschichte vom Scherflein der Witwe. Die Witwe gibt alles, was sie hat. Sie macht sich leer. Nur in der Leere lässt sich Gott erleben. Gott, der selbst „Nichts“ ist: nichts Hörbares, nichts Sehbares, nichts Riechbares. Schwieriger noch: nichts Denkbares, nichts Vorstellbares. Deshalb spricht der Hl. Johannes von den dunklen Nächten der Seele: die dunkle Nacht der Sinne und die dunkle Nacht des Verstandes, des Denkens muss der aushalten, der sich auf den Weg zu Gott macht. Und schließlich, wenn er meint, Gott zu finden, muss er die furchtbare dritte dunkle Nacht ertragen: die dunkle Nacht Gottes selbst. So verstehe ich die beiden Scherflein der Witwe. Ein „Scherf“ – das war eine kleine Münze, wenig wert. Vor Gott sind unsere Sinne und unser Verstand zwei „Scherflein“ – wenig wert. Sie abzugeben ist das Beste, was man damit machen kann. Sich Gott nähern, heißt, Dunkelheit ertragen. Eine Dunkelheit, die unser Verstand nicht zu durchdringen vermag. Sich Gott nähern, heißt, mit leeren Händen dastehen. Es gibt „nichts“, worauf ich mich berufen kann: keine Leistung, kein Verdienst.

„Vor dir hingestellt, jede Hülle fällt.
Ach, vor deinem Angesichte
steh ich erst im rechten Lichte;
was ich bin vor dir,
das bin ich in mir.“ (Philipp Spitta)

„Sie aber hat von ihrer Armut ihre ganze Habe eingelegt, alles, was sie zum Leben hatte.“ Es ist nicht genug, sich arm und leer zu machen. Auch die Armut selbst kann als Habe, als Besitz missbraucht werden. Die arme Witwe hat auch den Besitz, die Habe ihrer Armut hergegeben.

Es ist nichts festzuhalten.

Nichts-Haben und Nichts-Wissen ist die dem Reich Gottes angemessene Haltung. Das Reich Gottes ist nur für die etwas, die sich trauen, um ihr Nicht-Wissen zu wissen.

Und für uns, die wir uns für religiös und spirituell halten, sagt Johannes vom Kreuz: die schrecklichste dunkle Nacht ist die dunkle Nacht Gottes selbst. In dieser Nacht erkenne ich die Nichtigkeit und Sinnlosigkeit all meiner Versuche, Gott erkennen zu wollen. In dieser Nacht erkenne ich die Aussichtslosigkeit meines Kampfes, gegen den Strom des Lebens schwimmen zu wollen. In dieser Nacht kapituliere „ich", in dieser Nacht gibt mein „Ich" auf. Und augenblicklich wird mein Leben leicht. Der Strom des Lebens trägt. Ich fühle mich getragen. „Mein Joch ist sanft", sagt Jesus.
Und was machen wir mit den Reichen, die nur von ihrem Überfluss geben? Es ist eine Falle, uns darüber zu stellen und zu meinen, wir hätten es erkannt. Nichts haben wir erkannt und täglich gibt es „Reiche" in uns, die derart Angst haben, dass sie nur von ihrem Überfluss geben können. Wenn ich nämlich das Gefühl habe, ich zerstöre mich, wenn ich loslasse, ich vernichte mich, wenn ich mich hingebe, dann kann ich es nicht mehr tun. Es ist die nackte Angst, die die „Reichen" in uns abhält, das Reich Gottes zu betreten.

Selig aber, wer lernen durfte, diese Angst zu verwandeln. Er wird sich vom Strom des Lebens getragen fühlen. Und ein seltsamer Friede umgibt ihn, ein Friede, gepaart mit kindlicher Heiterkeit und Leichtigkeit.
All-ein ist er: alles ist eins geworden.

Die Bewegung ist keine Addition, sondern eine Integration. Eben diese Bewegung hat sich in unserer Geschichte versteckt, in dem unscheinbaren Satz: „und sie legte zwei Scherflein hinein, das macht zusammen einen Pfennig." Quantität (zwei Scherflein) wird zu einer neuen Qualität (ein Pfennig). Ein Quantensprung.

Es gibt eine chassidische Geschichte, die veranschaulicht, was ich meine:

„Dazwischen"

Der Maggid von Mesritsch sprach: „Kein Ding der Welt vermag aus einer Wirklichkeit in eine andere Wirklichkeit zu kommen, wenn es nicht vorher zum Nichts, das ist zur Wirklichkeit des Dazwischen, kam. Da ist es nichts und niemand kann es begreifen; denn es ist zur Stufe des Nichts gelangt wie vor der Schöpfung. Und da wird es zu einem neuen Geschöpf erschaffen, vom Ei zum Küchlein. In dem Augenblick, nachdem die Vernichtung des Eis vollendet ist, und ehe das Werden des Küchleins begonnen hat, ist das Nichts. ... So auch der sprießende Same: er beginnt nicht zu sprießen, ehe jener Same nicht im Boden zerfällt und aus seinem Wesen vernichtet wird, damit er zum Nichts kommt, das die Stufe vor der Schöpfung ist. Und die wird Weisheit genannt, das heißt ein Gedanke, der keine Offenbarung hat. Sodann wird daraus geschaffen, wie geschrieben steht: ‚Sie alle hast du mit Weisheit gemacht.'" AMEN.

Predigt über 1. Könige 19 am Sonntag Okuli 2008

Liebe Gemeinde,

wie geht es Ihnen mit den bislang gehörten Texten und Sätzen zu diesem Gottesdienst? Da war der Wochenspruch: „Wer seine Hand an den Pflug legt und sieht zurück, der ist nicht geschickt für das Reich Gottes.“ (Lukas 9,82) Dann das Evangelium: zunächst Jesu eigene Situation: „Die Füchse haben Gruben, und die Vögel unter dem Himmel haben Nester; aber der Menschensohn hat nichts, wo er sein Haupt hinlege.“ (Matthäus 8,20) Und daran anschließend die Nachfolge-Sätze: keine Beerdigung, kein Abschied ist erlaubt („Folge du mir und lass die Toten die Toten begraben!“ Vers 22) – Nachfolge scheint etwas Bedingungsloses zu sein, etwas Absolutes, etwas ohne wenn und aber. Ich weiß nicht, wie es Ihnen mit diesen Sätzen geht – ich jedenfalls bekomme da Angst. Und ich bin da ganz anders. Ich weiß, wo ich mein Haupt am Abend hinlegen werde: Ich liebe es, mich in mein Bett zu legen, mich hineinzukuscheln und mich wohlig zuzudecken. Ich liebe es, meine Frau neben mir zu spüren, und sie im Einschlafen bei der Hand nehmen zu dürfen. Und ich möchte Menschen, die mir wichtig sind, „begraben“ – zuallererst natürlich die eigenen Eltern. Und Abschied möchte ich von ihnen auch nehmen dürfen.
Mir ist dieser Jesus ehrlich gesagt zu radikal. Wenn diese Radikalität Nachfolge bedeutet, dann bin ich kein Nachfolger. Leider. Aber es ist so. Ich kann das nicht und ich will das auch nicht.
Nun könnte man hoffen, dass wenigstens der heutige Predigttext die Radikalität des bisher Gehörten mildert. Zu hoffen wäre eine Botschaft, die relativiert, die sagt, so ernst ist das auch wieder nicht zu nehmen.
Leider ist das Gegenteil der Fall. Der für den heutigen Sonntag vorgesehene Predigttext handelt von einem, der dieselbe Radikalität wie Jesus lebte. Natürlich in einer anderen Zeit und mit anderen Worten und Taten.
Oft ist er mit Jesus verglichen worden, er gilt im Christentum als einer seiner bedeutendsten Vorläufer und im Judentum als einer der größten Propheten: die Rede ist von Elia.

Elia, Sie kennen wahrscheinlich seine Geschichte, der Prophet für Jahwe im Kampf gegen Baal, den Gott des Königshauses, den die Königin Isebel aus ihrer Heimat mitgebracht hat. Elia wirft dem israelitischen König Achab, dem Ehemann von Isebel, vor, dass die Hungersnot, die Dürre im Land, die Strafe für den Abfall von Jahwe, dem wahren Gott sei. Achab und Isebel hingegen halten Elia für den Verderber, für den, der an der Dürre und Hungersnot schuld ist. Daraufhin will Elia König Achab beweisen, dass sein Abfall von Jahwe die Ursache für die Hungersnot ist, und fordert ihn auf, seine Baalspropheten zum Berg Karmel kommen zu lassen, damit sie mit ihren Ritualen unter Anrufung Baals Regen machen können. Er würde allein sich an Jahwe wenden, und dann würde man ja sehen, wer der wahre Gott sei. Elia gewinnt triumphal und lässt die Propheten Baals, 450 an der Zahl, „abschlachten".

An dieser Stelle beginnt unser heutiger Predigttext:
„Achab erzählte Isebel alles, was Elia getan hatte, über alles, wie er all die Propheten (Baals) mit dem Schwert umgebracht hatte. Isebel sandte daraufhin einen Boten zu Elia mit dem Spruch: ‚Bist du Elia – so bin ich Isebel. Ich schwöre bei meinen Göttern: Ja, morgen um diese Stunde mache ich deine Seele gleich der Seele meiner Propheten.' Da fürchtete er sich und ging fort, um seine Seele zu retten. Und er kam nach Beerscheba, das schon in Jehuda ist, wo er seinen Diener bleiben ließ. Er selbst aber ging in die Wüste hinein, einen Tagesweg. Wie er so weit gekommen war, setzte er sich unter einen einsamen Ginsterbusch. Er wünschte seiner Seele zu sterben.
‚Nun ist's genug, DU, nimm meine Seele, ich bin ja nicht besser als meine Väter.' Dann legte er sich hin und schlief unter dem einsamen Ginsterbusch ein.
Da rührte ein Bote ihn an, der sprach zu ihm: ‚Erheb' dich, iss!'
Er blickte sich um, da war zu seinen Häupten ein Fladenbrot und ein Krug mit Wasser. Er aß und trank, dann legte er sich wieder hin. Aber SEIN Bote kehrte wieder zum zweiten Mal und rührte ihn an und sprach:
‚Erheb' dich iss, dein Weg ist noch weit!'
Er erhob sich, aß und trank und ging in der Kraft dieser Speise 40 Tage und 40 Nächte bis zum Berge Gottes, dem Choreb." (1. Könige 19, 1-8)

Isebel sinnt auf Rache. Das ist sehr verständlich. Sie will die Ermordung ihrer Leute, ihrer Propheten rächen. Elia ist zu weit gegangen. Er hat sich nicht damit begnügt, vor Gott Recht zu bekommen: er vernichtete die „ungläubigen Baalspropheten". Genau so findet keine Erkenntnis statt. Plötzlich geht es nicht mehr um Gott, sondern darum, wer Recht hat. Wir kennen das aus den alltäglichen Streitereien im Kleinen und den Kriegen im Großen. Wenn es darum geht, wer Recht hat, geht es nur mehr um Macht – und nicht mehr um Erkenntnis und Wahrheit. Und dies führt zum Teufelskreis von weiterer Macht und weiterer Gewalt. Natürlich sinnt Isebel auf Rache. Natürlich interessiert sie sich nicht dafür, dass die Dürre ein Ende hat, dass es Elia mit Gottes Hilfe gelungen ist, zu demonstrieren, dass Jahwe der wahre Gott ist. Was Isebel interessiert, ist, dass ihre Männer abgeschlachtet worden sind.
Und ich verstehe Isebel. Ein bewiesener Gott, ein Gottesbeweis, zu dem die Abschlachtung von 450 Leuten gehört, ist in sich selbst faul. Elia hat etwas ganz Zentrales von Gott nicht verstanden. Durch seine Gewalt hat er die Wahrheit Gottes, die er beweisen wollte, wieder zerstört. Er hat sich und seinen Gott verraten. Und jetzt hat er Angst. Natürlich hat er Angst: er flieht in die Wüste, hofft

den Leuten Isebels so zu entkommen. Er weiß, dass er in der Wüste verdursten wird. Alleine in die Wüste zu gehen, das ist Selbstmord. Aber wenn man die Alternative hat, ermordet zu werden oder Selbstmord zu begehen, ist es verständlich, wenn man den Selbstmord vorzieht. Im Selbstmord bewahrt sich Elia das letzte Quäntchen Freiheit, das er noch hat.
Elia wünscht sich den Tod:
„Nun ist es genug, DU. Nimm meine Seele hin; ich bin ja nicht besser als meine Väter!"
Mit diesem kleinen Gebet beginnt die Wendung unserer Geschichte, wird unsere Geschichte zu einer Verwandlungs-Geschichte.
Elia ist wirklich am Ende. Elia gibt sein Kämpfen auf. „Nun ist es genug!" betet er. Keine Gottesbeweise mehr, kein Kampf mehr. Kein mich und die anderen überzeugen wollen, zwingen wollen, bedrängen wollen: „es ist genug!" Es ist genug davon, dass ich versucht habe für dich zu streiten, dich zu beweisen, dich zu demonstrieren, für dich zu missionieren. „Ich kann nicht mehr!" Diese Worte sind ganz ähnlich denen des sterbenden Christus: „Es ist vollbracht!" Wobei: „es ist genug" ist bescheidener, ahnungsloser: ich weiß nichts mehr, ich kann nichts mehr – „nimm meine Seele hin …" Die Gefahr bei diesen bekannten Geschichten ist, sie vom glücklichen Ausgang her zu sehen. Wenn ich mich aber wirklich mit Elia in die Wüste setze und mit Jesus ans Kreuz hänge, dann gibt es keinen glücklichen Ausgang – dann gibt es nur das jetzt, und dieses jetzt heißt: „Endstation …aus … vorbei …"
Und doch nicht ganz: denn Elia betet: „Nimm meine Seele hin …" das heißt, in diesem Aus und Vorbei keimt der Neuanfang, wenn auch völlig im Dunklen, wie der Keim des Weizenkornes unsichtbar in der Erde zu sprießen beginnt. Elia bringt sich eben nicht selbst um, sondern er bietet Gott seine Seele an – dem entspricht das andere Wort Jesu am Kreuz: „in deine Hände befehle ich meinen Geist." Mit anderen Worten: Elia erkennt in der Dunkelheit seines Weges sein eigenes Unvermögen an: „nimm denn meine Seele" heißt auch: Ich weiß nicht mehr weiter! Ich bin mit meinem Wissen und Tun am Ende.
Und das fühlt sich wie sterben an, und das meint Luther, wenn er sagt, der alte Adam ist zu ersäufen und zwar täglich. In unserem Machen und in unserem Tun, in unserem Beweisen und Recht haben, in unserem Besser-Wissen: hätte ich doch damals, dann wäre…, in unserem Sehnen: könnte ich doch nur, aber ich kann ja nicht… – an all' dem leiden wir und mühen uns ab und quälen uns und kommen nicht heraus aus dem Hamsterrad unserer selbst-gemachten Geschäftigkeit – weil wir uns nicht trauen auszuhalten, dass wahres Leben, wirkliche Lebendigkeit von uns gar nicht machbar ist!

Und doch ist es so: gezeugt, und nicht geschaffen, das heißt nicht gemacht: dies ist die Grundformel allen Lebens, angefangen von Gott bis zur kleinsten Maus. Nur Unlebendiges kann gemacht werden, nicht aber das Leben selbst.
Indem ich dies anerkenne, stirbt mein Machbarkeits-Denken. Und damit sterben meine illusionären Sicherheiten, meine vermeintlichen Garantien, meine Trugbilder davon, ich hätte etwas im Griff.
Und in diesem Sterben keimt eine ganz neue Kraft, ein ganz neuer Glaube, eine ganz unbekannte Zuversicht – die einem wie ein Engel erscheint aus einer anderen Welt. „Dich schickt mir Gott …" sagen wir manchmal, wenn wir verzweifelt sind und nicht mehr weiter wissen und auf einmal kommt eine Nachricht oder ein Gedanke von außen, neu und unvorhergesehen, der eine andere Perspektive eröffnet. Aber – und das macht die Sache so schwierig: es gibt keine garantierten Engel und auch keine garantierten neuen Erkenntnisse. Im Gegenteil: das Festhalten daran, dass etwas kommen muss, weil ich das so nicht aushalte, führt mich zurück in das alte System der Sicherheiten und des Machens. In sehr weltlicher Sprache könnte man sagen: das Schicksal lässt sich nicht nötigen, oder theologisch umformuliert heißt das: Gott ist frei. Wenn Elia sagt: „Nimm meine Seele", dann anerkennt er die Freiheit Gottes und wenn er hinzufügt: „ich bin auch nicht besser als meine Väter", dann anerkennt er seine Eingebundenheit in die Generationen davor. Es gehört zur natürlichen Entwicklung des Sohnes, gegenüber seinem Vater aufzubegehren, zu meinen und zu hoffen, besser zu werden oder schon zu sein, über den Vater zu triumphieren. Dies ist ein ganz natürliches Denken, Sigmund Freud hat es als Ödipuskomplex konzeptualisiert. Und dieses Denken fühlt sich gekränkt und verletzt, wenn es seine Ohnmacht anerkennen, seine Nicht-Machbarkeit akzeptieren muss. Dieses Denken will nicht erleiden, sondern es will leisten und tun. In Elias Gebet geschieht der grundlegende Wechsel seines eigenen Selbstverständnisses: aus dem Macher und Kämpfer wird der Erleider und Erdulder. Und in diese Verwandlung hinein erfolgt seine Stärkung, in unserer Geschichte dargestellt durch die Speisung des Engels. „Da rührte ein Bote ihn an", heißt es. Sich anrühren lassen, sich berühren lassen, das ist gar nicht so leicht. Viele Menschen leben in gepanzerten Rüstungen, die Berührungen unmöglich machen. Nicht so Elia: er wird berührt, weil er sich berühren lässt. Und diese Berührung führt zur Stärkung: nicht Sekt und Lachs, sondern Wasser und Brot bekommt Elia zum Essen. Das heißt: was Elia bekommt, ist Grund-Legendes, ist Lebens-Mittel im eigentlichen Sinn – ohne Schnickschnack und Luxus. Und diese Stärkung lässt Elia sich erheben und seinen mühsamen Weg gehen, seinen Weg der ihn zu Gott führt, aber diesmal zur Erkenntnis des wahren Gottes. Dieser Weg ist ein einsamer Weg und dazu passt, dass Elia ab der Stelle, wo er seinen Diener zurücklässt, völlig allein ist, nur ein ebenfalls einsamer Ginsterbusch ist sein Begleiter.

Und auf diesem Weg, in dieser Abgeschiedenheit entdeckt Elia den wahren Gott, der kein Gott lärmender Naturgewalten ist, kein Gott ist, mit dem man etwas hermachen kann. Elia hört eine „Stimme verschwebenden Schweigens" wie Martin Buber übersetzt. Da ist Gott – da ist Gott erlebbar und spürbar, wenn es still wird um uns herum und wenn es still wird in uns drinnen, wenn wir nicht mehr schielen auf die Hoffnungen dessen, was wir noch alles vor uns haben und auch nicht mehr an den Erinnerungen kleben, was wir alles Schönes erlebt haben, und wenn wir keine Wiedergutmachungen mehr fordern für das, was uns angetan worden ist … dann geschieht ein Fallen in das Jetzt des Augenblickes hinein, ohne Verstehen-Wollen und ohne Verstanden-Haben, dann geschieht ein Gebet ohne Worte, ein Leben ohne Sinn, dann geschieht ein: es ist, was es ist … Das ist die Bedeutung der radikalen Texte dieses Gottesdienstes: Reich Gottes vollzieht sich immer dann und nur dann, wenn die Kraft der Gegenwart, die Kraft des: es ist, was es ist, wirksam wird. Wenn ich die Gegenwart aushalte, brauche ich keine Orte des seelischen Rückzuges, an denen ich meine Verletztheiten pflege, deshalb hat der Menschensohn keinen Ort, wo er sein Haupt ausruht. Es geht nicht darum, nicht die Eltern zu beerdigen, sondern es geht darum, stets im hier und jetzt sich aufzuhalten, achtsam und wachsam für das zu sein, was in mir und um mich ist. Denn die Gegenwart ist Gottes Schöpfung selbst: der Ich-bin-der-ich-bin schafft in jeder Minute aufs Neue das Es-ist-was-es-ist – und er schenkt uns seinen Geist, dies zu erkennen. AMEN.

Predigt über Jeremia 9, 22-23 am Sonntag Septuagesimä 2012

„Wer sich rühmen will, rühme sich des Herrn!“

Liebe Gemeinde,

ich weiß nicht, wie es Ihnen mit dem bislang Gehörtem geht; bei mir löst es jedenfalls ganz schön heftige Gefühle aus.
„Wir liegen vor DIR mit unserem Gebet und vertrauen nicht auf unsere Gerechtigkeit, sondern auf DEINE große Barmherzigkeit“ (Dan. 9,18)
Wann liegen wir vor Gott mit unserem Gebet? Vor Gott im Gebet liegen: das ist das Bild des Untertanen, der sich vor seinem König in den Staub wirft. Es bedeutet, sich IHM, seinem Willen voll und ganz hinzugeben, sich IHM zu unterwerfen. Sind wir nicht freie, mündige Bürger, mit Vernunft begabt. Vor wem sollten wir uns niederwerfen? Das war einmal – zu Zeiten absolutistischer Herrscher, aber heute?
Und wenn wir beten, sagen wir dann nicht: lieber Gott, mach, dass es so und so wird. So und so, wie wir es uns wünschen. So und so, wie wir es als gerecht empfinden. „... und vertrauen nicht auf unsere Gerechtigkeit...“ eigentlich hätten wir ja angesichts der Ungerechtigkeiten auf dieser Welt, angesichts unseres Unvermögens, eine gerechte Weltwirtschaftsordnung zu verwirklichen allen Grund, nicht auf unsere Gerechtigkeit zu vertrauen. Aber natürlich haben wir unser Rechtsempfinden mit dem wir die Zeitung lesen, unsere Kinder erziehen, einkaufen, Auto fahren usw. Was soll das heißen, wir vertrauen nicht auf unsere Gerechtigkeit, sondern auf „DEINE große Barmherzigkeit“?

Die Arbeiter im Weinberg: natürlich sind diejenigen ärgerlich und enttäuscht, die den ganzen Tag für ihren Groschen gearbeitet haben und am Ende dasselbe bekommen wie die, die nur eine Stunde gearbeitet haben. Das ist doch zum Himmel schreiende Ungerechtigkeit! Wird hier nicht wiederum einem absolutistischen und auch noch willkürlichen Machthaber das Wort geredet?
Auf der anderen Seite: Der Besitzer des Weinberges hat ja Recht, wenn er sagt, dass er sich durchaus an seine Vereinbarung hält. Die Provokation entsteht erst dadurch, dass die ersten Arbeiter sich verständlicherweise mit den Hinzugekommenen vergleichen. Und dass sie dann eben „auch mehr haben wollen“. Schließlich haben sie auch länger gearbeitet.

„Auch haben...!“: ein kurzer Appell, den schon recht kleine Kinder beherrschen.
Es ist die „Will-auch-Haben“-Gerechtigkeit, die es als ungerecht empfindet, dass der andere etwas hat, was ich nicht habe, oder etwas bekommt, was ich nicht be-

kommen habe. (Dies ist meines Erachtens der tiefere emotionale Grund dafür, dass das Zölibat nicht abgeschafft wird: es müsste ja von denen abgeschafft werden, die sich selbst mehr oder weniger damit abgequält haben.)
Oft besteht der Wert des „Auch-Haben-Dings" nur darin, dass es der andere hat – und nicht ich. In dem Moment, wo ich es habe, verschwindet mein Interesse. Die Werbung versteht es geschickt, unsere Bedürfnisse genau an dieser Stelle zu manipulieren.
Die „Will-auch-haben-Gerechtigkeit" lebt vom Vergleich. Und hier liegt die Provokation unserer heutigen Texte: sie stellen nicht Gerechtigkeit an sich, sondern unsere „Will-auch-haben-Gerechtigkeit" massiv in Frage! Sie brüskieren unser Vergleichen und unser Gleich-Machen. Sie weisen uns zurück, in des Wortes doppelter Bedeutung: sie weisen unsere Sehnsucht nach dem Vergleich zurück und sie (ver-)weisen uns zurück auf IHN.

Der Prophet Jeremia drückt das so aus:
„So hat ER gesprochen:
Nimmer rühme sich der Weise seiner Weisheit,
nimmer rühme sich der Held seines Heldenmuts,
nimmer rühme sich der Reiche seines Reichtums,
sondern dessen rühme sich, wer sich rühmt:
zu begreifen
und mich zu erkennen,
dass ICH es bin,
der Huld, Recht und Wahrhaftigkeit macht auf Erden.
Ja, an solchem habe ich Gefallen,
spricht ER." (Jeremia 9,22-23, unser heutiger Predigttext)

Vielleicht denken Sie sich jetzt: was hat denn das Sich-Rühmen mit der „Das-will-ich-auch-haben-Gerechtigkeit" zu tun?
Die Klammer zwischen beiden ist ein ziemlich ursprüngliches und ziemlich unangenehmes Gefühl, über das man eher nicht spricht: die Klammer ist der Neid. Der, der sich rühmt, erzeugt Neid im Anderen („gell, da schaust du, ich hab' was, kann was, was du nicht hast/kannst") - der, der „es auch haben will", erlebt Neid auf den Anderen. Wobei das Sich-Rühmen subtil ist: keiner stellt sich hin, klopft sich auf die Schultern und sagt, „schaut mal, was ich Tolles habe!" Es ist ein gesellschaftliches Agreement, was toll ist: es sind die Marken, die Namen, der Status und die damit verbundenen Fantasien, die das „Tolle" erzeugen. Ein So-und-so-Auto fahren, ein Einfamilienhaus besitzen, einen tollen Urlaub machen, einen Titel haben, ein wichtiges Amt ausüben, ein Star sein…

„Auch haben…"

Und so entsteht eine Beziehung, die von Neid durchtränkt, die durch Neid vergiftet ist. Eine Steigerung des Giftes ist es, nicht nur „es auch haben zu wollen“, sondern auch so sein zu wollen, wie der andere, sich an die Stelle des Anderen zu setzen: „Ihr werdet sein wie Gott…“ mit dieser Verführung fing alles an.
Es ist die Sehn-Sucht nach „mit dem anderen gleich sein“, die zu der Sucht führt, sich selbst an die Stelle des Anderen zu setzen. Der dahinter liegende Gedanke ist einfach: wenn ich den anderen ersetze, dann bin ich endlich der Bestimmer, der Mächtige, der das Ohnmächtig-sein nicht länger ertragen muss. Ohnmächtig-sein wird nämlich als gedemütigt-sein erlebt.

Hätten Adam und Eva der Schlange antworten können: „Wir wollen gar nicht so sein, wie Gott – Gott ist Gott und wir sind wir und wir leben in einer guten Beziehung zusammen…“ es wäre uns Vieles erspart geblieben. Das Problem ist: Adam und Eva haben sich (zurecht) so willkürlich klein gemacht gefühlt, nicht vom Baum der Erkenntnis essen zu dürfen. Die Verführung des „ihr werdet sein wie, ich setze mich an die Stelle des Anderen“ greift an bei den Gefühlen des klein gehalten Werdens.
Könnten die Arbeiter im Weinberg sagen: wir werden nach unserer Abmachung bezahlt und wenn der Herr des Weinberges so großzügig ist, den später Hinzugekommenen dasselbe wie uns zu geben: wie schön! Dann freuen wir uns mit den Anderen mit! – schon wäre das Problem erledigt. Dies geht aber nur, wenn ich an dem, was ich bekomme, mich sättigen kann. Wenn es mich befriedet!
Die Frage ist, ob ich es mir materiell und emotional leisten kann, statt neidisch großzügig zu sein. Auch materiell: es ist Zynismus, vom Harz-IV-Empfänger zu erwarten, er solle großzügig sein, sich am Wohlstand der Reichen erfreuen – und nicht schwarz arbeiten, weil das den Staat schädige. Die Großzügigkeit sollte von den Reichen ausgehen – die Großzügigkeit könnte von uns ausgehen.
Wer aber in der Welt des Neides gefangen ist, der ist – auch bei äußerlichem Reichtum - in (innerer) Wahrheit ein ziemlich armer Wicht: er hat nichts herzugeben, er muss an sich raffen, was er nur gerade kriegen kann, er ist getrieben nach mehr und mehr …
Und so wird verständlich, was von außen betrachtet unverständlich erscheint: dass materieller Reichtum nicht vor einem gefühlten „Am-Verhungern-Sein“ schützt. Dies ist ein innerer, ein emotionaler Hunger: die neidische Seele ist eine Seele, die panische Angst vor dem Verhungern hat: und in ihrer Panik glaubt sie, sie muss alles und ohne Grenzen von Moral und Anstand zu sich nehmen, was es nur gibt: jede Möglichkeit nach Anerkennung, nach Ruhm, nach Macht, nach Einfluss und natürlich nach Materiellem. In ihrer Panik merkt sie nicht, dass dies alles äußere Dinge sind, die sich für Vieles eignen, aber nicht dafür, satt zu werden. Und so sucht sie immer weiter, wird immer getriebener, immer verzweifelter, immer gieriger…

Aus diesem Hamsterrad von Neid, innerer Getriebenheit und Gier kann sich niemand selbst befreien. Es bedarf eines Anderen, eines, der draußen steht (extra nos), auf festem Boden, eines, der sich nicht mitdreht. Es bedarf des Erkennens, „dass ICH es bin, der Huld, Recht und Wahrhaftigkeit macht auf Erden", wie der Prophet Jeremia sagt.
Aber wie soll die hungrige Seele dort hinkommen: die im Hamsterrad gefangene Seele - zu IHM, der Huld, Recht und Wahrhaftigkeit macht auf Erden.
An dieser Stelle sind sich die großen Denker des Glaubens alle einig:

Allein durch Glaube!
Allein durch Gnade!

Aber wie kann der Glaube, wie kann die Gnade in das Hamsterrad hinein finden? Oder anders: Wie kann dem Hamster bewusst werden, dass er selbst, und nur er selbst es ist, der das Rad am Laufen erhält?
Zunächst einmal überhaupt nicht.
Solange der Hamster läuft, solange „es läuft", gibt es keine Chance. Erst wenn „es" nicht mehr so läuft, wenn eine unerwartete Krankheit sich ereignet, eine Trennung, eine Kündigung, ein Todesfall, entstehen Chancen. Es bedarf einer kleineren bis mittleren Katastrophe, wenn sich etwas ändern soll. Bis dahin „läuft" alles wie gewohnt. Das gilt für die individuelle Geschichte wie für die Geschichte der Menschheit: die allermeisten wirklichen Änderungen sind erzwungene, üblicherweise durch Krieg oder Revolution.

Individuell heißt das: ohne starkes Leiden an dem, wie es ist, gibt es nichts Neues. Wobei: nicht wenige Menschen kommen in die Sprechstunde des Therapeuten mit der Bitte: es soll wieder so laufen wie früher. Ihnen ist völlig unbewusst, dass eben das Frühere sie dorthin gebracht hat, wo sie jetzt sind.
Erschwerend kommt hinzu, dass Glaube und Gnade zwar etwas sehr Schönes sind, aber das Leiden auf die Schnelle nicht wegnehmen können. Sie sind keine Betäubungsmittel. Mit Betäubungsmittel meine ich nicht nur Tabletten – auch das sich Zu-Dröhnen mit Arbeit, mit Terminen, mit Aktivitäten kann wirksam betäuben. Nur nicht „inne halten", nur nicht zur Ruhe kommen, nur nicht sich besinnen: das ist gefährlich. Das Strampeln im Hamsterrad ist selbst ein recht wirksames Betäubungsmittel.

Die Stille ist Gottes Schwäche und Stärke zugleich: in ihr kann der Glaube entstehen, in ihr kann die Gnade wirken, in ihr hören wir auf, um etwas zu bitten, in ihr ergeben wir uns in Gottes Willen, in ihr liegen wir Gott zu Füßen im Gebet und vertrauen auf seine Barmherzigkeit. Aber die Stille will ausgehalten sein. Wer in die Stille kommt, der hat alles, was er machen kann, aus der Hand gegeben. In diesem Loslassen sind Gefühle schwerer Enttäuschung zu durchleiden. Mein Stolz will nicht zugeben, wie sehr ich mich in meinem Hamsterrad getäuscht habe. Wie sehr ich mich täuschte, in der Überzeugung, ich hätte etwas im Griff. Wie sehr ich mich täuschte in der Idee, die Lösung meiner Ohnmacht wäre, ich muss selbst (all-)mächtig werden, autark und unabhängig von allem, auf nichts und niemand angewiesen. Wie sehr ich mich täuschte in der Idee, ich könnte mich und andere retten, oder auch nur bewahren vor dem, wie es wirklich ist. „Wer immer strebend sich bemüht…“: welch' eine Täuschung. Ohn-mächtig, ohne Macht bin ich vor IHM, ergebe mich vor dem, wie es gerade ist, und erleide aufs Neue meine alten Ohnmachtsgefühle. Das kann ich nur im Vertrauen darauf, dass meine Ohnmacht nicht von neuem ausgenützt wird, dass SEINE Macht SEINE Barmherzigkeit ist. („So spricht der HERR: Ich habe kein Gefallen am Tod des Gottlosen, sondern dass sich der Gottlose bekehre von seinem Wesen und lebe.“ Hes. 33,11). In diesem Vertrauen führt der steinige Kreuzweg über das Kreuz hinaus mitten hinein ins Leben des Reiches Gottes. Und im Reich Gottes ist anerkannt, dass ER es ist, der Huld, und Recht und Wahrhaftigkeit macht auf Erden.

In dieser Anerkenntnis der Hoheit Gottes - und nicht der Hoheit eines anderen Menschen – wird meine Seele lebendig, wird zufrieden und satt, mein Jammern und Klagen findet ein Ende, mein Neid auf die Anderen und das, was sie haben, löst sich auf. Nur dass dies alles kein Besitz ist, sondern ein unendlicher, unverfügbarer, ewiger Weg der Anerkenntnis meines Seins, meines Geworden-Seins, meines In-Beziehung-Seins mit dem Lebendigen, mit Gott, dessen Barmherzigkeit keine Grenzen kennt. Und wer sich dann immer noch rühmen will, der rühme sich dessen, dass er teilnehmen darf am unbegreiflichen Geheimnis des Lebens, AMEN.

Predigt über 1. Kor. 9, 24-27 am Sonntag Septuagesimä 2010

Liebe Gemeinde,

jeder Sonntag des Kirchenjahres hat seine ihm eigene Färbung, Tönung. Man könnte auch sagen: jeder Sonntag des Kirchenjahres steht in seiner ihm eigenen Tonart. Texte, Lieder, Gebete – sie alle zusammen ergeben die Sonate oder das Thema mit Variationen, oder die Fuge, die je und je zu spielen ist.
Manchmal sind die Sonntage benannt: tragen eine Überschrift – wie z.B. heute: Sonntag Septuagesimä: noch 70 Tage bis Ostern. Das ist der erste Hinweis darauf, worauf hin wir gehen. Bislang wurden die Sonntage rückblickend, von Epiphanias herkommend gezählt – ab heute werden sie vorausschauend, auf Ostern hin gezählt. In diesem Sinne ist unser Sonntag ein Wende-Sonntag, mathematisch: ein Scheitelpunkt-Sonntag, geologisch: ein Sonntag der Wasserscheide. Abstrakter: ein Sonntag des Übergangs, ein Transitus-Sonntag.

Nun ist jeder Sonntag ein Übergangs-Sonntag: er beschreibt den Übergang von der einen Woche zur anderen Woche. Aber auch jeder Tag ist ein Übergangs-Tag, er ist der Übergang von einem Tag zum nächsten. Und jede Stunde ist eine Übergangsstunde, jede Minute. So gesehen ist unser ganzes Leben ein einziger Übergang, unterteilt in viele, viele große und kleine Übergänge. Dazu passt die Erkenntnis der Biologie, der zufolge jeder Mensch auf der Zell-Ebene permanent im Übergang ist: Zellen sterben ab, neue Zellen entwickeln sich, um wieder abzusterben. So gesehen ist das Leben ein Übergang zum Sterben und das Sterben ein Übergang zum Leben. So gesehen gibt es nur ein Sein, oder vielleicht sollte man besser sagen: ein Nichts. Am Anfang und am Ende herrscht die Dunkelheit; in ihr geschehen kleine Erleuchtungen, die schnell wieder erlöschen. Die Dunkelheit nahm das Licht nicht an – die Dunkelheit kann das Licht nicht annehmen. Die Dunkelheit ist zu mächtig, zu stark für das Licht. Und doch gibt es Licht – und nicht nur Dunkelheit – und doch gibt es Erkenntnis, und nicht nur Unkenntnis. Ich finde das im übrigen das größte Wunder, auf und in einer Welt zu sein, die sich erkennen lässt.

Eine Gefahr vielleicht des, jedenfalls meines Predigens, liegt darin zu übertreiben. Zu sehr nur eines in den Mittelpunkt zu stellen. Zu wenig auf die Übergänge zu achten. Andererseits muss man etwas übertreiben, um es herauszustellen, sonst bleibt es verschwommen, diffus. Ich finde es jedes Mal erneut eine Herausforderung, gleichzeitig kräftige Konturen zu zeichnen und die Übergänge, die Schattierungen, die Zwischentöne nicht aus den Augen zu verlieren.

Umso schwieriger wird dies, wenn die gegebenen Texte wuchtig, ja massiv sind und wenig Zwischentöne zulassen.
So ein wuchtiger Text ist der heutige Predigttext, der vorhin gehörte Abschnitt aus dem ersten Korintherbrief.
„Wisst ihr nicht, dass die, welche in der Rennbahn laufen, zwar alle laufen, aber *einer* den Preis empfängt? Lauft so, dass ihr ihn erlangt. Jeder aber, der kämpft, ist enthaltsam in allem; jene freilich, damit sie einen vergänglichen Siegeskranz empfangen, wir aber einen unvergänglichen. Ich laufe nun so, nicht wie ins Ungewisse; ich kämpfe so, nicht wie einer, der in die Luft schlägt; sondern ich zerschlage meinen Leib und knechte ihn, damit ich nicht, nachdem ich anderen gepredigt, selbst verwerflich werde."

Paulus beginnt mit einem Vergleich aus dem Bereich des Leistungssportes. Das Laufen der Sportler um den Sieg. Und der Hinweis, dass es nur einen Sieger gibt! Nur einen! Das ist die Übertreibung im Sport: es gibt nur eine Goldmedaille – und es gibt den besonders undankbaren vierten Platz. (Paulus kann übrigens sicher sein, die Korinther mit diesem Bild zu erreichen: wurden doch in ihrer unmittelbaren Nähe die „isthmischen Spiele" ausgetragen – ein Großereignis, vergleichbar mit unseren olympischen Spielen.) „Lauft so, dass ihr den Sieg erlangt!" fordert er die Korinther auf. Fordert er uns auf, wenn wir diese Worte auf uns beziehen. Also: wir müssen etwas tun, wir müssen uns anstrengen – um den Sieg kämpfen!
Ja aber: haben wir im Evangelium vorhin nicht genau das Gegenteil gehört? Da hieß es doch, dass alle Arbeiter denselben Lohn bekommen: die ersten, wie die mittleren, wie die letzten. Dass also – egal wie lange ich arbeite, ich am Ende nicht <u>mehr</u> herausbekomme als der, der erst kurz vor Schluss dazu gekommen ist. Dass, egal, wie sehr ich mich anstrenge, ich es ohnehin nicht in der Hand habe, welchen Lohn ich für meine Anstrengung bekomme. „Die Ersten werden die Letzten sein!" sagt Matthäus. „Lauft um den Sieg: nur einer kann ihn erlangen!" sagt Paulus.

Wir kommen hier nur weiter, liebe Gemeinde, wenn wir beide Denk-Arten zusammen denken. Es sind völlig unterschiedlich scheinende Aspekte desselben Geschehens. Zur Veranschaulichung: Phänomene des Lichtes lassen sich physikalisch einmal besser als Welle, ein anderes Mal besser als Teilchen erklären.

Was entspricht in unseren Texten dem Licht? Es geht um die gläubige Existenz, das Leben im Glauben an den in Christus offenbar gewordenen Gott. Die gläubige Existenz ist eine Beziehungs-Existenz: der Glaube bezieht sich auf die lebendige Vater-Sohn-Beziehung, die in Christus offenbar wurde. Wer in Beziehung ist, der muss auch beides aushalten: dass ihm etwas zugeteilt wird, dass der andere so ist, wie er ist, und dass er für eben diese Beziehung arbeiten muss.

Es gilt also beides: „ich bekomme meines zugeteilt“ und „ich muss dafür hart arbeiten und kämpfen“. Erst wenn ich beides in mir zusammen bringe, komme ich in die rechte innere Spannung (Haltung), komme ich in meine Mitte. Solange ich auf einem Pol stehe, übertreibe ich.

Die polaren Übertreibungspole lauten ungefähr so: Wenn ich nur den Pol sehe, wir Menschen können eh nichts tun, Gott/das Schicksal offenbart sich eh, wie es ihm gefällt, übertreibe ich das Passiv-Sein. Dann ist alles „Karma“, Vorherbestimmung. Dann zerfällt meine Wahrnehmung vom Leben in Allmacht und Ohnmacht: dort ein allmächtiger Schicksals(-Gott), hier ich mit meinem ohnmächtig Ausgeliefert-Sein. Sehe ich nur den Gegen-Pol, dann werde ich zum Aktivisten. Dann bin ich hoch motiviert und ehrgeizig, will immer vorne dran sein – ob in der Schule, beim Autofahren, mit der Karriere. Ich will durch gute Leistungen überzeugen. „Ich leiste, also bin ich“ – so könnte man diesen Pol auf einen Nenner bringen. Auch hier ist die Wahrnehmung des Lebens zerfallen: in die Allmacht des Leistens und die Ohnmacht des Nichts-Tuns.

Und wie das mit Gegen-Polen so ist: sie stoßen sich ab. Der eine sagt: „Du mit deinem Leisten: du hast ja gar nichts vom Leben. Ich lebe, das genügt mir.“ Der andere sagt: „Du lebst auf meine Kosten. Du bist ein Schmarotzer! Wer zahlt denn die Steuern? Ohne Menschen wie mich, die etwas leisten, könnten solche wie du doch gar nicht leben!“ Was selten ausgesprochen aber wesentlich ist: die beiden Pole sind in tiefem Neid aufeinander bezogen – denn jeder spürt, dass der andere etwas hat, was ihm fehlt.

Ich sehe unsere Aufgabe als gläubige Menschen darin, sich nicht von diesem polaren Denken verführen zu lassen. Ich sehe unsere Aufgabe als Christen darin, ein Leben zu leben, das in und aus der Mitte des Glaubens geschieht. Was aber ist unsere gläubige Mitte? Genau das ist das Problem: die Mitte ist etwas viel Unklareres, Diffuseres als die Pole. Mathematisch ist der Pol ein Punkt – ein Stand-Punkt. Ein Punkt kennt keine Mitte. „Mitte“ setzt voraus, dass sich etwas ausgedehnt hat. Dass es so etwas wie „Raum“ gibt. Im polaren Denken ist die Mitte nicht denkbar, weil der Raum zerstört ist. Es gibt nur unverbundene Punkte. Der polare Denker hat gefühlsmäßig keinen Boden unter den Füßen. So steht er mit dem Rücken zur Wand, voller Misstrauen. In allem, was ihm entgegen kommt, vermutet er einen Vorwurf, einen Angriff. Jedenfalls nichts Gutes. Weil er nicht merkt, dass seine vermeintlichen Feinde seine eigenen Projektionen sind, „kämpft er in die Luft“, wie Paulus sagt.

Die Mitte hingegen gibt mir einen Bewegungs-Raum und dadurch Freiheit, mich zu bewegen: Bewegungs-Freiheit. In der Mitte fühle ich in mir Sicherheit, die mich gelassen macht; solange ich mit dem Rücken zur Wand stehe, suche ich verzweifelt die Sicherheit im außen. In meiner Mitte stehe ich auf dem Boden der

Tatsachen. Dieser verleiht mir einen festen Stand – so dass ich keine Wand zum Festhalten mehr brauche.
Menschen, die in ihrer Mitte sind, freuen sich mit dem Weinberg-Besitzer, dass die später hinzugekommenen Mitarbeiter ebenfalls ihren Lohn bekommen. Sie denken nicht in gehässiger Kleinlichkeit, sondern in heiterer Großzügigkeit. An die Stelle des Neides auf… ist die Dankbarkeit für… getreten. So verstehe ich im übrigen Paulus, wenn er von der „Enthaltsamkeit" des Kämpfers spricht. Wer in seiner Mitte ist, der enthält sich polarer Neid- und Hassgedanken. Er ist auch nicht mehr so verfolgt von seiner Gier, die ihm versucht einzureden, dass er immer zu wenig bekommt, ihm eigentlich mehr zustünde. Und auch sein Rennen nach Leistung und Karriere, nach Status und Ruhm hat sich verwandelt. Natürlich freut er sich über Anerkennung. Aber er muss ihr nicht mehr hinterher jagen.
Überhaupt erkennt man das In-der-Mitte-Sein daran, dass ein Gefühl des Gehetzt-Seins ebenso fehlt, wie ein Gefühl des Gelähmtseins. (Auch zwei sich bekämpfende Pole, die in Wirklichkeit zusammengehören: der Gehetzte wehrt seine innere Lähmung verzweifelt ab, der Gelähmte wehrt seine innere Hetze ab.) An ihre Stelle ist ein Im-guten-Rhythmus-Sein getreten – mit sich, mit der Umwelt und mit den Dingen, die eben gemacht werden müssen.
Das ist ein weiterer Ausdruck des In-der-Mitte-Sein: ich habe aufgehört, das was ist dafür zu verwenden, mich darüber zu beklagen. Das schwere Lebens-Schicksal, das Wetter, die Schule, der Beruf, die Kinder, die Eltern, die Krankheit, das Alt-Werden. In der Mitte sein heißt: ich trage meinen eigenen Lebens-Rucksack und übernehme die Verantwortung für mein Leben. Und ich schiebe nicht mehr anderen die Schuld für Missglücktes in die Schuhe.
Das Schuld-Denken verführt im übrigen auch zu polaren Sichtweisen: du bist ja selber schuld an der schlechten Note – hättest du mehr gelernt. Nein – der Lehrer ist schuld, der kann nichts erklären. Nein, das G 8 ist schuld … Diese Wer-ist-schuld?-Gedanken führen weg von der wiederführenden, raumöffnenden Frage: welche Konsequenzen ziehen wir aus der Situation, in der wir sind? Oder anders: was habe ich gerade zu lernen? Bin ich in der Mitte, halte ich Fragen aus, für die ich keine Antwort habe. Darin habe ich „enthaltsam" zu leben: ich habe mich der Überheblichkeit des„Ich-weiß-schon-wie-es-ist" zu enthalten! Vielleicht bedeuten meine schlechten Noten, dass ich auf der falschen Schule bin. Vielleicht bedeuten sie, das ich zu wenig gearbeitet habe. Vielleicht bedeuten sie, dass ich gegen Eltern protestiere, die mich nur wahrnehmen, wenn mit mir etwas nicht stimmt.

Bin ich in meiner Mitte, bin ich in offener Position. Offen heißt: ich bin von allen Seiten her angreifbar. Und offen heißt: ich kann mich nach allen Seiten hin bewegen. Frei-sein und angreifbar-sein hängen offenbar eng zusammen. Das eine scheint es nicht ohne das andere zu geben. Und ist das nicht die gesuchte Verbindung von Welle und Teilchen, von Übergang und Diskretem/Festem: eine klare

Position einzunehmen, wissend, dass sie immer nur eine Übergangs-Position ist – nicht besser, nicht schlechter als die vorherige, als die nachfolgende? Eine Position, die ich nur im Dialog, im Austausch mit dem anderen erlange und nicht in einsamem Voraus-Wissen darüber, wo der andere ist.
In bin in meiner Mitte heißt: ich bin bei mir – und nicht: ich bin in der Mitte des anderen. Hierher gehört der strenge, auch missverständliche Satz des Paulus: „ich knechte meinen Leib". Wer diesen Satz falsch versteht, macht aus dem Glauben, aus der Askese eine olympische Disziplin: eine Art Wettkampf um das Heilig-Sein. Darum geht es Paulus nicht. Ihm geht es um seine Glaubwürdigkeit als A-postel. In Römer 12,1 hatte Paulus dazu ermahnt, den Leib als heiliges, Gott wohlgefälliges Opfer Gott hinzugeben. Es ist diese Hingabe des Leibes, die Paulus im 1. Korintherbrief als Kampf beschreibt. Anders ausgedrückt: es gibt etwas ganz tief in uns Menschen, das keine Beschränkungen, keine Einschränkungen will! Es gibt etwas, das sich nicht für Gott und nicht für den Nächsten interessiert. Das den anderen gar nicht wahrnehmen will. Das nicht reflektieren will. Das sich selbst nicht in Frage stellen will. Das nicht aushält, dass es sich nicht selbst geschaffen hat. Das keine Entwicklung und kein Wachstum will; sind Wachstum und Entwicklung doch Ausdruck von Endlichkeit und Vergänglichkeit. Es gibt ein wachstumsfeindliches Denken – in jedem Menschen! Auch im Apostel Paulus. Und diesem Denken sagt Paulus den Kampf an – um der Glaubwürdigkeit seiner Predigt willen, um des Glaubens willen!

Liebe Gemeinde,
ich weiß auch nicht, was sich der liebe Gott dabei gedacht hat, dass er uns Menschen als derartig schwierige Geschöpfe erschaffen hat. Wäre es nicht viel einfacher, wenn uns die Freude an Gott und an der Erfüllung seiner Gebote uns ins Herz geschrieben worden wäre? Wozu haben wir diese Gefühle von Hass, Neid, Eifersucht, die uns so quälen und von unserer Entwicklung abhalten? Warum ist es so leicht, seine gläubige Mitte zu verlieren, und so mühsam, sie zu finden?
Ich weiß es nicht. Aber – was soll es - das beste, was wir machen können, ist, uns jeden Tag Mühe zu geben: Mühe zu geben, in unsere gläubige Mitte zu kommen, in und aus unserer Mitte heraus zu leben und das Leben mit seinen Übergängen und Brüchen, mit seinem Scheitern und Gelingen, mit seiner Freude und seinem Schmerz als täglich neues Geschenk dankbar anzunehmen. Und alltäglich kämpfen gegen jene Gedanken, die uns niederdrücken, die uns an die Wand stellen, die uns in unserer Lebendigkeit stören. Dazu brauchen wir viel Gott-Vertrauen. Dazu brauchen wir Gottes Barmherzigkeit. Dazu brauchen wir eine Haltung, wie sie unser Wochenspruch ausdrückt: „Wir liegen vor dir in unserem Gebet und vertrauen nicht auf unsere Gerechtigkeit, sondern auf deine Barmherzigkeit". AMEN.

Predigt über Markus 4,26-29 am Sonntag Sexagesimae 2011

Der kleine Prinz und das Reich Gottes

Liebe Gemeinde,

„man sieht nur mit dem Herzen gut. Das Wesentliche ist für die Augen unsichtbar.“ Das ist das Geheimnis des Fuchses, das er dem kleinen Prinzen schenkt als Dank dafür, dass dieser ihn gezähmt hat. Zähmen heißt, „sich vertraut machen“: auch das hatte der schlaue Fuchs dem kleinen Prinzen erklärt. „Du siehst die Weizenfelder da drüben“, hatte der Fuchs ihm gesagt. „Ich esse kein Brot. Für mich ist der Weizen zwecklos. Die Weizenfelder erinnern mich an nichts. Das ist traurig. Aber du hast weizenblondes Haar. Es wird wunderbar sein, wenn du mich einmal gezähmt hast. Das Gold der Weizenfelder wird mich an dich erinnern. Und ich werde das Rauschen des Windes in den Weizenfeldern lieb gewinnen.“

Mit dem Herzen schauen heißt, da etwas sehen, wo nichts ist. Heißt: Verbindungen sehen, die sich der Welt der Sinne entziehen. Man kann sein täglich Brot essen und dabei Zeitung lesen. Man kann sein täglich Brot essen und dabei eingedenk sein, was alles „zusammen-gekommen, miteinander in Verbindung gekommen“ ist für dieses eine Stück Brot. Vom Säen über das Wachsen des Getreides bis hin zur Ernte, zum Mahlen des Mehles, zum Backen des Brotes. Man kann sein Schnitzel essen und dabei Fernsehschauen. Man kann sein Schnitzel essen und dabei eingedenk sein, dass ein Tier auf die Welt kam, gewachsen ist, gelebt hat, geschlachtet wurde: und ich esse jetzt Fleisch von diesem Lebewesen.
Sie merken: mit dem Herzen schauen ist eine Haltung zum Leben.
„Heute, wenn ihr seine Stimme hören werdet, so verstockt eure Herzen nicht.“
Dieses Wort aus dem 95. Psalm gibt unserem Gottesdienst seinen Rahmen.
Ein verstocktes Herz ist blind geworden, es sieht keine Verbindungen. Ein verstocktes Herz versteht nicht, was es heißt, dass das „Gold der Weizenfelder mich an dich erinnert“. Wie unser Auge eines lebendigen Sehnervs bedarf, um zu sehen, so bedarf unser Herz einer inneren Lebendigkeit, um „hinter die sichtbaren Dinge“ zu blicken.
„Das Wesentliche ist für die Augen unsichtbar.“
Um das „Wesen“ der Dinge, die mich tagtäglich umgeben, zu verstehen, bedarf es eines freien, lebendigen, schwingenden Herzens. Mit einem verstockten Herzen sehe ich eine Ansammlung von Dingen, deren Bedeutung ich nicht verstehen kann. Ich fühle mich bedeutungslos in einer bedeutungslos gewordenen Welt. Das Gefühl der Bedeutungslosigkeit ist die Quelle für verantwortungsloses Tun (nicht Handeln). Gibt es keine Bedeutung, keinen Sinn mehr im Leben, so bleibt ein Hohl-Überhebliches: „man gönnt sich ja sonst nichts…“

Die Gleichnisse Jesu sind geradezu Etüden zum Lernen, in Verbindungen zu denken. Sie sind eine Art Yoga oder Pilates für ein fröhliches Herz. Wer sich auf sie einlässt, kann Herzverhärtungen vorbeugen. Wobei ich mit „einlassen“ mehr meine, als nur zu hören.
Wer Ohren hat zu hören, der lasse diese Gleichnisse in sich lebendig werden! Und halte aus, dass jedes Verstehen vorläufig und unvollständig ist. „Unser Wissen ist Stückwerk“. Ein fröhliches Herz bekennt sich heiter zu seinem Nicht-Wissen.

Wir haben vorhin das Gleichnis vom Sämann in der Version des Lukas gehört. Der heutige Predigttext ist ein weiteres Gleichnis, das sich nur bei Markus findet:
„Mit dem Reich Gottes ist es so, wie wenn ein Mensch Samen aufs Land wirft und schläft und aufsteht, Nacht und Tag; und der Same geht auf und wächst – er weiß nicht wie. Denn von selbst bringt die Erde Frucht, zuerst den Halm, dann die Ähre, danach den vollen Weizen in der Ähre. Wenn sie aber die Frucht gebracht hat, so schickt er alsbald die Sichel hin; denn die Ernte ist da.“ (Markus 4,26-29)
Schon der Anfang ist bemerkenswert. Es heißt nicht: das Reich Gottes ist … - sondern: „mit dem Reich Gottes ist es so, wie…“ Das Reich Gottes lässt sich nicht in Sätzen begrenzen; das Reich Gottes geschieht.
Das Reich Gottes ist ein Wachstums-Geschehen.
In unserer Zeit wird zwar großer Wert auf Wirtschaftswachstum gelegt. Dass aber Lebendiges auch wächst, dass nicht nur der Körper, sondern auch die Seele im Wachsen ist – dem wird wenig Bedeutung beigemessen.
Das Zähmen als ein geduldiges Vertraut-Werden hat wenig Ansehen. Es soll schnell gehen und effektiv sein. Zeit ist teuer. Man versucht schnellwachsendes Getreide zu züchten: dann kann man dreimal im Jahr säen und ernten.
Ganz anders in unserem Gleichnis: zur Entwicklung gehört der geordnete Rhythmus: Nacht und Tag, schlafen und aufstehen, ruhen und arbeiten. Reich Gottes geschieht da, wo Menschen, Tiere und Pflanzen in ihrem eigenen Rhythmus leben dürfen. Reich Gottes geschieht in Selbst-Bestimmung des Lebendigen und nicht in Fremd-Bestimmung.
Zur Entwicklung gehört der Gedanke: „es geht von selbst“. Man muss einem Apfel nicht sagen, dass er im Herbst rot werden soll, er reift von selbst. Man muss einem Kind nicht sagen, dass es spielen soll: ein gesundes, neugieriges Kind spielt von sich aus. Es will sogar von sich aus Lesen, Schreiben und Rechnen lernen: ein gesundes Kind will sich die Welt aneignen. Nur, was es nicht will, ist, permanent gefördert und gegängelt zu werden. Im Reich Gottes herrscht eine spielerische Freiheit der Kinder Gottes.
Im Reich Gottes werden weder Kinder noch Tiere dressiert. Sie werden „gezähmt“. Zähmung geschieht über Vertrauen. Vertrauen schließt den Missbrauch von Herrschaft aus. Die Großen im Reich Gottes demütigen die Kleinen (Abhän-

gigen) nicht. Sie verwenden ihre Autorität (nicht Macht) für die Förderung gemeinschaftlichen (sozialen) Wachstums. Störenfriede werden nicht bestraft; natürlich muss die Gemeinschaft vor ihnen geschützt werden. Aber Ziel ist es, dass auch sie lernen, ihrem Leben Bedeutung zu verleihen. Dies geschieht, indem ihnen bedeutsame Aufgaben übertragen werden. Z.B. sich um ein Lebewesen zu kümmern. Wer gelernt hat, fürsorglich zu leben: für sich und für die ihm Anvertrauten, dem ist das Reich Gottes schon recht nahe herbei gekommen.
Das Reich Gottes ist eine Gemeinschaft der Freien. Diese Freien leben friedlich und freudig zusammen. Es eint sie die Leidenschaft für „das Wesen der Dinge" und die Anerkenntnis der Relativität allen Wissens. Nicht die blendende Oberfläche interessiert, sondern der Blick mit dem Herzen. Nicht der schnelle, anonyme Kontakt hat Bedeutung, sondern das Sich-vertraut-Werden.

Kehren wir zurück zu dem kleinen Prinzen und dem schlauen Fuchs:
„So machte denn der kleine Prinz den Fuchs mit sich vertraut. Und als die Stunde des Abschieds nahe war: „Ach", sagte der Fuchs, „ich werde weinen."
„Das ist deine Schuld", sagte der kleine Prinz, „ich wünschte dir nichts Übles, aber du hast gewollt, dass ich dich zähme …"
„Gewiss", sagte der Fuchs.
„Aber nun wirst du weinen!" sagte der kleine Prinz.
„Bestimmt" sagte der Fuchs.
„So hast du also nichts gewonnen!"
„Ich habe"; sagte der Fuchs, „die Farbe des Weizens gewonnen".

Was der Fuchs durch den kleinen Prinzen gewonnen hat, ist für die Augen unsichtbar. Auch das Reich Gottes ist nicht sichtbar. Es entzieht sich, wenn man versucht, es konkret zu machen. Das Reich Gottes lässt sich nicht herstellen – es entzieht sich dem Fabrizieren. Fabrizierte Reiche Gottes sind die Perversion des Reiches Gottes. Das mussten Calvin und andere lernen, die aus bester Absicht heraus ein Reich Gottes auf Erden errichten wollten.
Unserer Homo-faber-Mentalität ist diese Erkenntnis zuwider. Wir wollen machen und tun – aber nicht erleiden.
Das Reich Gottes aber lässt sich nicht machen, so wie sich Wachstum und Entwicklung nicht machen lassen. Es lässt sich nur erleiden. „Selig sind die da Leid tragen – sie werden getröstet werden." Dieses Erleiden hat der Fuchs ganz selbstverständlich akzeptiert: „Bestimmt werde ich zum Abschied weinen", sagt er. Und niemand ist daran schuld! Das Erleiden, der Schmerz gehört zum sich Einlassen auf das Leben dazu, wie die Nacht zum Tag.

Ein verstocktes Herz spürt keinen Schmerz. Das ist das Problem.

Wenn wir vom Fuchs lernen wollen, müssen wir bereit sein, Schmerz zu erleiden. Einen Schmerz, für den es kein Aspirin gibt.
Wahrheit ist schmerzhaft. Nur die Lüge ist schmerzfrei. Deshalb ist lügen und betrügen so verführerisch. Und deshalb helfen moralische Appelle nicht.
Wir können nur <u>in uns</u> die Sehnsucht nach der Wahrheit wecken. Wir können nur <u>in uns</u> das Bedürfnis stärken, mit dem Herzen zu sehen.

Ich möchte Ihnen zum Abschluss eine talmudische Geschichte erzählen:

Rabbi Joshua ben Levi fragte Elija:
"Wann wird der Messias kommen?" „Geh und frag ihn selbst", war seine Antwort. „Wo sitzt er?" „An den Eingangstoren der Stadt."
„Und an welchem Zeichen werde ich ihn erkennen?"
„Er sitzt unter den armen Aussätzigen: wenn sie sich neu verbinden, nehmen sie die Verbände ihrer Geschwüre auf einmal ab; nicht so der Messias: er verbindet jedes Geschwür einzeln, denn er denkt, wenn ich gebraucht werden soll, um zu erscheinen, darf ich durch meine Verbände nicht aufgehalten werden.
So ging er zu den Eingangstoren der Stadt, fand den Messias und sprach: „Friede sei mit dir, Meister und Lehrer."
„Friede sei mit dir, Sohn Levis", erwiderte er.
„Wann wirst du kommen, Meister?" fragte er.
„Heute", lautete die Antwort.
Als er zu Elija zurückkam, frage dieser: „Nun, was hat er zu dir gesagt?"
„Er hat mir Falsches gesagt", erwiderte er, „er sagte, er käme heute, aber er ist nicht gekommen."
Elija antwortete: „Was er dir sagte, war: „Heute, wenn du seine Stimme hörst, so verstocke dein Herz nicht!" AMEN.

Predigt über Markus 4,26-29 am Sonntag Sexagesimae 2005

Liebe Gemeinde,

ich möchte Sie heute am Beginn meiner Predigt um etwas Ungewöhnliches bitten: vergessen Sie alles, was Sie über Jesus gehört und gelernt haben. Vergessen Sie, dass heute Bibelsonntag ist. Vergessen Sie, dass es überhaupt eine Bibel gibt. Vergessen Sie, dass wir hier in der Kirche sind und Gottesdienst feiern.
Vergessen Sie Ihre Wünsche an meine Predigt. Vergessen Sie Ihre Wünsche an Gott. Vergessen Sie Ihre Vorstellung von Gott! Vergessen Sie Ihre Erwartungen, dass Sie jetzt etwas kriegen. Ein Wort zur Erbauung oder so was.
Oder anders ausgedrückt: ich bitte Sie, machen Sie sich leer. Lassen Sie los von dem Gewicht Ihrer Erinnerungen an Früheres, von dem Gewicht Ihrer Wünsche für Zukünftiges und von Ihrer Hoffnung auf Verstehen.
Gar nicht so leicht – oder?
Und natürlich gefährlich. Warum will der das von uns? Um uns manipulieren zu können? Dass er jetzt in unsere Leere seine Worte hineinsetzen kann? Der ist doch auch noch Psychotherapeut. Leben die nicht davon, ihren Patienten was einzureden?
Misstrauen ist angesagt. Zurecht. Aus dem Misstrauen erwächst die Vorsicht – was will der von mir?
Nichts – außer dass Sie die Freundlichkeit haben, mir weiter Ihre Aufmerksamkeit zu schenken.
Aber Sie haben doch gesagt, ich soll das alles vergessen: meine Erinnerungen, meine Wünsche, mein Verstehen.
Stimmt. Aber nicht **ich** will das von Ihnen, sondern ich möchte Ihnen anbieten, sich in eine bestimmte Art des Erlebens zu versetzen. Ein Erleben, bei dem die alten Sicherheiten des Wissens und Verstehens losgelassen werden.
Ja und dann? Irgendwann muss doch jetzt der Predigttext kommen? Will er uns darauf vorbereiten?

Ich möchte Sie nicht auf einen Text vorbereiten, sondern versuchen mit Ihnen gemeinsam etwas zu erleben. Etwas, was sich nur über den Weg des sich Leer-Machens erleben lässt.
Ich gebe diesem etwas jetzt noch keinen Namen, weil jede Benennung einengt.
Stattdessen möchte ich Ihnen eine Geschichte erzählen.
Die geht so: „**Mit dem Reiche Gottes ist es so, wie wenn ein Mann den Samen auf die Erde streut und dann schlafen geht und wieder aufsteht, bei Nacht und bei Tage, und der Samen geht auf und wächst empor, ohne dass er selbst davon weiß. Von selbst bringt die Erde Frucht, erst den Halm, dann die Äh-**

re, und endlich das volle Korn in der Ähre. Sobald aber die Frucht es zulässt, legt er die Sichel an, denn die Ernte ist da.“ (Markus 4,26-29)

Diese Geschichte stammt nicht von mir, sondern von einem jüdischen Wanderprediger. Er zog vor vielen Jahren durch die Lande des heutigen Palästinas und erzählte Geschichten. Er erzählte nicht von sich, sondern von dem altehrwürdigen Gott, den seine Zeitgenossen Jahwe nannten. „Jahwe“, das war Geheimsprache – das hieß soviel wie: der, dessen Name nicht genannt werden darf (Harry Potter lässt grüßen) nur dieser Gott galt nicht als eine finstere Macht, kein Lord Voldemort, sondern als der allmächtige, Schöpfer dieser Welt. Jener jüdische Rabbi hat diesen Gott „abba“ genannt - das ist Kleinkindersprache, heißt „Papa“. Und dazu gehört seine Botschaft: „Habt Vertrauen“, wurde er nicht müde zu sagen, „Vertrauen zu diesem ‚abba’ – es ist doch unser aller ‚Papa’“. Sein bekanntestes Gebet geht mit diesem „Papa“ an: „Vater unser!“ Dafür wurde er verlacht. Dieser allmächtige Gott ist doch kein Papa – das ist vielleicht kindisch – sagten die einen. Der ist ja größenwahnsinnig, sagten die anderen. Der tut ja so, als hätte er eine ganz besondere Beziehung zu unserem Gott, gerade so, als wäre er sein Sohn – sagten die dritten. Diese Stimmen missverstanden unseren jüdischen Lehrer: es gibt keine Stelle, an der er sagt: „Ich bin der Sohn Gottes“ – alle so lautenden Stellen im Neuen Testament wurden ihm nachträglich in den Mund gelegt. Auch in der Geschichte, die ich Ihnen vorhin vorlas, geht es nicht um den, der diese Geschichte erzählt. Das ist ein wichtiges Zeichen dafür, dass diese Geschichte wirklich von diesem Lehrer stammt, also historisch ist. Es geht auch nicht einfach um Gott, sondern um das Reich Gottes. Und was da über das Reich Gottes gesagt wird, ist weder kindisch noch größenwahnsinnig, sondern sehr nüchtern. Das Reich Gottes wird verglichen (deshalb hat man diesen Text ein Gleichnis genannt) mit – ja womit eigentlich?

In moderneren Übersetzungen heißt unsere Geschichte „Das Gleichnis vom Wachsen der Saat, oder von der selbstwachsenden Saat“. In älteren Lutherbibeln kann man auch „Gleichnis vom geduldigen Landmann“ lesen. Wie dem auch sei – es geht um Wachsen. Unsere Geschichte ist eine Wachstumsgeschichte. Wachstum – und zwar von etwas Lebendigem.

Wachsen. Wie geht das eigentlich? Unser Geschichtenerzähler sagt: Wachsen geht von selbst, ohne dass der Bauer etwas davon mitbekommt geht der Same auf und ein Halm wächst empor.

Lächerlich – wendet da unsere fortschrittliche Vernunft ein: mag sein vor 2000 Jahren, die hatten keine Ahnung: was eine Zelle ist, wie Zellteilung geht, dass es eine DNA gibt, die man sogar manipulieren kann. Dass man düngen muss, Schädlinge bekämpfen muss usw. Von wegen selbst wachsende Saat!

Stimmt das? Haben wir mehr Ahnung vom Wachstum als die Menschen vor 2000 Jahren?

Nehmen wir z.B. unsere Lebenserwartung: vor kurzem hörte ich von einer Statistik, dass eine heute 65jährige Frau nach statistischer Wahrscheinlichkeit 100 Jahre alt werden wird – ein 65jähriger Mann wird 98 Jahre alt.
Ist das nicht Wachstum? Sind wir nicht Meister im Vergrößern, Verbreitern, Verlängern, Erhöhen, Vermehren, Expandieren …?
Aber warum vergrößert sich das Reich Gottes nicht – warum hören die Kriege nicht auf, warum hören die Naturkatastrophen nicht auf, warum hört das Leiden nicht auf, warum immer diese Schmerzen?

Ganz einfach: **weil das Reich Gottes nicht das Paradies ist.**

Und weil die Wachstumsregeln des Reiches Gottes nichts mit Mengenwachstum zu tun haben. Und das ist zugleich das Problem: Mengenwachstum ist quantitatives Wachstum: und das ist messbar und sichtbar. Das Reich-Gottes-Wachstum ist qualitatives Wachstum – und deshalb unsichtbar. Was ich sehen kann und messen kann ist das Gewachsene – der Halm des Getreides, die Länge eines Kindes – aber nicht das Wachstum selber. Mengenwachstum ist die Vermehrung desselben. Ob ich einen oder zehn Äpfel in einem Korb habe – das ändert an den Äpfeln gar nichts. Es bleibt bei der 1. Mathematisch ausgedrückt geht es um das Problem, wie sich Veränderung abbilden lässt. Qualitatives Wachstum ist Transformation: wie komme ich von der 1 zu 2 zur 3 zur 4? Differential- und Integralrechnung beschäftigen sich mit dieser Fragestellung und ich denke auch die Quantenphysik, von der ich leider viel zu wenig verstehe.
Jesus – Sie wissen es längst, von ihm stammt das Gleichnis vom Wachsen – hatte eine tiefe Intuition für die Wachstumsgesetze des Reiches Gottes: Vertrauen, Geduld und Todesangst sind die wesentlichen Elemente seiner Lehre vom Wachstum des Reiches Gottes. Und wie hängen diese Elemente miteinander zusammen?
Nun – Jesus sagt: Indem ihr anfangt zu vertrauen beginnt auch schon das Reich Gottes. Ihr müsst viel weniger „machen und tun“ als ihr meint. Statt „machen und tun“ ist Geduld angesagt: die Geduld, die das Nicht-machen-Können aushält. Und nicht machen können heißt nicht kontrollieren können. Wenn ich jeden Tag das Samenkorn, das ich eingepflanzt habe, ausbuddele, um es zu kontrollieren, störe ich sein natürliches Wachstum – im schlimmsten Fall wird es absterben. Hinter dem alltäglichen „ich meine es doch nur gut mit dir“ steckt oft ein ungeduldiges: „Ich halte es nicht aus, wenn du deinen eigenen Weg gehst.“ „Bitte entwickle dich so, wie ich dich brauchen kann!“ Die weniger liebevolle Variante davon lautet: „Solange du deine Füße unter meinem Tisch hast …“ Misstrauen, Angst und Ungeduld führen zur Macht. Macht aber verhindert natürliches Wachstum – es geht nicht mehr um Wachsen, sondern um Unterwerfung.

Aber warum gibt es so wenig Vertrauen in dieser Welt – warum spielen Kontrolle und Macht eine so große Rolle?
Weil der Weg in das Reich des Vertrauens über den Tod führt. Das Getreidekorn muss absterben: damit geht es los und nur damit geht es los!

Lukas hat eine andere Variante des Gleichnisses überliefert: das Korn das auf den Weg fällt und das auf den Felsen fällt: es meidet die Finsternis der Erde, des Todes. So bleibt es unfruchtbar.
An **der** Stelle war Jesus unbeirrt – und das ist sein Messias-Sein, seine messianische Idee: der Weg in das Reich Gottes, in das Reich des Vertrauens führt durch die Todesangst hindurch. Etwas von dieser Todesangst können Sie erleben, wenn Sie sich in der Tiefe auf das einlassen, wovon ich am Anfang sprach: auf das Vergessen. Das Sterben des Getreidekorns ist das Aufgeben von allem, was es hat und ist. Ist ein Sich-Hinein-Begeben in das Fremde, das Andere, das Unbekannte – im Bild: die Erde. Nur wenn sich Erde und Korn wechselseitig befruchten entsteht Neues – tausendfaches Leben!
Nun sind wir alle keine Getreidekörner – sondern Lebewesen, die fühlen und spüren. Und das macht die Sache so schwierig. Bei uns löst das Sich-Hinein-Begeben in das Fremde, Unbekannte Todesängste aus, die weiteres Wachstum blockieren können.
Wer sich wirklich auf dieses Absterben einlässt – der steht in der Finsternis. Und wer schon einmal völlige Finsternis erlebt hat – so dass man auch nicht die eigene Hand vor Augen sieht -, der weiß, wie bedrohlich dieses Gefühl ist. Und doch ist dieses Gefühl nötig für den Ruf : „Dein Wort sei unseres Fußes Leuchte“!
Das Licht, das in meine Gottesfinsternis hineinleuchtet – das ist das wirklich rettende Licht, das gänzlich unerwartete, völlig neue Licht, das alles in neuem Licht erscheinen lässt. Im Gleichnis: das Korn hat ausgetrieben, es spitzt aus der Erde heraus – und entdeckt die Sonne. Zu diesem Licht ist es gelangt, weil es vertraut hat in der Dunkelheit der Mutter Erde – vertraut hat, dass es da jemand oder etwas gibt – das sein Wachstum will. Und dieses Dritte, diese neue dritte Kraft ist nichts anderes als das Wort.
Das Wort Gottes ist es, das Vertrauen stiftet, das das Reich Gottes zum Reich des Vertrauens macht. Im Reiche Gottes wird miteinander gesprochen – in gegenseitigem Respekt und völliger Gleichwertigkeit. Sprache ist im Reich Gottes kein Messer, das Beziehungen abschneidet, sondern ein Instrument dafür, miteinander in Kontakt zu kommen, zu verstehen. Natürlich ist dieses Reich nicht von dieser Welt und kann nicht von dieser Welt sein. Es lässt sich nicht materialisieren. Aber es ragt in diese Welt hinein – und es steht jedem Menschen frei, sich immer wieder auf die Suche nach diesem Reich zu machen.
Die Ausrüstung für den langen Weg in dieses Reich ist:

Vertrauen, Geduld und sich von den eigenen Ängsten nicht blockieren lassen. Der Kompass aber ist das Wort Gottes: diesen Kompass zu gebrauchen heißt, sich immer wieder neu auf das Fremde, Unbekannte, Unverstandene einzulassen, immer wieder neu unsere Todesangst zu besiegen.

Allerdings haben wir einen Weggenossen und Vorläufer.

Gebe Gott, dass dieser Christus in uns lebendig werde und bleibe, uneingeplant und unkontrolliert dem Neuen zugewandt – auf dass wir wachsen und aufgehen und Frucht bilden in unserer natürliche Bestimmung hinein in das Reich Gottes. AMEN.

Predigt über 1. Kor. 13 am Sonntag Estomihi 2010

Liebe Gemeinde,

ich muss heute über die Liebe predigen. Ich könnte auch sagen: ich darf. Aber es käme mir so vor, wie wenn ich zu meinen Kindern um halb acht am Morgen sagen würde: Aufstehen, du darfst heute in die Schule gehen! Die vermutliche Antwort, die ich bekäme, wäre ein mürrisches Brummen, das ein wenig nach „du mich auch…“ klingen könnte.
Ich darf heute über die Liebe predigen.
Ist doch schön. Auch noch am Valentinstag. Und am Ausgang bekommen Sie dann eine rote Rose von mir geschenkt.
Irgend etwas in mir brummt. Begehrt auf.
Irgend etwas/jemand in mir will von Liebe nichts wissen.
Hat womöglich schlechte Erfahrungen gemacht mit Liebe!
Das sei unbestritten: die Liebe ist jenes Gefühl, in dem wir am Verletzlichsten sind. Jenes Gefühl, das wir am tiefsten in uns vergraben, damit wir nicht so verletzbar sind.
Im Hass haben wir unsere Rüstung. In der Hoffnung haben wir eine Zukunft. Im Glauben haben wir das „woran“ des Glaubens. In der Liebe haben wir … nichts.

In der Liebe haben wir unsere Sicherheiten aufgegeben.

Solange ich „über die Liebe“ predige, habe ich auch noch meine Sicherheiten. Das „über“ schafft Distanz. „Über“ etwas reden ist leichter, ungefährlicher. Gefahr entsteht dann, wenn ich die „gute Deckung“ meiner Gedanken verlasse. Dann wird es nämlich ziemlich ernst. Dann gibt es keine Schlupfwinkel, keine Hintertürchen mehr, in denen ich sage: „war ja nicht so gemeint!“

„1 Wenn ich mit Menschen- und mit Engelszungen redete und hätte die Liebe nicht, so wäre ich ein tönendes Erz oder eine klingende Schelle.“

So geht es los, das Hohe Lied der Liebe (1. Kor. 13 – unser heutiger Predigttext). Darum geht es: solange ich über die Liebe predige, bleibt meine Predigt kalt. So lange ich über die Liebe predige, klingt mein Reden kalt, wie „tönendes Erz“ oder „eine klingende Schelle“. Die Liebe hat mit einer Wärme zu tun, die im Sprechen nicht selbstverständlich enthalten ist. Das Sprechen einer Sprache allein (und sei es die Sprache der Engel, also jener Gestalten, die Gott besonders nahe sind) verbürgt keine Liebe. Man kann über Liebe reden, man kann über Liebe predigen, ohne Liebe „zu spüren“. Und natürlich kann man sagen: „ich liebe dich“ – ohne

Liebe. Alles hängt davon ab, ob ich „Liebe erlebe". Liebe ist die Kraft hinter den Zeilen, zwischen den Worten. In Sprache lässt sich Liebe nicht fassen.

„2 Und wenn ich prophetisch reden könnte und wüsste alle Geheimnisse und alle Erkenntnis und hätte allen Glauben, so dass ich Berge versetzen könnte, und hätte die Liebe nicht, so wäre ich nichts."

Auch andere großartige Gnadengaben: die Gabe prophetischer Vorhersagen, das Wissen aller Geheimnisse, ja selbst ein Glaube, der Berge versetzen kann ist ohne Liebe „nichts". Erst die Liebe bewirkt, dass meine Begabungen und mein Glaube nicht „nichts" sind. Die Liebe ist die Kraft, die aus meinen Begabungen, aus meinen Möglichkeiten Wirklichkeiten macht. Der Glaube könnte Berge versetzen – die Liebe versetzt Berge: das scheint der Unterschied zu sein. Das Medium der Liebe ist der Indikativ, die „Wirklichkeitsform"!

„3 Und wenn ich all meine Habe den Armen gäbe und ließe meinen Leib verbrennen, und hätte die Liebe nicht, so wäre es mir zu nichts nutze."

Selbst eine radikal selbstlose Einstellung, so dass ich meinen ganzen Besitz aufgebe und auch meinen Leib hingebe (als Märtyrer: für meinen Glauben – als Nicht-Märtyrer für eine Schönheitsoperation): ohne Liebe ist es nutzlos.
So ist die Liebe etwas, das man zwar „haben" kann, das sich aber nicht „machen" lässt. Selbst die bewundernswertesten Tugenden, die gewaltigsten Leistungen sind – ohne Liebe – „mir zu nichts nutze". Etwas flapsig ausgedrückt: wenn ich mich auch noch so anstrenge, wenn ich auch noch so tugendhaft lebe, ohne Liebe „bringt es mir nichts"!

„4 Die Liebe ist langmütig und freundlich, die Liebe eifert nicht, die Liebe treibt nicht Mutwillen, sie bläht sich nicht auf."

Jetzt erfahren wir genaueres darüber, was die Liebe ist und was sie nicht ist. Sie ist „langmütig und freundlich"! „Langmütig" – wörtlich „groß-mütig" (makrothymos) – heißt ganz wörtlich: „Einen langen Weg bis zum Zorn haben"! Das Gegenteil dazu ist das bekannte, viel einfachere „schnelle Ausflippen"! Die Liebe scheint Ausdruck der Fähigkeit zu sein, sich selbst zu halten, sich selbst zu beherrschen. Eine Fähigkeit, die immer dann auf die Probe gestellt wird, wenn das Leben gerade nicht so läuft, wie wir es uns erwarten, wenn Menschen, die wir lieben, gerade nicht so sind, wie wir sie gerne hätten. Oder auch, wenn mein eigener Körper nicht so funktioniert, wie ich ihn haben möchte. Der Langmut der Liebe nimmt den/das Andere(n) in seinem So-Sein an: in gelassener Freundlichkeit. In großmütiger Freundlichkeit nehme ich die zunehmenden Gebrechen meines alt werdenden Körpers an, hadere nicht und freue mich an der Lebendigkeit der Jugend. In großmütiger Freundlichkeit bleibend sind andere Menschen nicht mehr meine Rivalen, und ich muss nicht mehr um deren Gunst eifern. Ich muss keinen Keil mutwillig treiben zwischen Freundschaften oder Partnerschaften. In der Liebe freue ich mich daran, wenn sich andere Menschen gut verstehen – und neide es ihnen nicht. So nehme ich mich selbst zurück, mir genügt mein Platz in der Gemeinschaft. Ich muss mich nicht mehr „aufgeblasen" in den Mittelpunkt spielen.

„5 Sie ist nicht ungehörig, sie sucht nicht das ihre, sie lässt sich nicht erbittern, sie rechnet das Böse nicht zu."

Jetzt hören wir weiter, was der, der in der Liebe ist, nicht erlebt. Die Liebe ist nicht „ungehörig", d.h. sie hält sich an bestehende Ordnungen und fügt sich gelassen in sie ein. Sie gibt dem Staat, was des Staates ist, und sie respektiert die gute Ordnung von Beziehungen. Sie hält sich an Grenzen und muss sich (und anderen) nicht mehr beweisen, wie toll sie ist. Und wenn wirkliche Enttäuschungen hinzunehmen sind, so leidet sie und trauert – ohne hart und bitter zu werden. Indem sie weich und elastisch bleibt, verurteilt sie den anderen nicht – selbst wenn sie unter ihm gelitten hat. Selbst wenn ihr Unrecht widerfahren ist.

„6 Sie freut sich nicht über die Ungerechtigkeit, sie freut sich aber an der Wahrheit."

Es ist verführerisch, sich als ehrlicher Steuerzahler darüber zu freuen, dass jetzt so viele Steuerhinterzieher auffliegen. Es dient ja auch der Gerechtigkeit. Andererseits sind es gehackte, also unrechtmäßig beschaffte Daten, die dafür verwendet werden. Daran freut sich die Liebe nicht. Dieses Gefühl: „das geschieht dir/ihm recht" kennt die Liebe nicht. Dafür kennt sie eine tiefe Freude an der Wahrheit und über jeden, der es wagt, sein Leben auf das Fundament der Wahrheit zu stellen. Die Liebe und die Wahrheit sind ihrem Wesen nach eines.

„7 Sie erträgt alles, sie glaubt alles, sie hofft alles, sie duldet alles."

Jetzt ist aus dem „einen langen Weg bis zum Zorn haben" ein „keinen Weg zum Zorn haben" geworden. Die Liebe „erträgt alles". Die eigenen Unzulänglichkeiten, Ängste, Schmerzen – und die meiner Mitmenschen. Sie sagen - das geht doch gar nicht! Das kann ich nicht! Und außerdem – ist das nicht Dummheit: „alles ertragen, alles glauben, alles hoffen, alles erdulden"? Wenn es Dummheit ist – dann müssen wir sagen: so dumm ist Gott! So dumm ist Gott, dass er selbst Mensch wird – und dieses Mensch-Sein erträgt. Das hätte er doch gar nicht nötig gehabt! Stimmt – wäre er ein kalter, uneinfühlsamer, einsamer Weltenherrscher –

dann hätte er es weiß Gott nicht nötig gehabt. Aber er ist nun einmal die Liebe selbst (1. Joh.4). Und diese (göttliche) Liebe, dieser Gott, der die Liebe ist, der kann gar nicht anders – als uns Menschen zu ertragen, uns zu vertrauen, auf uns zu hoffen und uns zu erdulden, uns zu lieben! Die Liebe muss lieben!

„8 Die Liebe hört niemals auf, wo doch das prophetische Reden aufhören wird und das Zungenreden aufhören wird und die Erkenntnis aufhören wird."

„Die Liebe hört niemals auf"! Bis zum letzten Atemzug habe ich die Möglichkeit, mich mit ihr zu verbünden, in ihr und aus ihr heraus zu leben. Was heißt bis zum letzten Atemzug? Die Liebe wirkt über den Tod hinaus, die Liebe besiegt den Tod, die Liebe hat den Tod besiegt! Inwiefern? Weil die Werke der Liebe nicht vergehen. In liebevollem Gedenken bleiben sie in uns – auch wenn der Mensch, von dem wir die Liebe empfangen haben, längst vergangen ist. In den Werken seiner Liebe lebt er in uns weiter und in den Werken unserer Liebe leben wir weiter. Ich denke dabei auch an ganz konkrete, sehr sinnenfällige Werke unserer Liebe: unsere Kinder! Und glücklich die Kinder, die wirklich in Liebe gezeugt wurden und in Liebe wachsen dürfen.

„9 Denn unser Wissen ist Stückwerk, und unser prophetisches Reden ist Stückwerk."

Wie wahr! Wenn wir das nur einsehen wollten, wie wenig wir erkennen können und wie kurz ein Menschenleben ist, um überhaupt etwas zu erkennen und zu verstehen.

„10 Wenn aber kommen wird das Vollkommene, so wird das Stückwerk aufhören."

Die Liebe ist schon jetzt ein Abglanz des Vollkommenen. In der Liebe leuchtet die Ganzheit auf: die Liebe eint das Zerstreute, verbindet die Gegensätze, vermischt polares Denken. Die Liebe ist auf Integration aus – Spaltungen, Gut-Böse-Denken gibt es nicht in der Liebe.

11 Als ich ein Kind war, da redete ich wie ein Kind und dachte wie ein Kind und war klug wie ein Kind; als ich aber ein Mann wurde, tat ich ab, was kindlich war.

Als Kind liebt man anders denn als Erwachsener. Als Kind braucht man gute Spaltungen, die Ordnung in das Leben bringen: die kindliche Welt ist eine Welt

voller guter Feen und gerechter Helden auf der einen, und böser Zauberer und Ungeheuer auf der anderen Seite, die miteinander im Streit liegen. Als Kind muss man das Gefühl haben, auf der guten, auf der richtigen Seite zu stehen.
Wenn man erwachsen wird und Glück hat, dann kommt man allmählich in die Lage, sich, sein eigenes Leben und Denken kritisch zu hinterfragen und zu reflektieren. In dieser Reflexion ordnet sich Vieles neu – die Urteile werden milder, die Grenzen weicher, die Übergänge fließender. Zu dieser Milde aber bedarf es der Liebe. Ohne sie bleibe ich Gefangener meiner Spaltungen, meines scharfen Gut-Böse-Denkens mit seinen Verurteilungen und Rechthabereien.

12 Wir sehen jetzt durch einen Spiegel ein dunkles Bild; dann aber von Angesicht zu Angesicht. Jetzt erkenne ich stückweise; dann werde ich erkennen, wie ich erkannt bin.

„Wir sehen jetzt durch einen Spiegel ein dunkles Bild“ – jedes Mal, wenn es mir gelingt „hinter“ meine Spaltungen, mit denen ich auf die Welt blicke, zu schauen, bekomme ich eine Ahnung davon, wer ich bin. „Ein dunkles Bild“ – griechisch ainigma (wörtlich: „Rätsel) - dasselbe Wort steht auch im Ödipusmythos: das „Rätsel“ der Sphinx. Was ist das: Am Morgen geht es auf vier Beinen, am Mittag auf zwei am Abend auf drei? Antwort: der Mensch! Wenn es mir gelingt, hinter meine Erwartungen und Vorurteile zu schauen, dann sehe ich – mich, den Menschen, meine nackte Existenz – als Rätsel, als dunkles Bild. Und vor allem: als Bündel voller Angst! Es bedarf der Liebe, diesen Blick „hinter die Kulissen meiner Gedanken“ zu wagen; es bedarf des Blickes der Liebe, der allein in der Lage ist, diese tosenden namenlosen Ängste in meinem Inneren zu erblicken und auszuhalten. Meine stückweise Erkenntnis ist direktes Resultat dieser Ängste, die mich zwingen, die Welt in gut und böse zu spalten. Durch diese Ur-Spaltungen bekommen meine Ängste einen Namen. Und diese Bennennung verleiht mir Sicherheit.
Die Liebe hebt diese Sicherheiten wieder auf. Die Liebe verbindet dort, wo die Spaltungen sind, die Liebe baut Brücken dort, wo die Gräben sind. Das macht sie so gefährlich. Die Liebe ermöglicht den kleinen und großen Grenzverkehr. Darüber freuen sich auch die Schmuggler. Das verblüffende ist nur: je tiefer wir in der Liebe leben, desto mehr erübrigt sich das Schmuggeln von selbst. Anders ausgedrückt: in der Liebe brauche ich keine Gebote, brauche ich keine moralischen Zwänge – in der Liebe bin ich in Gott und Gott ist in mir.
In der Liebe gilt: „Ich erkenne, wie ich erkannt bin…“

Paulus sagt: „dann“ werde ich erkennen, wie ich erkannt bin. Die Mystiker sagen: dann ist „jetzt“. Dann ist immer dann, wenn du dich aufgibst. Wenn du dein Leben loslässt: Erinnern wir uns an das heutige Evangelium: „Wer sein Leben erhal-

ten will, der wird's verlieren; und wer sein Leben verliert um meinetwillen und um des Evangeliums willen, der wird's erhalten." (Markus 8, 35) Das ist kein Aufruf zum Märtyrertum. Das ist ein Aufruf, sich ganz in die Hände Gottes fallen zu lassen. In die Hände eines mitfühlenden und mitleidenden Gottes. In die weit ausgestreckten Hände eines vor und von der Welt verspotteten und gekreuzigten Gottes. In die Hände eines menschlichen Gottes, dem kein Leid und kein Schmerz fremd sind. In die Hände eines scheinbar von Gott selbst verlassenen Gott!
Indem ich mich in diesen Gott fallen lasse, verliere ich alles, was ich habe. Und gewinne alles, was ich nicht habe. Verliere meine Ängste und meinen Hass – gewinne sein Vertrauen und seine Liebe. Verliere meinen Neid und meine Unsicherheit – gewinne seine Großzügigkeit und seine Kraft. Welch' wundersamer Tausch – würde ich mich nur trauen, mich fallen zu lassen! Würde ich mir nur trauen zu lieben!

13 Nun aber bleiben Glaube, Hoffnung, Liebe, diese drei; aber die Liebe ist die größte unter ihnen."

Damit endet das Hohelied der Liebe von Paulus. Glaube als Vertrauen, Hoffnung als Zuversicht und Liebe als Hingabe – diese drei Kräfte brauche ich, um mich in Gott fallen zu lassen. Die Liebe aber ist insofern die größte unter den dreien, als sie die Hingabe in und an Gott vollzieht. Ohne Liebe bleibt alles – nur Theorie; ohne Liebe nützen die klügsten Gedanken nicht, weil sie unverwirklicht bleiben.
Und ohne Liebe bleibt auch Gott selbst ein tönendes Erz oder eine klingende Schelle. Erst in der Liebe vollendet sich Gott selbst, erst in der Liebe verwandelt sich die Ohnmacht des Vaters und der Tod des Sohnes in ein dauerhaftes Aufeinander-Bezogen-Sein im Heiligen Geist. Demnach führt der Weg der Liebe über das Kreuz. Aber er führt auch über das Kreuz hinaus. Er führt zu dem, was Hildegard von Bingen in einem kleinen Gebet so ausgedrückt hat:

Liebe

Belehre mich mit dem Hauch des Heiligen Geistes,
dass reines Wasser aus mir sich ergieße,
Tränen entströmen dem Seufzen nach guten Taten,
und Wohlgeruch dufte aus heiligen Werken.
Am Tag will ich wirken
Die Tugend des Gleichmuts
Und salben des Nachts
Alle Schmerzen.
AMEN.

Predigt über 2. Korinther 6, 1-10 am Sonntag Invocavit 2012

Liebe Konfirmanden, liebe Gemeinde, lieber Paulus!

Ja, auch und gerade du, lieber Paulus. Ich wende mich mit dieser Predigt direkt an dich, der du mir nicht zum ersten Mal erhebliche Probleme machst. Ich fürchte mich allmählich schon davor, wenn wieder eine Stelle aus deinen Briefen der Text ist, über den ich zu predigen habe. Ich bin aber auch zu stolz, mich einfach über den vorgegebenen Predigttext hinweg zu setzen. Also bleibt mir nichts übrig, als mich mit dir auseinander zusetzen.
Nun weiß ich als Beobachter menschlichen Seelenlebens, wie häufig es sich so verhält, dass das, was mich an anderen Menschen ärgert, empört usw. in der Tiefe Teile meiner eigenen Seele sind. Unbewusste Teile meiner eigenen Seele, mit denen mein Bewusstsein, mein denkendes Ich nichts zu tun haben will, über die sich mein moralisches Ich empört. „Was siehst du aber den Splitter in deines Bruders Auge und nimmst nicht wahr den Balken in deinem Auge?“ (Matthäus 7,3)
Die große Verführung besteht darin, das Denken des Anderen dafür zu verwenden, gegen diese (meine eigenen mir unbewussten) Teile anzukämpfen. Dies führt zu immer tieferen Gräben mit den dazugehörigen „Grabenkämpfen“, von denen die Geschichte der Religionen, auch die des Christentums voll ist. Der Weg heraus ist unangenehm: er geht nämlich über die Anerkenntnis, dass in mir selbst sich eben dies findet, was ich im Anderen so sehr bekämpfe. Der Weg heraus aus den Gräben führt also „in mich hinein“: erst wenn ich es wage, in mich hinein zu hören, mich mit meinen eigenen unangenehmen Seiten kennen zu lernen, lerne ich verstehen, wie sehr ich den Anderen als „Entsorger“ meiner eigenen dunklen Seiten verwendet habe. Der heutige Sonntag „Invocavit“ ist ein Psalmwort, wo es heißt: „er ruft mich an, darum will ich ihn erhören“. Heißt für mich: mein „ich rufe hinein“ verhallt nicht ins Leere, die Bewegung nach „innen“ führt paradoxerweise aus meiner Verzweiflung, aus meinem Gefängnis heraus.
Übrigens: Die drei Versuchungen des Teufels handeln davon, Jesus dazu zu verführen, nicht nach innen zu rufen, die äußere Welt an die Stelle der inneren zu setzen. Und Jesus weist die Versuchungen zurück, indem er auf die Bedeutung und Ordnung seiner inneren Beziehung zu Gott verweist: der Mensch lebt von den Worten, die aus Gottes Mund fließen; du sollst niemand anbeten, außer Gott; du sollst Gott deinen Herrn nicht verführen.
Gestärkt und identifiziert mit diesem Jesus möchte ich mich dem heutigen Predigttext zuwenden, in dem du, lieber Paulus, Einblicke in dein Leben als Apostel Jesu Christi gibst. Du scheinst mit dem Rücken zur Wand zu stehen und verteidigst dich kraftvoll, indem du darauf hinweist, wie du als „Mitarbeiter der Gemeinde Christi“ lebst:

„1 Als Mitarbeiter aber ermahnen wir euch, dass ihr die Gnade Gottes nicht vergeblich empfangt. 2 Denn ER spricht (Jes. 49,8): ‚Ich habe dich zur Zeit der Gnade erhört und habe dir am Tag des Heils geholfen.'
Siehe jetzt ist die Zeit der Gnade, jetzt ist der Tag des Heils.
3 Und wir geben in nichts irgendeinen Anstoß, damit unser Amt nicht verlästert werde; 4 sondern in allem erweisen wir uns als Diener Gottes: in großer Geduld, in Trübsalen, in Nöten, in Ängsten, 5 in Schlägen, in Gefängnissen, in Verfolgungen, in Mühen, im Wachen, im Fasten, 6 in Lauterkeit, in Erkenntnis, in Langmut, in Freundlichkeit, in heiligem Geist, in ungefärbter Liebe, 7 in dem Wort der Wahrheit, in der Kraft Gottes, mit den Waffen der Gerechtigkeit zur Rechten und zur Linken, 8 in Ehre und Schande; in bösen Gerüchten und guten Gerüchten, als Verführer und doch wahrhaftig; 9 als die Unbekannten, und doch bekannt; als die Sterbenden und siehe, wir leben; als die Gezüchtigten, und doch nicht getötet; 10 als die Traurigen, aber allzeit fröhlich; als die Armen, aber die doch viele reich machen; als die nichts haben, und doch alles haben.“ (2. Korinther 6,1-10)

„Als Mitarbeiter ermahnen wir euch…“ parakaleo im griechischen hat etwas freundliches, liebevolles: herbeirufen, ermuntern, freundlich auffordern, einladen … ohne Gewalt, ohne Zwang.
„Wir ermuntern euch, damit ihr die Gnade Gottes nicht vergeblich empfangt.“ Das scheint deine Sorge zu sein, dass Gemeindeglieder, obwohl formal zum Christentum bekehrt, die „Gnade“ vergeblich empfangen. Was das heißt, sagst du nicht so genau, aber es hat natürlich schon Schärfe, dem Anderen zu sagen, er hätte die Gnade Gottes vergeblich empfangen. Zugleich betonst du: „Siehe, jetzt ist der Tag des Heils, jetzt ist die Stunde der Gnade.“ Und diese Betonung wird untermauert mit dem Hinweis auf den Propheten Jesaja: „Ich habe dich zur Zeit der Gnade erhört und habe dir am Tag des Heils geholfen“ (Jes. 49,8). Du rufst uns in die Gegenwart. Und das tut gut. „Die wichtigste Stunde ist immer die Gegenwart“, sagt Meister Eckhart. Wir haben letzte Woche, als wir zusammen in dem Predigtvorbereitungskreis diesen Text heftig und kontrovers diskutierten, dieses „jetzt“ erleben dürfen. Zeit der Gnade heißt nicht: langweilige Harmonie. Zeit der Gnade heißt lebendige Auseinandersetzung, aber in Liebe zu einander; heißt sich am Ende wieder die Hand geben können, heißt sich im Gebet zusammen finden und sich auf die unsichtbare Mitte zurück zu besinnen.
„Und wir geben in nichts irgendeinen Anstoß, damit unser Amt nicht verlästert wird.“ Das glaube ich dir sofort, lieber Paulus, und es macht dich recht menschlich, dass du das so betonst. Man möchte dich beinahe trösten und sagen: ja, ja, beruhige dich doch, du bist ein bedeutender Apostel, ein Kämpfer für den Glau-

ben an Jesus Christus. Aber so leicht bist du nicht zu beruhigen. Wenn du einmal in Fahrt bist, dann bricht deine Leidenschaft mit dir durch:

„…sondern in allem erweisen wir uns als Diener Gottes: in großer Geduld, in Trübsalen, in Nöten, in Ängsten, 5 in Schlägen, in Gefängnissen, in Verfolgungen, in Mühen, im Wachen, im Fasten, 6 in Lauterkeit, in Erkenntnis, in Langmut, in Freundlichkeit, in heiligem Geist, in ungefärbter Liebe, 7 in dem Wort der Wahrheit, in der Kraft Gottes, mit den Waffen der Gerechtigkeit zur Rechten und zur Linken, 8 in Ehre und Schande; in bösen Gerüchten und guten Gerüchten, als Verführer und doch wahrhaftig; 9 als die Unbekannten, und doch bekannt; als die Sterbenden und siehe, wir leben; als die Gezüchtigten, und doch nicht getötet; 10 als die Traurigen, aber allzeit fröhlich; als die Armen, aber die doch viele reich machen; als die nichts haben, und doch alles haben."

Im Laufe des Predigtvorbereitungskreises habe ich erfahren können, lieber Paulus, was mein Problem mit dir ist: dass ich so misstrauisch bin, ob du mit erhobenem Zeigefinger hier hinter mir stehst. Dann kommt dein Satz so bei mir an, als würdest du dich dessen brüsten, was für ein herausragender Diener Gottes du bist. Und dann fühle ich mich klein gemacht, und dann beginne ich mich zu ärgern. Und dann kann ich dir nicht mehr offen zuhören. Das ist das Problem von Strafpredigten: sie bleiben so wirkungslos, weil sie den Anderen in der Tiefe nicht erreichen, und gar nicht erreichen wollen. Strafpredigten führen nicht zu einer Veränderung aus dem Herzen heraus, sondern zu einer Veränderung aus Angst. Der Glaube aber, der dir und mir so wichtig ist, Paulus, geschieht gerade nicht aus Angst heraus. Das ist ja doch eine deiner Kernideen, dass wir nicht vor Gott gerechtfertigt sind, indem wir ängstlich seine Gesetze erfüllen. Aus Glauben, aus dem tiefen Vertrauen auf Jesus Christus und seine Botschaft von der Liebe und Barmherzigkeit Gottes werden wir gerechtfertigt. Und niemals können wir uns selbst rechtfertigen!

Wenn ich deinen langen Satz von deiner Rechtfertigungslehre her lese, wenn ich ihn ohne erhobenen Zeigefinder hören kann, dann klingt er ganz anders. Dann klingt er für mich so: wer Mitarbeiter Gottes sein will, der sei ein Diener Gottes, und er möge sich von vorne herein darüber im Klaren sein, dass dies keine Freikarte in das Paradies immerwährender Glückseligkeit ist. Diener Gottes sein heißt: Geduld aufbringen können, Trübsale, Nöte, Ängste ertragen, heißt Schläge, Rück-Schläge hinnehmen, heißt im Gefängnis (auch der eigenen Ängste, des eigenen Unvermögens) eingesperrt sein, heißt verfolgt werden (auch von hässlichen Gedanken und bedrückenden Gefühlen), heißt sich abmühen, heißt wachsam sein gegenüber teuflischen Verführungen, heißt Fasten im Sinne von sich zurückhalten können, heißt ehrlich sein, heißt sich offen halten dafür, Neues zu erkennen, heißt langmütig und nicht gleich gereizt sein, heißt freundlich und so im Heiligen Geist bleiben, heißt zu lieben ohne Partei zu ergreifen, heißt sich bemühen, die wahren, gerade passenden Worte zu finden, heißt nicht aus eigener sondern in der Kraft

Gottes zu leben und keine anderen Waffen als die der Gerechtigkeit zu verwenden; und in alledem geschieht dem Diener Gottes Ehre ebenso wie Schande und beides erträgt er genauso wie die guten und die bösen Gerüchte über ihn; und natürlich verführt er auch, aber so, dass er hinführt zu einem Leben in Wahrhaftigkeit vor seinem Gewissen, seinem Nächsten und vor Gott; der Diener Gottes lebt davon, sich überflüssig zu machen, er verschwindet hinter seiner Botschaft – so ist er unbekannt, bekannt nur als der, der für die Botschaft eintritt, und natürlich ist er ein Sterbender und Sterblicher, wie alle anderen Menschen auch – aber immer wieder: „und siehe wir leben“ wird er erleuchtet und gekräftigt vom Gott des Lebens, in dessen Dienst er steht und bleibt, auch wenn er sich gezüchtigt und ungerecht behandelt fühlt, und so setzt sich doch seine lebendige Beziehung zum lebendigen Gott über alle diese Widrigkeiten hinweg. Und natürlich sind die Diener Gottes traurig; eine Trauer, die aber getragen ist von einer noch tieferen Fröhlichkeit – „mich wundert, dass ich so fröhlich bin“ – und natürlich sind die Diener Gottes „arm“ – jedenfalls arm im Herzen, weil sie versuchen leer zu sein, um sich so von Gott füllen zu lassen und mit dieser Fülle auch andere reich machen können. Sie haben nichts in Händen und haben doch alles, was sie zum Leben brauchen: „Ich glaube“, bekennt ein Diener Gottes, D. Bonhoeffer, „dass Gott uns in jeder Notlage soviel Widerstandskraft geben will, wie wir brauchen, aber er gibt sie nicht im voraus, damit wir uns nicht auf uns selbst, sondern allein auf IHN verlassen.“

Es ist für mich selbst völlig überraschend, welche anderen, neuen Gedanken mir kommen, wenn ich die Freiheit verspüre, mich auf deinen Briefausschnitt einzulassen zu können, mein lieber Paulus. An dieser Stelle möchte ich dem Predigtvorbereitungskreis Danke sagen, da mir im Laufe des Abends diese Freiheit begann zu dämmern. Ich glaube, diese Freiheit ist sehr viel wirkmächtiger als jeder eifernde Zwang. Und der rechtfertigende, barmherzige Gott bedarf keiner Eiferer. Im Gegenteil: die Eiferer, die Fanatiker machen die Botschaft der Barmherzigkeit Gottes unglaubwürdig. Es ist ein unglaubwürdiger Gott, in dessen Namen Gewalt ausgeübt wird, Bomben geworfen werden. Es ist ein Gott, der in seinem eigenen Hass stecken geblieben ist. Dies gilt natürlich auch für die Prediger des Zornes.

So brauchen wir uns nicht über die Abwendung von Gott und die Hinwendung zur Vernunft bei uns in Westeuropa wundern. Es steckt so tief die Erfahrung in uns, dass wegen des sogenannten „richtigen“ Glaubens an Gott sich die Menschen die Köpfe eingeschlagen haben! Dabei ist der wahre Gott seinem Wesen nach unerkennbar, jenseits und höher als all’ unsere menschliche Vernunft, unverfügbar und von niemandem in Besitz zu nehmen. „Gott wohnt in einem Lichte, zu dem niemand kommen kann…“ (1. Tim 6,16b) So dass angemessenes Reden von Gott dem Stammeln eines kleinen Kindes gleicht, so unfassbar, so gewaltig so über unseren kleinen Verstand erhaben ist er.

Und auf der anderen Seite ist echtes Reden von Gott wieder so einfach: „Gott ist die Liebe. Und wer in der Liebe bleibt, der bleibt in Gott und Gott in ihm“ (1. Joh. 4, 16b). Im Grunde genommen lässt sich das, was du uns heute alles aufgezählt hast, was das Leben eines Mitarbeiter Gottes ausmacht, zusammenfassen zu der einfachen Botschaft: „in der Liebe bleiben – und zwar gerade angesichts der Widrigkeiten und Schicksalsschläge des Lebens“. Und: nicht irgendwann, sondern heute: „Heute ist die Zeit der Gnade, jetzt ist die Stunde des Heils.“

Du sagst an anderer Stelle, wenn Jesus nicht von den Toten auferstanden ist, dann ist unser Glaube nichtig. Ich finde, wir sollten dem nicht so viel Gewicht geben, unseren Glauben nicht so leicht aufs Spiel setzen. Viel wichtiger ist doch, ein auf dem Fundament unseres Glaubens heraus verantwortungsvolles Leben in der Gegenwart zu führen. Unser Glaube hängt doch nicht an einem historischen Faktum; unser Glaube hängt an der Wahrheit der Barmherzigkeit Gottes. Und Gott braucht keine Beweise. Alles was Gott braucht, ist unser Vertrauen. Unser Glaube vertraut, dass es möglich ist, ein Leben in innerer wie äußerer liebevoller Begleitung, ein Leben in Gott hinein und aus Gott heraus zu führen. Unser Glaube ist sich sicher, dass Gott nur eines will: uns lieben. Und unser Glaube erkennt an, dass nicht wir es sind, die unser Leben im Griff haben, sondern dass wir von IHM oder ES gelebt werden. Ich darf dich noch einmal zitieren: ‚Leben wir, so leben wir dem Herrn, sterben, wir so sterben wir dem Herrn; ob wir also leben oder sterben, wir sind des Herrn.’ (Römer 14,7) Ist das nicht genug? Hat nicht der Herr selbst zu dir gesagt: „Lass dir an MEINER Gnade genügen“ (2. Korinther 12,9).

Lieber Paulus,

da ich nicht weiß, ob du mich hören kannst, kann ich jetzt auch keine direkte Antwort von dir erwarten. Du hast so viele kluge und schöne Gedanken entwickelt, die weitergetragen werden wollen. In Freiheit und Liebe. Ich bin mir nämlich sicher, dass, falls unsere Welt noch zu retten ist, dann nur über die Liebe zum Leben. Die Liebe, die allein die Kraft hat, das Leben in seinem Werden und Vergehen anzuerkennen, die Liebe, die die eigene Schwäche und Vergänglichkeit erträgt, und die Liebe, die nichts mehr braucht, nichts mehr will, nichts mehr sucht, weil sie angekommen ist in IHM, dem unendlichen, barmherzigen, liebevollen Gott.

Mögen wir in ihn uns immer tiefer hineinbilden, mögen wir in ihm unserer eigenen Wahrheit begegnen und so zu einem Frieden finden, der höher ist als all’ unsere menschliche Vernunft, AMEN.

Predigt über Jeremia 20, 7-11a am Sonntag Okuli 2007

Liebe Gemeinde,

der heutige Predigttext ist eine Zumutung. Ein Wort des Propheten Jeremia. Ein Wort ohne Trost und Hoffnung. Es gipfelt in dem hasserfüllten Satz: „Verflucht sei der Tag, an dem ich geboren wurde!“
Was soll man dazu sagen? Was darüber predigen? Wie überhaupt anfangen? Das ist jetzt gerade mein vierter Versuch, irgendwie hinein zu kommen. Den ersten Versuch fand ich langweilig, der zweite fiel einem kleinen Computerabsturz zum Opfer, den dritten habe ich selbst nicht mehr verstanden. Und jetzt das hier. Wenn die Zeit nicht so drängte, würde ich wahrscheinlich schon hier, am Anfang hängen bleiben. Aber die Zeit drängt. In weniger als 24 Stunden muss die Predigt stehen, dann muss ich irgendwie anfangen. Also lasse ich das jetzt stehen.
Und weiter? Was jetzt? Ich kämpfe gegen innere Stimmen. Eine Stimme sagt: „Warum musst du ausgerechnet dich mit diesem Text auseinandersetzen?“ Eine scheinheilige Stimme flüstert: „Warum tust du dir das an? Nimm halt einen anderen Text. Merkt wahrscheinlich eh keiner!“
Eine dritte Stimme kontert: „Feigling! Jetzt zeig mal, was du drauf hast, Herr Pfarrer! Übers schöne Wetter kann man leicht predigen. Jetzt kannst du mal einen Wetterbericht machen im Angesicht der Klimakatastrophe!“
„Schluss jetzt“, denke ich mir. Und: „Zu irgend etwas wird es schon gut sein, dass dieser Text dir heute begegnet. Also: stell’ dich nicht so an! Setz’ dich lieber damit auseinander!“

Na schön. Zurück zum Text. Worum geht es? Es geht um die herbe Enttäuschung eines großen Mannes, eines großen Propheten. Und der, von dem er so enttäuscht ist, ist kein geringerer als Gott. Jeremia, der treue Diener Gottes, ist am Ende. Jeremia war ein Katastrophenprediger: seine Aufgabe war es, die Zerstörung Jerusalems durch König Nebukadnezar vorherzusagen. „Gewalt und Untergang!“ war der cantus firmus seiner göttlichen Botschaft. Doch hören Sie selbst:

„Betört hast Du, Jahwe, mich,
und ich ließ mich betören,
gepackt hast du mich
du hast mich überwältigt.
Ich bin zum Gelächter geworden alletag,
alles spottet mein.
Ja, sowie ich reden will, muss ich schreien,
Unbill! rufen und: Gewalt!

Zu Hohn ja und zu Posse ist seine Rede mir worden alletag.
Spreche ich, ich will Ihn nicht gedenken,
nicht mehr reden mit seinem Namen,
bleibt's mir im Herzen wie ein sengendes Feuer,
eingeschlossen in meinen Gebeinen,
ich bin erschöpft darin, es zu verhalten,
ich vermag's nicht.
Ja, ich höre das Flüstern der Vielen (über mich):
'Ein Grauen rings um – zeigt ihn an, wir wollen ihn anzeigen!'
Alle meine Vertrauten warten nur auf einen Fehltritt von mir:
'Vielleicht wird er betört, dann überwältigen wir ihn, nehmen an ihm unsere Rache!'
Aber ER, Jahwe, ist mir wie ein trotziger Held."

So weit unser Predigttext im Wortlaut. Es folgt noch ein kurzes Aufbäumen, eine kurze Hoffnung, dass Jahwe dem Propheten „Genugtuung" für seine Schande zukommen lässt: „ich werde deine Rache an ihnen erleben!" ein Gedanke, der aber sofort wieder in sich zusammenfällt und wie schon erwähnt gipfelt in dem Satz: „Verflucht sei der Tag, an dem ich geboren bin!"

Liebe Gemeinde,
für mich liegt der Schlüssel zum Verstehen dieses trotzig-bewegenden Bekenntnisses im ersten Satz: „Du hast mich betört, und ich habe mich betören lassen." Das von Jeremia hier verwendete hebräische Verbum „betören" heißt wörtlich: „die Einfalt eines jungen Mädchens ausnützen." Es steht für eine Beziehung, in der es um eine ganz sublime Beeinflussung des anderen geht. Die Einfalt, die Naivität von Jeremia hat Gott dafür missbraucht, ihn als Sprachrohr seiner Untergangspredigt zu verwenden. Und Jeremia hat es nicht bemerkt. Gott, der Führer in das gelobte Land, der wohlmeinende Gesetzgeber, der Garant für gutes Zusammenleben wird in Jeremias bitterer Klage zum Verführer, der Prophet zum Verführten. Und eine Beziehung, die auf Verführung basiert, kann nicht tragen, die muss zerbrechen, spätestens dann, wenn die Flitterzeit vorbei ist. Nebenbei: ich vermute, dass das Scheitern vieler Beziehungen in unserer Zeit damit zu tun hat, dass sie nicht auf einem soliden Fundament, sondern auf gegenseitiger Verführung beruhen.
Worin aber besteht die Verführung, über die sich Jeremia so bitter beklagt?
Ich vermute, die Enttäuschung von Jeremia hat viel damit zu tun, dass seine Predigt nicht auf die gehoffte Anerkennung getroffen ist. Im Gegenteil, er wurde für seine Worte verspottet, ja man trachtete danach, ihn anzuzeigen, um sich an ihm zu rächen. Sogar seine „Vertrauten", seine Freunde, hatten ihn im Stich gelassen. Und so fühlte sich Jeremia mutterseelenallein, allein mit seinem Gott, dessen Bot-

schaft wie ein Feuer in ihm brannte. Das heißt, Jeremias Predigt wurde keineswegs ignoriert, sondern sie wurde mit Hass quittiert. Dass Jerusalem untergehen würde, das wollten die Leute nicht hören. Ebenso wenig machte sich Jeremia mit seiner Aussage beliebt, dass die Verbannung der Oberschicht aus Jerusalem nicht nur für kurze Zeit sein würde. Er riet, sich in Babylon Grundstücke zu kaufen und sich auf eine lange Zeit des Exils einzulassen.
Nun, wer solche unangenehmen Dinge zu verkündigen hat, der kann eigentlich nicht ernsthaft damit rechnen, dass er sich damit beliebt macht. Und ich glaube, das ist die Stelle, an der Jeremia sich selbst betört hat, nämlich zu meinen, mit diesen Worten bekäme er die Anerkennung seiner Mitmenschen. Gottes Antwort auf seine Anklage würde dann vielleicht so lauten: „Wenn du meine Botschaft verkündigt hast, weil du meintest, damit machst du dich bei deinen Zeitgenossen beliebt, dann hast du etwas Grundlegendes falsch verstanden. Dann hast du dir noch zu wenig klar gemacht, dass die Wahrheit oft schmerzhaft ist – manchmal so schmerzhaft, dass ihr Überbringer sein Leben dafür lassen muss." Vielleicht ist es für Jeremia ein nachträglicher Trost, dass er sich mit seinem Leiden in bester Gesellschaft befindet: Sokrates ist als Verführer der Jugend zum Tode verurteilt worden, Martin Luther kam in die Reichsacht, Galileo Galilei wurde gezwungen zu widerrufen, Dietrich Bonhoeffer wurde im KZ zum Tode verurteilt... um nur wenige bekannte Namen zu nennen, die mit ihrer Botschaft auf erbitterten Hass gestoßen sind. Und jeder, der diesen Weg gegangen ist, weiß auch, wie herb die Ernüchterung ist, erleben zu müssen, dass die erkannte Wahrheit nicht nur nicht mit Freuden bei den anderen aufgenommen wird, sondern im Gegenteil mit Hass, Missgunst und Verspottung. Der Hass auf die Wahrheit gehört zu uns Menschen dazu: der theologische Begriff für diesen Sachverhalt ist die „Verstockung des Herzens".

Nun gibt es noch einen, dessen Einsichten mit Gelächter, Verspottung und schließlich Hinrichtung quittiert wurden: Jesus aus Nazareth, Jesus der Unbequeme, der Querdenker, dessen Einsichten bis zum heutigen Tag umtreiben und Gefühle machen, die durchaus nicht nur angenehm sind. Auch er stand zum Schluss ganz alleine da, verspottet von seinen Gegnern, verraten von seinen Freunden. Auch er geht an die Grenze des Erträglichen, auch ihm kommt ein Wort wie „Mein, Gott, mein Gott, warum hast du mich verlassen?" über die Lippen.
ABER: Die Botschaft von Jesus unterscheidet sich doch auch an einem wesentlichen Punkt von der Botschaft des Jeremias. Jesus sagt keine Zukunft mehr an, sondern er ist der Prophet der anbrechenden Gegenwart Gottes. Und damit hat er das Prophetentum zugleich erfüllt und aufgehoben. Oder anders ausgedrückt: Jesu Botschaft, dass mit seiner Gegenwart auch Gott gegenwärtig wird, macht ein Vorhersagen der Zukunft Gottes überflüssig.

„Wer seine Hand an den Pflug legt und sieht zurück, der ist nicht geschickt für das Reich Gottes“ – in diesem Wochenspruch für die vor uns liegende Woche aus dem Lukasevangelium wird die Wahrheit lebendig, die Jesus zu verkündigen hatte. Hier wird eine Radikalität spürbar, die jede uns so naheliegende Unzufriedenheit mit dem, wie es ist, wegwischt. Ebenso im vorhin gehörten Evangelium: „Lass die Toten die Toten begraben, du aber gehe hin und verkünde das Reich Gottes!“ da bleibt einem der Mund offen, ob dieser Sicherheit, dieser Endgültigkeit, dieses Vertrauens darein, was zu tun ist.
Nun könnte Jeremia einhaken und sagen: Ja, wenn ich nur das Reich Gottes hätte verkündigen dürfen – aber ich musste ja vom Untergang, von der Zerstörung predigen!
Musstest du nicht – könnte man mit Jeremia gegen Jeremia sagen. Denn es gibt eine Stelle bei Jeremia, da kommt er der Botschaft Jesu ganz nahe: das ist die Stelle, wo er den neuen Bund Gottes vorhersagt. „Ich werde mein Gesetz in ihr Inneres legen und ihnen ins Herz hinein schreiben, und ich werde ihr Gott sein, und sie werden mein Volk sein.“ (Jeremia 31) In gewisser Weise könnte man sagen, dass Jesus genau das vorgelebt hat, wie leben geht mit dem Gesetz Gottes im Inneren, mit dem Gesetz Gottes im Herzen. Das Gesetz Gottes aber ist nichts anderes als die Liebe zu Gott, zu sich selbst und zu unseren Mitmenschen.
Wer diese Liebe in seinem Herzen trägt, der wird Gott nicht mehr als Verführer erleben, weil er erkannt hat, dass Gott die Wahrheit selbst ist, - und die Wahrheit verführt nicht, sondern leuchtet ein. Wer diese Liebe im Herzen trägt, der muss auch nicht mehr den Tag verfluchen, an dem er geboren ist – weil er gelernt hat, sein Leben und sein Schicksal freundlich anzunehmen. Und wer diese Liebe im Herzen trägt, der muss sich auch nicht mehr über seine Mitmenschen aufregen, weil er gelernt hat, die Anderen so sein zu lassen, wie sie eben gerade sind.
Wenn ich sage: er hat gelernt, dann meine ich damit nicht, dass dieses Lernen jemals zu einem Ende kommt. Ich bin überzeugt davon, dass es eine lebenslange Aufgabe ist, um es altmodisch zu formulieren, Gott zu lieben und seinen Nächsten wie sich selbst. Und diese Liebe ist schon gar nicht ein Besitz, etwas, was man jemals „haben“ könnte.
Mir fällt hierzu eine alte jüdische Geschichte ein, wo es um die Frage geht, woran man einen guten Lehrer erkennt. Die Antwort von Rabbi Baalschem lautete: „Erbittet von ihm einen Rat, wie ihr es anzufangen habt, damit die unheiligen Gedanken euch nicht mehr beim Beten und Lernen stören. Gibt er euch einen, so wisst ihr, dass er kein guter Lehrer (sondern ein Verführer) ist. Antwortet er euch aber, dass es eine lebenslange Aufgabe des Menschen in der Welt bis zu seiner Todesstunde ist, mit dem Fremden zu ringen und es „mal um mal einzuheben in die Eigenheit der göttlichen Namen“, so könnt ihr ihm vertrauen. Die unheiligen Gedanken, das sind die Gedanken, die sich der Integration sperren wollen. Das sind die Gedanken, die keine Vergebung und keine Versöhnung zulassen. Ich denke

jeder von uns, der ehrlich mit sich ist, kennt um solche Gedanken und Gefühle. Mit ihnen ist zu ringen bis zur Todesstunde, sagt Rabbi Baalschem. Das klingt sehr nüchtern, vielleicht auch ernüchternd. Das heißt: es gibt kein Paradies, kein seliges „Es ist vollbracht!“ Kein: „Jetzt hast du‘s geschafft!“ Das heißt aber auch: das Getriebensein nach einem Zustand der reinen Harmonie, die Hetze nach Idylle und Glück ist überflüssig. Es ist das Hinterherlaufen hinter einer Illusion.

Und diese Illusion hat Jesus durchschaut. So wurde er zum radikalen Prediger der Gegenwart. Der Gegenwart Gottes. Im Jetzt ist alles enthalten. Es wartet nur darauf entdeckt zu werden. Entdeckt zu werden von denen, die es aushalten, weder nach vorne, noch zurück zu schauen. Denen das Jetzt genug ist. AMEN.

Predigt über Johannes 12, 20-26 am Sonntag Laetare 2009

In Gottes dunklem Schoß

Liebe Gemeinde,

unter den sechs Sonntagen der Passionszeit fällt dieser heutige 4. Sonntag „Laetare" durch seine ganz besondere Farbe auf: inmitten des Violettes, der alten Farbe des Leidens und Schmerzes, leuchtet ein ebenso schlichtes wie überraschendes: „Freue dich!"
Meine Freude auf diesen Gottesdienst währte freilich kurz. Sie endete ehrlich gesagt da, wo ich merkte, über welchen Text ich heute zu predigen habe. Ich weiß nicht, wie es Ihnen da geht, aber es gibt so theologische Spitzensätze, die bleiben (mir jedenfalls) im Halse stecken. Einer davon steht in dem heute zu predigenden Evangelium, es ist jener Ausschnitt, den sie vorhin gehört haben. Und jener Satz, der gewiss einen Platz unter den Top-Ten der radikalsten Aussagen des Neuen Testaments verdient hätte, lautet: „Wer sein Leben lieb hat, der wird's verlieren; und wer sein Leben auf dieser Welt hasst, wird's erhalten zum ewigen Leben."
Macht Ihnen dieser Satz auch heftige Gefühle? Gefühle von Wut und Ärger? „Wer sein leben hasst, der wird auch das Leben anderer hassen." So lehrt es die Erfahrung. Und wer sein Leben zu sehr hasst, der ist gefährdet dafür, dass die Gewalt bei ihm durchbricht, bis hin zu jenen grausigen Amokläufen. Wer sein Leben hasst, der ist verführbar für den Ruf des Hasses, der zu gedanklichem Fundamentalismus führt, dem Quell aller Gewalttätigkeit. Der Gewalt-Täter wähnt sich nämlich immer im Recht. Er vernichtet ja „nur" die sogenannten „Bösen" – und das sind die, die ihr Leben ohnehin verwirkt haben, weil sie das Falsche denken und tun. Das sind die, die ihr Leben verwirkt haben, weil sie mich, oder meine Familie, oder mein Volk angegriffen, verletzt vielleicht sogar getötet haben. Das sind die, die bei uns nichts verloren haben, die uns überfremden. Nicht erst der Amoklauf von Winnenden lehrt, dass diese Verletzungen durchaus nicht auf einer real-physischen Ebene stattgefunden haben müssen. Es genügt, dass diese Verletzungen als „Mord an meiner Seele" <u>erlebt</u> werden! Der Gewalt-Täter erlebt sein Tun nicht als Angriff, sondern als Rache.
Natürlich funktioniert dies alles nur in einer sehr einfachen, sehr klaren aber leider deshalb auch sehr verführerischen Welt der Spaltungen von Gut und Böse, richtig und falsch, rein und unrein usw. Erst wer es wagt, diese Spaltungen infrage zu stellen, diese einfache Schwarz-Weiß-Welt zu verlassen, hat die Möglichkeit, sich weiter zu entwickeln.
Es tut mir leid, liebe Gemeinde, ich kann und will die Botschaft, dass es gut sein soll, sein Leben zu hassen nicht predigen! Und ich kann und will einem Menschen, selbst wenn er Jesus heißt, selbst wenn er der Messias sein sollte, nicht

nachfolgen, um den Preis, mich selbst zu hassen. Ich glaube an den Gott der Güte, der Liebe und der Barmherzigkeit. Und ich möchte Jesus zurufen: „Bist du denn von allen guten Geistern verlassen? Hast du nicht selbst unermüdlich die Liebe des Vaters, deines, unseres Vaters gepredigt? Hast du nicht selbst als Zentrum deiner Predigt das Gebot der Gottes- und Nächstenliebe hingestellt? Liebe deinen Nächsten wie dich selbst – und nicht: hasse dich selbst!"

Aber was machen wir jetzt, liebe Gemeinde? Soll es das gewesen sein? Ich sehe mich schon ein Schild aufstellen, mit der Aufschrift: Die frohe Botschaft muss heute leider ausfallen. Schauen Sie bitte in einer Woche wieder vorbei. Ich bedanke mich für Ihr Verständnis.
Nein, das kann es auch nicht sein. Das wäre zu enttäuschend. Dann müsste ich mir vorwerfen lassen, mich am Text vorbei gemogelt zu haben. Und dafür würde ich mich zwar nicht hassen, aber zufrieden wäre ich auch nicht mit mir.
Fangen wir noch einmal ganz von vorne an. Es geht damit los, dass „einige Griechen" Jesus „sehen" wollen. Es sind Griechen, die sich zum jüdischen Glauben bekehrt haben, also keine Juden „von Geburt an". Und Jesus zeigt sich. Und er sagt: „Die Stunde ist gekommen, dass der Sohn des Menschen verherrlicht werden muss." Bereits an dieser Stelle, das heißt von Anfang an, müssen wir die Ebene des Historisch-Konkreten verlassen. Ansonsten wäre zu vermuten, das wir es mit einem größenwahnsinnigen Psychotiker zu tun haben. Wir haben es aber – das ist die unermüdliche Botschaft des Johannes-Evangeliums – mit Gott selbst zu tun – mit seinem „Licht, das in die Dunkelheit hinein leuchtet". So ist auch das „Jesus-Sehen"-Wollen der Griechen eine Anspielung – eine Anspielung auf das Zentrum der platonischen Philosophie: sehen heißt im Griechischen „idein": – sie hören es schon: „Idee" steckt da drinnen. Und es war der Grieche Platon der in Weiterentwicklung der Gedanken von Sokrates seine Lehre von den göttlichen Ideen, den unerkennbaren „Formen" entwickelt hat. Für Johannes ist dieser Christus, dieses „Wort Gottes", gleichsam die „Idee der Ideen", ist das „Licht, das demjenigen leuchtet, der die Höhle der schattenhaften Illusionen" verlassen hat!
Und „verherrlichen" (doxazo) verweist auf das griechische „Doxa", wörtlich der Glanz des Lichtes. Der Glanz, den derjenige ausstrahlt, der es gewagt hat, hinabzusteigen in das Reich der Schatten des Todes und unbeschadet dieses Reich verlassen konnte. Für ihn hat der Tod sein Grauen, seine Qual verloren – er gleicht dem Weizenkorn, das in die Erde fällt, um vielfache Frucht zu tragen. Jetzt sind wir im Zentrum unseres Textes angelangt. Das Weizenkorn ist nichts anderes als die verborgene, in sich zusammengezogene Schöpferkraft Gottes selbst. Indem sich Gott zurückzieht, indem das Weizenkorn sich im Dunklen der Erde verbirgt, geschieht Schöpfung. Der neue Keim wächst im Dunklen, und kann nur dort wachsen. Grabe ich ihn aus, setzte ich ihn dem Licht der Sonne zu früh aus, wird er eingehen. Unser Verstand neigt sehr dazu, mit seinen Warum-Fragen Tiefen-

wachstum zu verhindern. Der neue Keim – das ist der Messias – der das Wesen und die Bedeutung des Weizenkorns offenbart, ans Licht bringt. Dieses Geschehen bedarf aber notwendig eines Dritten – im Bild eines guten Milieus, einer ausreichend guten Erde, genug Feuchtigkeit und genug Wärme. Etwas näher zum Menschlichen hin formuliert: es bedarf des Vertrauens, dass das, was wachsen will, weil es wachsen muss, auch wächst. Es bedarf der rechten Pflege und Fürsorge, die wachstumsförderlich ist.
In der christlichen Theologie ist dieses Dritte der Heilige Geist, der vom Vater und vom Sohne ausgeht und der tot geglaubten Beziehung neues Leben einhaucht!
Das Modell des Weizenkornes eignet sich aber auch gut als Modell für seelisches Wachstum und Entwicklung. Mein Wachstum und meine Entwicklung hängen davon ab, ob ich mich traue, mich dem dunklen Unbewussten meiner Seele zu öffnen. Das muss ich nicht. Ich habe die Freiheit, dieses Weizenkorn (meine Seele) zu konservieren. Ich kann es in eine wunderbare Glasschale legen und jeden Tag bewundern. Ich kann es mit einem Mantel aus Gold versehen, um es zu schützen und zu vergolden. Ich kann es so zubereitet mir als Schmuckstück um den Hals hängen. Ich kann es in eine hochglanzpolierte bewegliche Schale, genannt Auto legen, und damit durch die Gegend fahren. Dann sehen es auch die anderen. Dies alles und vieles mehr sind verbreitete Verführungen des Umgangs mit meinem Lebens-Weizenkorn. Solange das Weizenkorn jung und schön und frisch ist, ist die Verführung noch größer. Warum sollte ich dieses wunderschöne Weizenkorn in die dunkle Erde legen? Dort bekommt es nur Runzeln und keiner sieht es mehr. Wenn ich mich aber damit schmücke, sehen es alle. Das ist doch viel besser, oder? Und wenn das Weizenkorn trotz aller Kosmetik alt und runzelig geworden ist, dann muss die Schale um so glänzender werden. Bis hin zum hochglanzpolierten Mahagoni-Sarg.
Und genau so, heißt es weiter, verlierst du deine Seele. In dieser falschen Liebe zu dir gehst du unter, wie der Jüngling Narziss, der sich so sehr in sein Spiegelbild verliebte, dass er es küssen und umarmen wollte und dabei ertrank.
„Wer in sich selbst verliebt ist, und in diesem Verliebt-Sein nur um sich selbst kreist, der hat sein Leben, seine Lebendigkeit verloren." So, und nur so kann ich den Satz verstehen: „Wer sein Leben in dieser Welt hasst, wird es zum ewigen Leben bewahren." Gleichwohl bleibt er sehr, sehr missverständlich, da er auch im Sinne einer Selbstverliebtheit „hoch zwei" verstanden und gedeutet werden kann. So nämlich: Es ist doch am Schlauesten, wenn ich mich von dieser Welt, diesem Leben hier auf der Erde fern halte, mich wie auch immer „rausziehe" – dann „lebe ich ewig"! Pustekuchen. Dieser Gedanke ist noch einmal Ausdruck eines Weizenkorn-Lebens, das sich weigert, in die Dunkelheit der Erde zu wandern, um dort zu sterben und in dem Sterben zu wachsen und in dem Wachsen sich empor

zu richten zum Licht und in dieser Aus- und Aufgerichtetheit unendlich viel Frucht zu tragen.
Nein, blanker Hass führt nicht weiter, aber ein Quantum Hass ist nötig. Oder anders ausgedrückt: wer seine Selbstverliebtheit ohne jegliche kritische Distanziertheit lebt, der kann sie nicht erkennen. Im Hass spüre ich wenigstens etwas – und so ist der Hass ein Beginn – freilich keine Lösung. Aber wenn ich anfange, mein Um-mich-Kreisen zum Kotzen zu finden, dann stelle ich es immerhin in Frage. Dann beginne ich darum zu kämpfen, aus dem Kreislauf des: „Ich weiß es ja doch besser, kann es besser, bin schöner etc." – aus dem weltlichen Kreislauf der gottlosen Komperative und Superlative auszubrechen. Im Hass – vorausgesetzt er ist nicht zu groß – beschäftige ich mich wenigstens mit etwas. Ein viel größerer Feind von Wachstum und Entwicklung ist die nonchalante Gleichgültigkeit, diese pseudoliberale Pluralität des „jedem das Seine", solange meine Dividenden, mein Bonus mein Egozentrismus nicht angekratzt werden!
Wenn ich also danach strebe, meine Seele zum ewigen Leben zu bewahren, dann heißt das genau nicht, meine Seele für ein mit welch leuchtenden Farben auch immer ausgemaltes Jenseits aufzuheben, mich aus dem Leben herauszuziehen, wie auch immer „rein und weiß" zu bleiben. Im Gegenteil: es bedeutet, dass ich nach nichts anderem strebe als danach, was meine Seele für ihre Entwicklung benötigt. Ewiges Leben verstehe ich nicht als ewiges individuelles Leben, - das Streben danach erscheint mir noch einmal Ausdruck starker egozentrischer Impulse – nein, ewiges Leben ist die Gnade und die Dankbarkeit darüber, dass ich teilhaben darf am Prozess des Lebens selbst, der seit langem vor mir begann und lange nach mir enden wird.

Wenn ich aber danach strebe, was meine Seele für ihre Entwicklung braucht, - stehe ich im Dunkeln. So wie das Weizenkorn im Dunklen beginnt zu keimen, so ist auch der Weg des Wachsens der Seele ein dunkler. Das wussten die Mystiker aller Religionen. Weil dieser Weg so schmerzhaft ist, weil dieser Wachstumsweg auch ein Kreuzweg, ein Sterbeweg ist, kann man ihn in der Regel nicht alleine gehen. Dafür gibt es die Lehrer, die Lehrmeister, denen es gilt, sich ein Stück weit anzuvertrauen. „Es ist noch kein Meister vom Himmel gefallen": wie wahr! Und selbst ein Jesus hatte seinen Lehrer, wohl Johannes den Täufer, ein Buddha ist in die Lehre eines klösterlichen Lebens gegangen, ein Martin Luther hatte seinen Beichtvater Johann von Staupitz usw.
Und woran erkennt man einen guten Lehrer? „Wenn mir jemand dient, so folge er mir nach!" sagt Jesus. Das klingt nach Unterordnung und Unselbständigkeit. Und ist auch gewiss oft so miss-verstanden worden, als ginge es darum, blind einem Führer zu folgen. Ich kann mir freilich nicht vorstellen, dass dies im Sinne Jesu wäre. Aber auch hier spricht wieder der johanneische Christus, das Sinnbild für letzte Realität, für letzte Wahrheit. Und dann heißt diese Aufforderung: stelle dein

Leben als Dienst an der Erkenntnis der Wahrheit zur Verfügung. Versuche so zu leben, dass dein Leben selbst sich immer tiefer hineingestaltet in diese letzte Wirklichkeit. Indem du dies tust und das heißt in einem, indem du deinen dunklen Weg zu dir selbst gehst, folgst du mir nach. Und in dieser Nachfolge ist dein Vater auch mein Vater, und in dieser Nachfolge wirst du geehrt, so wie ich geehrt werde. In dieser Nachfolge werden wir zu Schwestern und Brüdern, die sich der Wahrheit der seelischen Entwicklung, des seelischen Wachstums verschrieben haben. In dieser Nachfolge hat die Angst mit ihren Blockaden ihre Herrschaft über mich verloren. An ihre Stelle ist das unbedingte Vertrauen in die Wahrheit des dunklen unbekannten Weges getreten. In diesem Vertrauen lege ich mein Leben, lege ich mich selbst – dem Weizenkorn gleich - in den dunklen Schoß Gottes. Dort findet sterben und leben und leben und sterben in einem statt. Und dort geschieht die wundersame Verwandlung: was ich für Leben hielt, war nur die Illusion von Leben, was ich für Sterben hielt offenbart sich jetzt als die Kraft zum wirklichen Leben. Und in dieser Verwandlung geschieht jene Lebens-Freude, die diesem Passionssonntag seine hoffnungsvolle Farbe des zart-grünen Weizenkeimes verleiht: „Freue dich!“

Gebe Gott, dass wir genug Vertrauen haben, um diesen schweren, schmerzhaften Weg der Nachfolge und des Dienens Tag für Tag zu gehen. Gebe Gott, dass wir genug Liebe haben, dass wir uns unser Stolpern und Hinfallen auf diesem steinigen Weg verzeihen können und uns dadurch nicht beirren lassen. Gebe Gott, dass wir genug Hoffnung haben, dass der dunkle Weg der rechte ist, der uns zurück zur Dunkelheit Gottes und in einem damit in das milde Licht unseres täglich keimenden Lebens führt, das allein Bestand hat, AMEN.

Predigt über 4. Mose 21,4-9 am Sonntag Judika 2012

Liebe Gemeinde,

offenbar tun wir Menschen uns schwer mit dem Allein-Sein. Wenn man den Geschichten der Bibel glauben kann, so sind die schlimmsten „Verfehlungen" in Situationen des Allein-Seins, genauer des Allein-gelassen-worden-Seins entstanden. Schon im Paradies findet die erfolgreiche Verführung durch die Schlange zu einer Zeit statt, als Adam und Eva sich selbst überlassen waren – also in der Abwesenheit Gottes. Kain ermordet seinen Bruder Abel ebenfalls gleichsam „hinter dem Rücken Gottes". Und das goldene Kalb entsteht, als das Volk das Warten auf Moses nicht mehr aushält. Jesus wird vom Satan verführt am Ende seiner 40tägigen Fastenzeit in der Wüste – auch da ist er ganz allein.
Unser heutiger Predigttext ist auch so eine Wüstengeschichte. Sie steht im 4. Buch Mose, das in der jüdischen Tradition „in der Wüste" heißt. Es handelt von dem langen Weg des Volkes Israel durch die Wüste, aus Ägypten von den „Fleischtöpfen" und der „Sklaverei" kommend, in das gelobte Land, wo Milch und Honig fließen, ziehend. Ihr Führer ist – so wollte es Gott - der Mann Moses. Er stirbt - das „Gelobte Land" vor Augen, ohne es je betreten zu haben. Große Führer können und dürfen nicht sich nieder lassen, sich zur Ruhe begeben: „Die Füchse haben Gruben, und die Vögel unter dem Himmel haben Nester; aber der Menschensohn hat nichts, wo er sein Haupt hinlege" (Matthäus 8,20).

Aber auch vor ihrem eigenen Volk haben große Führer selten Ruhe. Das Volk Israel jedenfalls benimmt sich wie ein quengelndes, unzufriedenes Kind, dem man es einfach nicht recht machen kann.
„Wären wir doch bloß in Ägypten geblieben. Da hatten wir jedenfalls genug zum Essen und Trinken. Warum musstest du uns hierher führen?" murren sie immer wieder. Und murren sie besonders, wenn sie sich allein und hilflos fühlen.
Das hat man dann davon: man setzt sein Leben dafür ein, die eigenen Leute aus der Sklaverei heraus zu führen, und was bekommt man als Dank? Jammern, klagen, murren. Eben noch hatten sie mit Gottes Hilfe gegen die Kanaaniter gesiegt – aber statt Dank und Freude „**ward das Volk verdrossen**" – wie Luther so schön übersetzt. „**und redete wider Gott und wider Mose: Warum hast du uns aus Ägypten heraus geführt, dass wir sterben in der Wüste? Denn es ist kein Wasser und Brot hier und das Brotzeug hier widert unsere Seele an.**
Da sandte ER gegen das Volk die Vipern, die Brandnattern aus, die bissen das Volk und viel Volk von Israel starb. Da kamen sie zu Mose, sprachen: wir haben gesündigt, dass wir gegen IHN und gegen dich geredet haben; setze dich bei IHM ein, dass er die Viper von uns nehme.

Mose setzte sich ein für das Volk. ER sprach zu Moses: Mache dir eine Brandnatter und tue sie an eine Bannerstange. So sei es: jeder Gebissene sehe sie an und er wird leben bleiben.
Mose machte die Viper von Kupfer, er tat sie an eine Bannerstange.
Es geschah: hatte die Viper einen Mann gebissen, blickte er auf die Viper von Kupfer und er blieb am Leben.“ (4. Mose 21,4b-9)

Folgen wir den vertrauten Spuren, so wie wir das alle gelernt haben, dann ist die Geschichte schnell erklärt: das Volk ist ungehorsam, undankbar, redet gegen Moses und Gott. Schlimmer noch: es findet die göttliche Wüstennahrung, das Manna „widerlich“. So viel Eigensinn scheint grausam bestraft werden zu müssen: wer „Widerworte gibt“, wem das Essen nicht schmeckt, der wird mit dem Tod bestraft. Erst als das Volk bekennt: „Wir haben gesündigt, wir waren böse“, versucht Moses sich bei Gott für das Volk einzusetzen. Daraufhin gewährt Gott einen Ausweg: wer nämlich die kupferne Schlange ansieht, für den ist der Schlangenbiss nicht tödlich.
Ich weiß nicht, wer von Ihnen den Film „Das weiße Band“ angesehen hat – ein Film, der die grausame Erziehungsmethode eines evangelischen Pastors vor dem Ausbruch des ersten Weltkrieges schildert. Mühelos könnte sich dieser Pastor auf unsere Geschichte berufen. Gott ist zum Repräsentanten eines kalten Macht-Vaters geworden, dem Widerworte zu geben vernichtend bestraft wird. Mit Prügeln, mit Einsperren, mit tagelangem Schweigen. Moses wäre in diesem System die Mutter und Ehefrau, die sich der väterlichen Tyrannei unterworfen hat. Ab und zu – je nach Laune des Diktators - kann sie ein gutes Wort bei ihm für die Kinder einlegen. Natürlich nur, wenn die Kinder vorher ihre „Verfehlung“ zugegeben und um Entschuldigung gebeten haben. Alles, was sie dabei erreicht, ist eine Begrenzung der Todesstrafe: wer sich selbst demütigt, „hinauf“ zu dem Bild blickt, wer sich vor dem Diktator in den Staub wirft und seine Hoheit bedingungslos anerkennt, der kommt mit dem Leben davon. Ich vermute, unter uns sind noch Menschen, die Nachwirkungen dieser Erziehungsmethode am eigenen Leibe erlebt haben. Im 5. Buch Mose heißt es übrigens wörtlich: „So erkennst du in deinem Herzen, dass der Herr, dein Gott, dich erzogen hat, wie ein Mann seinen Sohn erzieht.“ Erziehung über Demütigung und Prügel, mit dem Ziel, den anderen in seinem Eigenwillen zu brechen: man nennt diese Erziehungsmethode „schwarze Pädagogik“. Leider gehört sie nur bedingt der Vergangenheit an.

Aber ist das alles, was zu unserem Text zu sagen ist?
Mich befriedigt diese Erklärung, in der Gott zu einem beleidigten Vater wird, der in seinem Zorn seine quengelnden Kinder vernichtet, nicht. Was muss das für ein in sich selbst verliebter Gott/Vater sein, der keinen Widerspruch duldet? Der unfähig ist, seinen eigenen Herrschaftsstandpunkt zu reflektieren, der gar nicht auf

die Idee kommt, so etwas wie Mitgefühl mit seinen Kindern, mit seinem Volk zu entwickeln? Ich glaube nicht an einen Diktator-Gott, dessen Macht darin besteht, den anderen Angst zu machen, sie einzuschüchtern und zu vernichten. Und ist es – nebenbei – nicht sehr verständlich, dass solch eine Erziehungsmethode vor allem eines schürt: Hass und Verachtung. Natürlich kann und darf aus Angst vor dem Macht-Vater dieser Hass sich nicht auf ihn selbst richten; so wird er umgelenkt, so richtet er sich auf die oder das „andere“, was nicht konform ist, was ein Eigen-Leben führt.

Ich bin auf der Suche nach einem Gott, der mich, der mein Eigenleben und der auch meine Schattenseiten aushält. Der mir beisteht durch die Wüstenwanderungen meines Lebens, der mich hält, wenn ich zu fallen drohe, der mich begleitet und ermuntert, anstatt mich auch noch zu schlagen, wenn es mir ohnehin schon schlecht genug geht. Ich bin auf der Suche nach einem Gott, in dem ich „ganz“ (heil) werden kann, anstatt mich in meine Einzelteile zu „zerlegen“.

Auf der anderen Seite: es gibt ein Quengeln, ein Jammern, ein Zetern, das einen in den Wahnsinn treiben kann. Das Gefühl zu haben, alles was ich dem Anderen anbiete, gebe, hilft nichts, macht ihn nicht zufrieden, kann einen zu einer Mischung aus Weißglut und Verzweiflung bringen. In der Weißglut <u>explodiert</u> das Ganze – dann fliegen die Teller an die Wand, dann werden die Türen geschmissen, die Gebotstafeln zertrümmert. Dann geschieht Mord und Totschlag. Oder es kommt zu einer <u>Implosion</u>. Dann bricht die Seele innerlich zusammen. Die Gefühle dazu sind tiefe Resignation und Suizidalität.

Gibt es einen Weg, der aus diesem Dilemma herausführt?

Einen Weg in die Freiheit?

Den gibt es wohl. Und zwar für jeden von uns. Es ist der Weg des Loslassens, des Sich-Trennens. Er-Lösung hat mit Los-Lassen, los-lösen zu tun. Und genau diesen Weg geht das Volk Israel: es ist der Weg, der aus der Abhängigkeit der „Fleischtöpfe Ägyptens“ („Hotel Mama“) „durch die Wüste“ in das eigene Land führt. So gesehen ist das Zetern und Quengeln des Volkes Israel nichts anderes als das Durchleben der Gefühle einer echten Pubertät: jeder Jugendliche ist mit den Problemen konfrontiert, groß und selbständig sein zu wollen und gleichzeitig klein und abhängig bleiben zu wollen. Letzteres wird natürlich gerne durch zur Schau getragene „Coolness“ überdeckt. Und – seien wir mal ehrlich: das Elternhaus als „kostenloses Vier-Stern-Hotel“ – wäre doch genial, oder?

Das Problem ist: erwachsen und selbstständig <u>sein</u> zu wollen.

Das Problem ist: sich den Gefühlen des erwachsen und selbstständig <u>Werdens</u> nicht auszusetzen. Unser Schulsystem verführt dazu, so zu tun, als wäre man schon erwachsen. Unser Schulsystem, besonders am Gymnasium, steht in der Gefahr, riesige Köpfe heranzuziehen, die nicht lernen, auf beiden Beinen zu stehen.

Ich habe gehört, dass an der UNI München vor dem Raum, in dem die Immatrikulation stattfindet, ein großes Schild mit der Aufschrift steht: „Hier müssen Papa und Mama leider draußen bleiben!"
Was die Jugendlichen, was Ihr braucht, das sind Erzieher, die eure Entwicklung, euer ganzheitliches Wachstum freundlich begleiten und unterstützen. Was wir alle brauchen, ist ein Gott, dessen Anliegen unsere Entwicklung, unser seelisch-mentales Wachstum ist – und nicht unsere Unterwerfung unter ihn! Die Voraussetzung dafür ist die Fähigkeit, sich in den Anderen als einen Anderen, als einen mir Fremden einfühlen zu können. Je verletzter meine Seele ist, desto weniger finde ich „Spiel-Raum" in mir, mich und meine Bedürfnisse zurückzustellen. In den Anderen einfühlen bedeutet nämlich, mich und meinen Stolz zurück zu stellen. Sich in den Anderen einfühlen zu können, muss man „sich leisten" können. Das Gefühl, das sich auf dem Weg der Einfühlung schnell einstellt, lautet: wenn ich soviel Verständnis für den anderen aufbringe, dann gebe ich mich selbst ja ganz auf! Und genau das ist der Irrtum. Beim Einfühlen stimmt der alte Satz: Geben ist seliger als Nehmen!
Der Weg raus, der Weg der echten Trennung, der Weg der Erlösung führt über die Einfühlung in den Anderen, und nur über die Einfühlung. Einfühlung in den Anderen ist etwas grundsätzlich anderes, als mit dem Anderen zu verschmelzen, mit dem Anderen eins zu werden. Wirkliche Einfühlung beginnt mit einem Verzicht: ich stelle meine Wünsche an den Anderen zurück. Heißt: alles, was ich denke, mache, mache ich zuerst einmal für mich. Und es ist eine Überforderung und Überschätzung zu erwarten, dem anderen muss das, was ich gerade denke, gefallen, er muss zu dem, was mir gerade wichtig ist, auch Lust haben. In dieser Erwartung an den Anderen mache ich mich von ihm abhängig und versuche ihn mir gleich zu machen. Das ist Verschmelzung mit dem Anderen, aber keine Einfühlung in den Anderen!
Einfühlung konkret heißt: ich kann gut verstehen, wenn ihr jetzt lieber mit Freunden in Facebook chatten würdet, als euch hier meine langweilige Predigt anzutun. Und ich predige zunächst einmal für mich: weil ich mich entschieden habe, heute hier zu stehen. Einfühlung heißt: ich finde in mir die Stärke und die Kraft, dass der Andere so anders sein darf, wie er eben gerade ist – ohne dass ich beleidigt und gekränkt reagieren muss.
Die Brandnattern, die vernichtenden Schlangen entstehen aus meinem eigenen Hass, aus meiner Kränkung, aus meinem Beleidigt-Sein, dass der Andere gerade nicht so ist, wie ich meine, ihn zu brauchen. In der Liebe, in der einfühlenden Annahme des Anderen lösen sich die Giftschlangen auf - wie Nebel in der Sonne verdunstet.
Aber woher nehme ich die Kraft, den Anderen so auszuhalten wie er ist?
Indem ich vom Anderen getrennt bleibe. Indem ich nicht mit Haut und Haaren darauf angewiesen bin, wie der andere meine Gedanken, mich findet. Wenn Sie

meine Predigt schlecht finden dürfen, ohne Angst haben zu müssen, dass ich Sie dann mit Giftschlagen verfolge, kommen wir in eine freie Beziehung. Andersherum gilt natürlich genauso: erst wenn ich meine Gedanken Ihnen zumuten darf, ohne Angst haben zu müssen, dass Sie mit Ihren Giftschlangen dann hinter mir her sind, kann ich wirklich mein Eigenes hier vortragen. Und dann, und erst dann geht eine echte Diskussion in Freiheit an. Erst dann werden wir zu einer Arbeitsgruppe, die sich um die Wahrheit bemüht. Nebenbei: Wenn ich in der Kirchenleitung etwas zu sagen hätte, dann wäre es dieses: ihr müsst euch darum bemühen, eine Arbeitsgruppe zu werden, in deren Zentrum nicht das Rechthaben einer Gruppe, sondern die Offenbarung der Wahrheit Gottes als eines annehmenden und barmherzigen Gottes steht. Eines Gottes, der Toleranz aufbringt für das Fremde, Unbekannte, Offene. Eines Gottes, der sich nicht mit Unterwürfigkeit bedienen lassen will, sondern gekommen ist, zu dienen: der Wahrheit, der Freiheit, der Liebe.
Wir sollten übrigens jeden Tag dankbar sein, dass wir weitgehend in demokratischer Freiheit leben dürfen. Die Geschichte lehrt uns, wie wenig selbstverständlich dies ist: denken wir an Sokrates, der wegen seiner Gedanken real vergiftet worden ist, denken wir an Solschenizyn, der ob seiner Gedanken in das Straflager (Archipel Gulag) verbannt worden ist. Denken wir an Jesus aus Nazareth, der wegen seiner Predigt von der Gegenwart des Reiches Gottes und von der Barmherzigkeit Gottes als Verbrecher hingerichtet worden ist.

Und unser Text? Wie können wir ihn bei diesen Gedanken verwenden? Können wir ihn anders lesen denn als Ausdruck eines totalitären, absolutistischen Gottesbildes? Ich sehe es so: unser Text zeigt, wie ein verbreitetes Zerrbild Gottes, eine Gottesvergiftung entstanden ist. Der giftige Gott schickt die Brandnattern – nicht der barmherzige! Wie aber wird Gott giftig? Es sind wir selbst, die Gott vergiften, nämlich dann, wenn uns die Kraft zum Annehmen der Wirklichkeit fehlt. Das Bild des vernichtenden, strafenden Gottes ist eine Projektion unserer eigenen Vernichtungswünsche, unseres Hasses auf Gott. In dieser Projektion wird die göttliche „Nahrung“, das Manna, widerlich, ekelhaft. Es ist unser eigener Hass auf die Wirklichkeit, der Gott so sehr vergiftet hat. Dieser Hass speist sich aus dem Alleingelassen worden sein. In diesem Hass vergessen wir die Güte Gottes und verwandeln ihn in ein uns vernichtendes gewalttätiges Monster. Diesem Monster können und müssen wir Einhalt gebieten, indem wir lernen, Gottes Abwesenheit in Liebe zu ertragen! Diese Fähigkeit bedarf eines tiefen inneren Gottvertrauens, einer unerschütterlichen Liebesbeziehung zu Gott. In ihr geschieht die Wandlung des Hasses in Vertrauen: aus dem verzweifelten „mein Gott, mein Gott, warum hast du mich verlassen“ (Psalm 22,2) wird ein „ich will deinen Namen predigen meinen Brüdern…“ (Psalm 22,23). Das Banner der ehernen Schlange ist eine Vorwegnahme des Kreuzes: beide, das Banner wie das Kreuz können

können das Gebissen-Werden von den Giftschlagen nicht ungeschehen machen – aber beide stehen für den Scheitelpunkt, den Wendepunkt der Abwesenheit Gottes! Die Wendung zur Auferstehung der Liebe, des Lebens. Und in dieser Wende müssen wir den Anderen nicht mehr mit unserem Hass kreuzigen, stattdessen lernen wir unser eigenes Kreuz zu tragen … und so stark zu werden. Ein starker Rücken kennt durchaus Schmerzen, aber ein starker Rücken trägt sein eigenes Lebenskreuz, sein eigenes Lebensschicksal - ohne Jammern und Murren.

Dass uns Gott jeden Tag aufs Neue unseren Rücken stärke, dass wir mit Rückgrat und erhobenen Hauptes durch unser Leben gehen und gerade so uns in die Menschen, die unsere Nächsten sind, einfühlen können, darum bitten wir den allmächtigen und barmherzigen Gott, durch Jesus Christus seinen Sohn, unseren Herrn, AMEN.

Predigt über Hebräer 5, 7-9 am Sonntag Judika 2010

Liebe Gemeinde,

Sie haben es sicher schon gemerkt: Karfreitägliche Klänge geben diesem Gottesdienst seine besondere Tönung: „Ehre sei dir Christe, der du littest Not, an dem Stamm des Kreuzes, für uns bittren Tod!“ Dazu passend das Violett der Paramente: Violett: die Farbe des Leids, aber auch der Spiritualität, der Transzendenz, des Übergangs.

Das Evangelium weist auf Probleme des Übergangs hin: Der Streit der Jünger um die besten Plätze im Reich Gottes – eine aufschlussreiche Geschichte über die Probleme des jungen Christentums: war es doch entstanden, weil Jesus die Hierarchie der vorhandenen religiösen Gruppe reformieren wollte. Unsere Geschichte macht deutlich: wo Menschen zu Gruppen werden, wo Menschen sich gruppieren, entstehen unweigerlich Probleme von Macht und Einfluss, von oben und unten, von Hierarchie eben. Jesus löst diese Probleme nicht: er verweist auf Schranken, gibt narzisstischen Sehnsüchten Einhalt: „Die Plätze zu meiner Rechten und Linken zu vergeben steht nicht in meiner Hand“ ist seine unnarzisstische, „negative“ Antwort. Und, „positiv“: „Wer unter euch groß sein will, muss Diener, wer unter euch der Erste sein will, muss aller Knecht sein.“ Dabei verweist er auf sein eigenes Schicksal: „Der Menschensohn ist nicht gekommen, dass er sich dienen lasse, sondern dass er diene und gebe sein Leben zu einer Erlösung für viele.“ (Markus 10, 45)

„Schau hin nach Golgatha!“ – das sollte die Blickrichtung derer sein, die ernsthaft sich auf Jesus und seine Botschaft einlassen wollen.

Und inmitten dieser Passions-Motive steht der heutige Predigttext, ein kurzer Abschnitt aus dem Hebräerbrief, wo es heißt:

„7 Er hat in den Tagen seines irdischen Lebens Gebete und Flehen mit lautem Schreien und mit Tränen dem dargebracht, der ihn vom Tod erretten konnte; und er ist auch wegen seiner Gottesfurcht erhört worden.
8 Und er lernte, obschon der Sohn seiend, an dem was er erlitt Gehorsam,
9 und als er vollendet war, ist er allen, die ihm gehorsam sind, der Urheber ewigen Heils geworden.“

Unser Predigttext beginnt mit dem irdischen Leben Jesu, das auf Golgatha endete: „Er hat in den Tagen seines irdischen Lebens Gebete und Flehen mit lautem Schreien und mit Tränen dem dargebracht, der ihn vom Tod erretten konnte.“

Dies ist ein Satz darüber, dass der, den wir Christus nennen, ein Mensch war. Ein Mensch aus Fleisch und Blut. Ein Mensch, dem „Versuchungen“ nicht fremd sind, wie es wenig früher heißt. Ein Mensch, der weint, der zweifelt, der fleht, der bittet – kurz: ein Mensch, der lebt. Arm dran ist nicht der, der weint, der leidet, der hofft, der liebt, der fehlt – arm dran ist der, dessen Tränen versiegt sind, der in einem steinernen Käfig ohne Gefühle lebt, der sich selbst nicht mehr spürt.
Und wenn es weiter heißt: dieses sein Mensch-Sein hat er „dem dargebracht, der ihn vom Tod erretten konnte“ dann heißt das: Jesus lebte sein Leben in Beziehung – in Beziehung zu seinem Gott! Jesus lebte sein Leben als „frommer Jud'“ könnte man sagen, in Gottesfurcht und Gehorsam zu seinem Gott, den er Vater nannte. Jesus weinte, schrie, flehte, betete nicht ins Leere hinein – sondern in die lebendige Beziehung zu diesem seinen Vater.

„Und er ist wegen seiner Gottesfurcht erhört worden.“ Man könnte auch übersetzen: „er ist aus seiner Angst heraus erhört worden.“ Die erste Übersetzung betont mehr die Ursache des Erhört-Werdens, die Gottesfurcht („weil er Gott in Ehren hielt“ übersetzt Luther), die zweite Übersetzung betont mehr die Folge des Erhört-Werdens: die Befreiung von der Angst. Beides sind aber nur verschiedene Seiten derselben Medaille: aus der Furcht, wörtlich „Scheu“ gegenüber Gott geschieht das „Erhört-Werden“ – und umgekehrt: das Erhört-Werden führt zu einer Er-Lösung, Befreiung von der Angst.
Was aber heißt Erhört-Werden? Erhört werden heißt: gehört werden. Meine Stimme ruft nicht ins Leere. Meine Stimme wird weder von der Stille verschluckt, noch tönt sie als leeres Echo auf mich zurück. Erhört werden heißt: meine Stimme findet ein Gegenüber, einen anderen, der mich hört. Erhört-Werden heißt: mein Leben geschieht in Beziehung: in Beziehung zu mir, zu meinen Mit-Menschen, zu meinem Gott. Solange ich mich in dieser Beziehung fühle, muss ich keine Angst haben. Und wieder gilt: arm dran ist nicht der, der schreit und fleht, der jammert und klagt – arm dran ist, wer sich aus dem Leben zurückgezogen hat, wer sich in unerreichbares Schweigen zurückgezogen hat. Arm dran ist, wer in seinen Gedanken um sich selbst kreist, wer unerreichbar geworden ist für sich und den anderen. Nur wer ruft, hat die Chance gehört zu werden. Aber riskiert natürlich auch, überhört zu werden. Dieses Er-Leiden erspart sich, wer sich dem Leben, wer sich der Beziehung entzieht.

„Und er lernte, obschon der Sohn seiend, an dem was er erlitt, Gehorsam.“

Welch' ein beruhigender Gedanke: jeder muss lernen, auch der Sohn Gottes selbst. Er kam nicht als erleuchteter Guru auf die Welt, über allem stehend. Wir glauben nicht an einen Supermann, sondern an einen Mit-Menschen aus Fleisch und Blut! Lernen müssen ist keine Schande, sondern eine Notwendigkeit. Und das

heißt natürlich auch: Fehler machen ist keine Schande. Fehler sind dazu da, daraus zu lernen. Natürlich ist es schön, keine Fehler zu machen. Natürlich ist es gut, sich Mühe zu geben. Aber wir sind alle Menschen – und zum Mensch-Sein gehört das Fehler-Machen dazu.
So gesehen gäbe es überhaupt keinen Grund, sich über die Fehler anderer lustig zu machen. Ich sage bewusst gäbe, weil wir alle wissen, wie verführerisch es ist, sich über die Fehler und Schwächen der anderen zu erheben. Es ist ein Gefühl des Triumphes, auf das zu verzichten gar nicht so leicht ist. Die Kehrseite dieses Triumphes ist ein Gefühl der Kränkung: je weniger ein Mensch in seinem Selbst- und Gottvertrauen gefestigt ist, desto verletzender erlebt er es, wenn er einen Fehler macht, wenn ihm etwas misslingt. Es fehlt ihm eine gütige innere Stimme, die zu ihm sagt: „Ist doch nicht so schlimm! Jetzt geht es halt an der Stelle weiter."
Wer keine Fehler machen darf, der hat es auch schwer mit dem Lernen aus Erfahrung. Der muss sich seine Erfahrungen so hinbiegen, dass der „Fehler", dass das, was nicht glückte, ganz bestimmt nicht an ihm lag. Und er wird sich zurückziehen. Denn in der Einsamkeit kann man keine Fehler machen. Aber eben auch nichts lernen. Im um mich selbst kreisenden Rückzug gibt es keine Stimme, die mir wohlwollend zugewandt sagt: „Ist doch nicht so schlimm!"
Nur wer sich eingesteht, sich täuschen zu können, sich irren zu können, der kann auch lernen. Wobei dieses Lernen immer mit Schmerzen verbunden ist: es ist schmerzhaft, erfahren zu müssen, dass es nicht so ging, wie man es sich vorstellte. Ohne Leiden, ohne die Fähigkeit des Er-Leidens – geschieht kein Lernen aus Erfahrung. Es ist nötig „durch den Schmerz hindurch zu gehen" – nicht um des Schmerzes willen, sondern um des Lernens, des Sich-Entwickelns willen!

Aus der Erfahrung seines Leidens hatte Jesus zu lernen – und zwar Gehorsam zu seinem Gott! Das Leben in Gottesfurcht ist also nicht nur keine Garantie für ein schmerzfreies Leben. Schlimmer noch: gerade erst im Schmerz, im Er-Leiden wächst, entwickelt sich der Gehorsam.

„Er lernte an dem, was er erlitt, Gehorsam." In „Gehorsam" steckt „hören". Heißt also freier übersetzt: „Er erlernte über sein Leiden das Hören – das Hören auf den Vater, das Hören auf Gott." Er lernte auf Gott zu hören in seinem Weinen, in seinem Ringen mit Gott. Er hörte so sehr auf Gott, dass er – obschon der Sohn seiend - zu seinem eigenen Sohn wurde.
Was heißt das? Wenn wir aufhören, Gott als alten Mann mit weißem Bart zu verniedlichen, dann bedeutet das Ringen mit Gott: das Ringen mit dem Leben selbst. Das Ringen mit dem Leben, so wie es mir geschickt wurde – das Ringen mit meinem Schicksal. Ich vermute, nahezu jeder von uns, die wir hier zusammen sind, könnte etwas beitragen zu dem Thema: „So habe ich mir mein Leben nicht vorgestellt!" Ich vermute, auch Jesus hat sich sein Leben anders vorgestellt. Er hatte

gehofft, die Menschen zu erreichen mit seiner Predigt von der Liebe. Er hatte sich solche Mühe gegeben zu überzeugen. Und er hatte überzeugt. Viele waren ihm zugetan. Aber er hatte nicht mit der Macht und der Gewalt des Establishments gerechnet. Dieses fühlte sich von seinen Gedanken, von seiner Lehre im Kern bedroht. Das Establishment ist wesentlich konservativ – und hierarchisch. Jesus war ein Angreifer, ein Provokateur. Sicherlich auch aus Liebe. Aber auch aus Leidenschaft zur Wahrheit und zu seinem Gott. Und wohl auch aus Hass auf die religiösen Erstarrungen, repräsentiert durch die führende religiöse Schicht: durch die Pharisäer. Jesu radikale Gedanken brachten ihn neben der Zustimmung der Menge den vernichtenden Hass des religiösen Establishments ein. Die Denk-Gefäße des Establishments zerbrachen an der Wucht der Gedanken dieses Mannes aus Nazareth. So musste er hingerichtet werden. Seine Botschaft von der bedingungslosen Liebe Gottes, die keine Unterschiede macht zwischen arm und reich, oben und unten, Mann und Frau, Jude und Heide sollte mit ihm sterben!

Jesus hatte also lernen, dass seine Entdeckung der Botschaft von einem nahen, von einem liebenden Gott nicht mit Jubel begrüßt wurde. (Das ist im übrigen das Schicksal vieler Entdecker und Neuerer, dass ihre Entdeckungen gerade nicht bejubelt werden) Und er musste lernen, dass dieser Gott, den er als seinen Vater verstand, ihm nicht machtvoll zur Seite stand. Er musste seine Ohnmacht und die Ohnmacht seiner Vaters aushalten. Und den Verrat durch seine engsten Freunde: Judas, aber auch Petrus. Jesus musste lernen, wie sich Verlassenheit anfühlt – bis hin zum „Mein Gott, mein Gott, warum hast du mich verlassen?"

Dieses Allein-Sein muss aushalten, wer es wagt, eigene Wege zu beschreiten. Wer eine Passion (eine Leidenschaft) hat, der riskiert, darin abgelehnt zu werden. Und wer als Passion die Predigt von der bedingungslosen Liebe Gottes hat, und erwartet, dass die anderen Menschen dieselbe Passion entwickeln, der muss sich eigentlich nicht wundern, dass er sich unbeliebt macht. Jesus ist seiner Passion treu geblieben. Darin ist er seinem Gott treu geblieben. Das ist seine „Leistung", das ist das, weshalb wir „Ehre sei dir Christe!" beten und singen – nicht für die Qualen der Kreuzigung, nicht für sein Märtyer-Sein – nein: für seine unerschütterliche Treue zu Gott, zu seinem Vater: auch in der Stunde größten Schmerzes, tiefster Ohnmacht. Und diese Treue zu Gott, dieses ganz tiefe Vertrauen zu Gott ist es, was ihn „vollendet hat".

Der Weg des Gehorsams, des Hörens auf Gott und auf seine Gebote, führt zwar nicht zu schmerzfreiem Leben, aber es führt zu einem „vollendet werden", zu einem „ganz werden", zu einem „heil werden". Der Weg Jesu führt zwar in die Schmerzen tiefer Verlassenheit, aber er führt gerade so darüber hinaus. Er führt zu einem neuen Heil, einer neuen Ganzheit, die wir als „Auferstehung" bezeichnen.

Die „Auferstehung" Jesu erscheint mir als die kopernikanische Wende seiner Gottesbeziehung. Wurde er in seinem irdischen Leben nicht müde, auf Gott hin zu predigen und zu leben – was ihn schließlich ans Kreuz führte, so lebte er nach der Katastrophe, nach der Vollendung seines Kreuzweges, von Gott her. Für den Auferstandenen ist die Last des Kreuzes abgefallen, sein Leben ist leicht und ruhig, sein „Joch ist sanft" geworden. Er muss Gott nicht mehr gehorsam sein, weil er zum Gehorsam Gottes selbst geworden ist. Er muss keine Liebe mehr predigen, weil er zur Liebe selbst geworden ist. Er muss keinen Tod mehr fürchten, weil er zum Leben selbst geworden ist.

Und wenn es heißt: „so ist er allen, die ihm gehorsam sind, der Urheber ewigen Heils geworden" – dann sind damit wir gemeint. Trauen wir uns, seiner Botschaft denselben unbedingten Gehorsam zu schenken, wie er seinem Vater gehorchte? Trauen wir uns, nicht nur über Liebe zu reden, sondern zu Liebenden zu werden? Trauen wir uns, eigene Wege zu beschreiten, Ehrlichkeit und Wahrhaftigkeit zu uns selbst und zu unseren Mitmenschen wichtiger zu nehmen als die Frage, ob wir dafür Anerkennung bekommen? Trauen wir uns, die unweigerlichen Schmerzen des Allein-Seins, des Nicht-Verstanden-Werdens zu ertragen? Trauen wir uns, von dem auferstandenen Gekreuzigten her zu leben?

Ich denke, diese Frage kann man nicht ein für allemal beantworten. Zum Glauben gehört der Zweifel, zum Leben gehört der Tod, zur Kreuzigung gehört die Auferstehung. Wenn wir dies in der Tiefe unserer Seele bejahen können, dann kann uns nicht mehr so viel passieren. Denn dieses Ja zum Leben gibt uns die Kraft, jeden Tag, der sich uns eröffnet, auch wirklich zu leben, neugierig darauf, was uns dieser Tag schenkt, und was wir vielleicht gerade zu lernen haben. Merken Sie den Passiv? Passiv und Passion hängen zusammen. Der Tag kommt auf uns zu und das beste, was wir machen können, ist, sich ihm hinzugeben! Das vergessen wir so leicht, wenn wir in unser alt-vertrautes Gefühl des innerlichen Gehetzt-Seins kommen – so als müssten wir unser Leben neu erfinden! Müssen wir aber gar nicht! Und können wir auch gar nicht!

Und wenn der Tag dann zu Ende geht, dann können wir ihn freundlich loslassen, und ihn zurück legen in Gottes ewigen Schoß. Dankbar darüber, dass wir an dem Wunder des Lebens Anteil bekommen durften und das getan und gelassen haben, was uns eben gerade möglich war. Wenn wir das ehrlichen und treuen Herzens vor uns selbst und vor Gott tun – dann wirkt Jesu Gehorsam in uns weiter und wir können vertrauensvoll und zufrieden uns der dunklen Nacht überlassen. Und so „vollendet" sich in den vielen Tagen, die uns geschenkt sind, unser Leben bis hin zu jenem unwiderruflich letzten Tag – an dem wir, wenn wir Glück haben, vielleicht noch einmal beten können:

„Ehre sei dir Christe, der du littest Not,
an dem Stamm des Kreuzes, für uns bittren Tod,
lebest mit dem Vater in der Ewigkeit,
führst uns arme Sünder zu der Seligkeit." AMEN.

Predigt über Markus 14,17-26 am Gründonnerstag 2011

Liebe Gemeinde,

„scheiden tut weh“ – dies ist eine Kinderweisheit.
Wir sind heute zusammen gekommen, um miteinander Abschied zu nehmen. „Das letzte Abendmahl“ ist das Zentrum unseres Gründonnerstag-Gottesdienstes. Es war ein Abschiedsmahl bzw. ist im Nachhinein zu einem Abschiedsmahl geworden. Das deutsche Wort „scheiden“ bedeutet „trennen, spalten“. In Abschied ist es ebenso enthalten wie in Entscheidung oder Unterscheidung. Ich muss trennen können, um zu unterscheiden. Ich muss mich von den vielen Möglichkeiten trennen können, um eine Entscheidung zu treffen. Ich muss mich auch trennen können, um Abschied nehmen zu können.
Scheiden tut weh, Abschied nehmen tut weh.
Abbruch im Hass ist viel leichter, weil schmerzloser.
Andererseits ist es gerade der Hass, der wirkliche Trennung vereitelt.
Hass befreit nicht, Hass verklebt.
Abschied im Hass ist unmöglich: wirkliches Abschied nehmen kann nur in Liebe geschehen. Nur die Liebe schenkt mir die Kraft, die Schmerzen des Abschied-Nehmens auszuhalten.
Abschied ohne Schmerzen ist nämlich ebenso unmöglich.
Die Kraft der Liebe strömt aus der Kraft des Gedächtnisses: „Er hat ein Gedächtnis gestiftet seiner Wunder, der gnädige und barmherzige Gott.“ (Psalm 111,4) Dieses Psalmwort rahmt unseren Gottesdienst ein.

Das letzte Abendmahl Jesu ist ein Abschiedsmahl. Indem wir es feiern wird es zum Gedächtnismahl: „Solches tut zu meinem Gedächtnis.“ Kann ich im Abschied des Reichtums gedenken, den ich erleben durfte, mischt sich in den Abschiedsschmerz meine Dankbarkeit. Im Danken denke ich an das Erlebte: so entsteht Gedächtnis. Ist der Abschied überlagert von Vorwürfen und Enttäuschungen über das Gewesene, so siegt der Hass. Statt Abschied geschieht Abbruch –: ich will gar nicht mehr daran erinnert werden, was war. Es ist zu schmerzhaft. Was ich aber nicht mehr erinnere, das kann ich auch nicht vergessen. Und so quält es mich gedankenlos im Untergrund.

Wenn wir die Schilderung des letzten Abendmahles Jesu in der Fassung des Markusevangeliums lesen, schlägt uns viel Hass und Verzweiflung entgegen.

„17 Und am Abend kam er mit den Zwölfen. 18 Und als sie bei Tisch waren und aßen, sprach Jesus: Wahrlich, ich sage euch: Einer unter euch, der mit mir isst, wird mich verraten. 19 Und sie wurden traurig und fragten ihn, ei-

ner nach dem andern: Bin ich's? 20 Er aber sprach zu ihnen: Einer von den Zwölfen, der mit mir seinen Bissen in die Schüssel taucht. 21 Der Menschensohn geht zwar hin, wie von ihm geschrieben steht; weh aber dem Menschen, durch den der Menschensohn verraten wird! Es wäre für diesen Menschen besser, wenn er nie geboren wäre.
22 Und als sie aßen, nahm Jesus das Brot, dankte und brach's und gab's ihnen und sprach: Nehmet, das ist mein Leib. 23 Und er nahm den Kelch, dankte und gab ihnen den; und sie tranken alle daraus. 24 Und sprach zu ihnen: Das ist das Blut des Bundes, das für viele vergossen wird. 25 Wahrlich ich sage euch, dass ich nicht mehr trinken werde vom Gewächs des Weinstocks bis an jenen Tag, an dem ich aufs neue davon trinke im Reich Gottes."

Die Atmosphäre dieses Mahles beklemmt: „Wahrlich ich sage euch, einer unter euch, der mit mir isst, wird mich verraten."
„Sie wurden traurig" heißt es. Milde ausgedrückt. Das angemessenere Gefühl wäre „zum Heulen und zum Verzweifeln". Da wird ein Verdacht gesät – aber es wird nichts darüber gesagt, wer der Verräter ist. Stattdessen sagt Jesus: „Einer von den Zwölfen, der mit mir seinen Bissen in die Schüssel taucht." Der Verdacht betrifft also den innersten Kreis. Und dann stößt Jesus auch noch den Fluch aus: „Wehe aber dem Menschen, durch den der Menschensohn verraten werden soll! Es wäre für diesen Menschen besser, er wäre nie geboren worden."

Das ist alles andere als ein schöner Abschied. Es ist überhaupt kein Abschied. Verrat, Verdacht, Verfluchung, Verzweiflung: in diese destruktive Atmosphäre hinein stellt Markus das letzte Abendmahl Jesu.

Und in dieser düsteren Stimmung geschieht das Unverständliche, Unfassbare:

Der Messias bricht das Brot, trinkt den Wein mit allen, die da sind. Auch mit dem Verräter. Das letzte Abendmahl Jesu ist keine Gemeinschaft der Guten gegen die Bösen, der Reinen gegen die Unreinen, der Richtigen gegen die Falschen. Niemand wird ausgeschlossen. Der Messias schließt nicht aus, er erträgt, er erleidet – nicht um des Leidens willen, sondern um Gottes willen: „Abba, mein Vater, alles ist dir möglich; nimm diesen Kelch von mir; doch nicht was ich will, sondern was du willst." (Markus 14, 36) Hierin gründet der Weg Jesu zum Kreuz – und nicht in einer Verherrlichung des Märtyrertums.

Jesus nimmt die Zerstörung an und auf sich: gerade so wird er zum Messias. Hätte er Judas aus der Abendmahlsgemeinschaft ausgeschlossen, wäre er als Sohn Gottes machtvoll vom Kreuz herab gestiegen, dann hätte er seine tiefe Liebes- Beziehung zu „abba", zu seinem Vater verraten. In und mit Jesus ist Gott ein radikal

anderer geworden: In und mit Jesus ist Gott wahrhaft Mensch geworden: Verrat, Ohnmacht, Schmerz, Leid, Tod: dies alles ist in Gott selbst hineingekommen, dies alles hat Gott in sich hineingelassen.
Und indem es in Gott hineingekommen ist, ist es in Gott verwandelt worden: der Tod wurde zum Leben, die Torheit des Kreuzes zur Weisheit bei Gott, der Hass des Abbruchs wurde zur Liebe des Abschieds, aus einem allmächtig-perfekten Gott wurde ein leidensfähiger, ein empathischer Gott. Und es gilt anders herum: in und mit Gott ist Jesus als Mensch ein radikal anderer geworden: in und mit Gott ist Jesus wahrhaft Gott geworden, hat sich sein Leben in Gott hinein verwandelt: Treue, Sicherheit, Geduld, Toleranz, das Ertragen von Ohnmacht: dies alles hat der Mensch Jesus in sich hineingelassen. So sind sie beide aneinander gewachsen: Gott an dem Messias, der Messias an Gott – und die Frucht dieses Wachstums ist der Dritte, der Heilige Geist, das Band der Liebe zwischen Vater und Sohn. „Holz auf Jesu Schulter, von der Welt verflucht, ward zum Baum des Lebens und bringt gute Frucht.“

Und so geschieht jedes Mal, wenn wir zusammen Abendmahl feiern, diese Verwandlung zeichenhaft in uns und zwischen uns. Vorausgesetzt wir bringen den Mut auf, die Gefühle der Katastrophe auf uns zu nehmen. Wenn wir schon im Vorfeld aus der Gemeinschaft ausschließen („ex-kommunizieren“) kastrieren wir die Kraft des Abendmahles. Der Messias ist für alle gestorben, gerade für die sogenannten „Sünder“. Und: „Wer kann sagen: ‚Ich habe mein Herz geläutert und bin rein von meiner Sünde’?“ (Sprüche 20,9) Wer andere exkommuniziert, der schließt in der Tiefe sich selbst aus.
In der Tiefe sind es nämlich die Balken in unseren Augen, die wir bei den anderen wahrnehmen und mit denen wir nichts zu tun haben wollen. Und alles, was wir vor Gott ausschließen, ist für die verwandelnde Kraft Gottes unzugänglich. Ich verstehe und sehe die Bedeutung des Abendmahles in dem Erleben einer Quelle, die uns den Mut und die Kraft gibt, die eigenen Schattenseiten in uns hineinzunehmen. Diese „Hinein-Nahme“ befreit unseren Blick auf unsere Mitgeschöpfe, auf unsere Welt. Unser Blick klärt sich, ist nicht mehr überschattet von unseren eigenen unerträglichen, katastrophalen Gefühlen, die wir verzweifelt in der Welt, in unseren Beziehungen zur Welt untergebracht haben.

Das Abendmahl ist die Versinnbildlichung einer Kraft, die „von außen“ (extra nos) kommt, die sich im Aufnehmen auch schon verflüchtigt, sich der sinnlichen Welt sogleich wieder entzieht. Das Abendmahl gewährt uns Anteil an einer Kraft, mit der man in der Welt der Sinne nichts „machen“ kann. Ehe man es zu sich genommen hat, ist es scheinbar schon wieder verschwunden.

Und dieses Verschwinden, dieses „Nicht-Halten und Nicht-Besitzen-Können“ ist die Quelle für all jene Gefühle, die unser Leben verdunkeln: Hab-Gier: diese Wort erinnert noch an das „Haben-Wollen“; Neid auf das, was andere „haben“ – und im letzten Hass auf das Leben selbst, das sich nicht „haben“, nicht besitzen lässt. Dies alles sind die Gefühle, die in Judas personifiziert sind: auch er ist Teilnehmer am letzten Abendmahl. Und es ist ein großer Irrtum zu meinen, es gäbe eine Zeit, da würde man all diese Gefühle für immer los. Nein – unsere Aufgabe als Menschen, und als Christen-Menschen im Besonderen ist es, Tag um Tag mit diesen Gefühle zu kämpfen, sie auszuhalten und wenn möglich sie zu verwandeln. Diese Aufgabe verfehlen wir, wenn wir uns verführen lassen, die Schuld und das Schlechte bei den anderen zu suchen. Und damit unser eigenes egoistisches Tun rechtfertigen. Diese Aufgabe verfehlen wir aber auch, wenn wir wie zerknirschte Büßer unsere Tage verbringen. Gründonnerstag, Karfreitag und Ostersonntag gehören zusammen. Es ist ein einziges Geschehen. Es ist ein Geschehen der Verwandlung in Gott und der Wandlung in uns.

Ausdruck dieser Wandlung in uns ist die Auferstehung jener Kräften, die diese Welt so dringend benötigt: Fürsorge, Bewahrung, Verantwortung für das Leben und das Ertragen von Schuldgefühlen. Diese Kräfte ermöglichen es, meine egoistischen Interessen zurückzustellen gegenüber meinem sozialen Engagement im Kleinen wie im Großen. (Wobei Egoismus ja an sich nichts Schlechtes ist: er drückt nur die Panik meines Ichs davor aus, dass dieses „Ich“ das Leben nicht besitzen kann, dass dieses Ich - sei es früher oder später - sich von der Welt wieder verabschieden wird.)

Wir wollen jetzt gemeinsam das Abendmahl erleben. Erleben ist noch einmal etwas anderes als darüber reden. Mögen wir unser Beisammen-Sein so erleben, dass es uns stärkt: zum Denken, zum Danken, zum Sich-Freuen.

„Er hat ein Gedächtnis gestiftet seiner Wunder, der gnädige und barmherzige Gott.“ Möge sich in unserem Leben Gottes Gedächtnis einprägen, möge unser Leben zum Ausdruck von Gottes Gedächtnis werden, von seiner Gnade und Barmherzigkeit, AMEN.

Predigt über Johannes 13, 1-15 am Gründonnerstag 2010

Liebe Gemeinde!

Finden Sie nicht auch: dieser schöne Kirchenraum und diese abendliche Stunde laden zu einer meditativen Begegnung geradezu ein. Lassen Sie uns also versuchen, in träumerischer Gelöstheit unserem heutigen Predigttext – es ist das vorhin gehörte Evangelium von der Fußwaschung durch Jesus – zu begegnen.
Ich werde ihn abschnittsweise in einer eigenen Übersetzung, die sich sehr eng am griechischen Text hält, vorlesen und Ihnen jeweils meine Gedanken dazu sagen. Vielleicht kommen wir auch in einen kleinen Dialog: scheuen Sie sich nicht, mich zu unterbrechen und eigene Gedanken beizusteuern.

„Vor dem Passahfest aber, als Jesus wusste, dass die Stunde gekommen war, wo er hinübergehen würde aus dieser Welt zu dem Vater – da er seine Eigenen, die in dieser Welt waren, liebte, liebte er sie bis zur Erfüllung."

Sie merken sogleich: dieser Satz geht nicht auf. Etwas stößt sich. Auf der einen Seite ist Jesus und sein Wissen: es ist soweit. Auf der anderen Seite stehen die Jünger, die Freunde Jesu. Zwischen beiden - ein abweisender Gedankenstrich. Inhaltlich trennt Jesus und seine Freunde die unterschiedliche Stellung in der Welt, (dem „Kosmos"). Jesus ist dabei, diese Welt zu verlassen, die Jünger „sind" und bleiben in dieser Welt. Zum Problem wird dies freilich erst dadurch, dass Jesus liebt. „Agape": das ist die Liebe die von Gott ausgeht; Agape, das ist das Band zwischen Vater und Sohn und Agape, das ist die Liebe, mit der Jesus „seine Eigenen", wie die Jünger hier genannt werden, liebt. Der Sohn Gottes, das Wort Gottes „geht hinüber" in sein Eigenes, zu seinem Vater und lässt seine Eigenen zurück. Das ist der Konflikt. Wie soll das gehen – ohne dass die Liebe des Sohnes ihn selbst zerreißt? Entweder er lässt seine „Eigenen" verlassen, alleine zurück, oder er verweigert sich seiner Bestimmung, zum Vater und das heißt, zu sich selbst hinüber zugehen. Der Konflikt entsteht am „Übergang" – lateinisch „transitus" – nur gibt es keinen Transrapid, der weiterhelfen würde. Der Konflikt verschärft sich, weil das Wort Gottes keine Abbrüche kennt. Es liebt die Seinen „bis zum Telos": „telos" das heißt: es ist genug, es ist vollbracht, es ist befriedet, es ist erfüllt! „Telos" heißt: „das Zeitliche segnen." Wie also kann dieser Konflikt des Übergangs gelöst werden? Jesu Auflösung erzählt die nun folgende Geschichte von der Fußwaschung.

„Und bei einem Abendessen, als der Teufel schon dem Judas (Simons Sohn, dem Iskariot) ins Herz geschleudert hatte, dass er ihn überliefere, steht Jesus – wissend, dass der Vater ihm alles in die Hände gegeben und dass er von

Gott ausgegangen war und zu Gott hingehe – von dem Abendessen auf, legt die Oberkleider ab, nimmt ein leinenes Tuch und umgürtet sich damit.“

Im Zusammenhang des bisher Betrachteten ist dieses Abendessen viel mehr als einfach ein gemütliches Abendessen. Es geht um Abschied, um Trennung und darum, wie diese Trennung gut gehen kann. Bewusst allerdings ist das von den Teilnehmern des Abendessens nur zweien: Jesus und – Judas! Der eine weiß es als Messias, der andere als der, der den Messias „überliefert“. Merkwürdig, dass Johannes das, was Judas getan hat, als „paradidomi“ – wörtlich „übergeben“ – bezeichnet – dasselbe Wort verwendet er für Jesu Sterben: „er übergab den Geist“ (Joh 19,30). Johannes verweist auf den unauflöslichen, paradoxen Zusammenhang zwischen Verräter und Messias – vor der katastrophalen Wende! Erst im warmen Schein des Auferstehungslichtes löst sich dieser Knoten. Erst in diesem Licht gibt es Barmherzigkeit für beide: für den Gekreuzigten wie für seinen Verräter! Vor der Katastrophe, vor der radikalen Wende, gibt es in allen vier Evangelien den Messias nicht ohne seine Gegenspieler – der Satan taucht in den Versuchungsgeschichten auf und bleibt an Jesu Seite bis zu seiner Kreuzigung!

Die kleine Gruppe ist also inmitten des Abendessens, als Jesus mit einem Mal aufsteht. Der nochmalige Einschub, dass Jesus wusste, „dass der Vater ihm alles in die Hände gegeben hatte und dass er von Gott ausgegangen war und zu Gott hingehe“ scheint mir einen kurzen Einblick in das Denken Jesu selbst zu gewähren: als hätte er noch eines kleinen inneren „Anstupsers“ gebraucht, dass es richtig ist, was er sich vorgenommen hatte zu tun. Als hätte eine für die anderen unhörbare Stimme zu ihm gesagt: „Traue dich, folge deiner Intuition und handle nach dem, was du für richtig hältst! Darin geschieht mein Wille.“ Und dann steht er also auf, legt seine Oberbekleidung ab, umgürtet sich mit einem Tuch aus grobem Leinen. Ich sehe geradezu die staunenden Blicke seiner Freunde. ‚Was hat er vor?’ ‚Er ist ja immer für eine Überraschung gut – aber was will er denn jetzt? Warum bleibt er nicht sitzen und isst mit uns weiter? Und warum zieht er sein Gewand aus und legt sich einen Schurz um – wie ein Dienstbote, wie ein Sklave?’

„Dann gießt er Wasser in das Waschbecken und fängt an, die Füße der Jünger zu waschen und mit dem leinenen Tuch abzutrocknen, mit dem er umgürtet war.“

Offenbar waren die Jünger sprachlos. Sie ließen an sich geschehen, was der Meister tat – ohne Worte. Einmal mehr ist es Simon Petrus, der in seiner naiv-liebenswürdigen, manchmal ein wenig polternden Art schließlich Worte findet:

„Er kommt zu Simon Petrus, der spricht zu ihm: Herr, du wäschst mir die Füße?
Jesus antwortet und spricht zu ihm: Was ich tue, weißt du noch nicht. Du wirst es aber danach verstehen. Sagt Petrus zu ihm: Nie und nimmer wirst du mir die Füße waschen! Jesus antwortet ihm: Wenn ich dich nicht wasche, erhältst du keinen Anteil an mir. Darauf Simon Petrus: Herr, nicht nur meine Füße, sondern auch die Hände und den Kopf. Sagt Jesus zu ihm: Wer gebadet ist, muss sich nicht mehr waschen – außer die Füße -, sondern er ist ganz gereinigt. Ihr seid gereinigt, aber nicht alle. Er wusste nämlich den, der ihn überliefern würde, deshalb sagt er: Ihr seid nicht alle gereinigt.“

Petrus ist fassungslos: Herr, du wäschst mir die Füße? Das stellt doch alles auf den Kopf! Nicht der Herr wäscht dem Diener die Füße, sondern der Diener seinem Herrn! Jesus antwortet freundlich: Was ich jetzt tue, das kannst du nicht verstehen. Aber – habe etwas Geduld, du wirst es noch verstehen. Petrus hat diese Geduld nicht. Warten, nachdenken, sich Zeit lassen ist nicht seine Sache. „Nie und nimmer wirst du mir die Füße waschen!“ poltert es aus ihm heraus. Doch Jesus steht nicht der Sinn nach streiten. Er ist zu sehr von einem anderen Licht umgeben, er ist zu weit auf dem Weg zu seinem Vater gegangen, als dass er sich noch in Streitereien verwickeln ließe. So antwortet er sehr nüchtern: „Wenn ich dich nicht wasche, erhältst du keinen Anteil an mir.“ Kein Hauch eines Vorwurfs, nicht der kleinste missionarische Impetus, kein Ziehen, kein Drängen. ‚Du musst selbst entscheiden, was du willst. Und dann die Konsequenzen tragen.’ Genau das wollte Petrus natürlich überhaupt nicht hören. Keinen Anteil an seinem Meister – um Gottes Willen – nein, das ist das Allerletzte: ‚wenn das so ist, dann wasche mich ganz, alles: Füße, Hände, Kopf!’ Ich mag diesen Petrus in seiner Menschlichkeit und Leidenschaftlichkeit, diesen ungestümen und doch so treuen Kämpfer. Er ist wirklich ein wohltuender Fels in der Brandung menschlicher Lauheiten und Vagheiten! Ich sehe wie Jesus seinen Freund Petrus anlächelt, wenn er ihm erwidert: ‚Verstehe bitte richtig, das was ich hier tue ist eine Handlung, die auf etwas anderes verweist – es geht in der Tiefe nicht um die Handlung als solche. Deshalb muss ich dich auch nicht ganz waschen. Ich wasche dir deine Füße, damit du spürst: ich reinige dich von deiner großen Zehe an – also von ganz unten, von da, wo du stehst und wo du hingehst. Alles aber hängt ab davon, ob ihr dazu bereit seid, euch von mir reinigen zu lassen. Dafür müsst ihr euren Stolz überwinden. Denn nur der kann reingewaschen werden, der anerkannt hat, dass er schmutzig ist. Und – der anerkannt hat, dass dies ein Schmutz ist, den er selbst nicht von sich abwaschen kann. Das ist am Schwierigsten, weil es uns mit unserem Ohnmächtig-Sein konfrontiert. Ich hoffe, ihr als meine Freunde und Schüler seid dazu bereit - und werdet diesen Weg weitergehen – außer einem! Leider ist einer unter euch, der schämt sich so sehr über mich. Der hält genau das nicht aus, was ihr, meine ‚Eigenen', ertragt: dass ich kein Macher bin, dass ich nicht deswegen gekommen bin, um als Revolutionär und König ein neues Reich zu gründen. Er hat vergessen, dass das Zentrum meiner Botschaft machtlose Liebe und nicht unterwerfende Gewalt ist. In seiner ohnmächtigen Wut auf mich – die ich im übrigen gut verstehen kann - ‚wird er tun, was er tun muss.'

Ich vermute, in das Staunen der Jünger über ihren Lehrer, Freund und Meister mischt sich jetzt die Angst. Was meint er genau? Und wen unter uns meint er? Aber Jesus schweigt – und keiner traut sich etwas zu sagen.

„Als er nun ihre Füße gewaschen hat, nimmt er seine Oberkleider und setzt sich wieder hin. Und er sagt zu ihnen: Begreift ihr, was ich euch getan habe? Ihr nennt mich Lehrer und Herr (kyrios) und ihr sagt es recht: ich bin es. Wenn also *ich,* euer Herr und Lehrer, euch die Füße gewaschen habe, so seid auch *ihr* es schuldig, euch gegenseitig die Füße zu waschen. Ein Beispiel habe ich euch nämlich gegeben, damit ihr einander so tut, wie ich euch getan habe. Amen, Amen ich sage euch: Der Diener ist nicht größer als sein Herr und der Gesandte ist nicht größer, als der, der ihn gesandt hat. Wenn ihr dies wisst – selig seid ihr, wenn ihr danach handelt.

Obwohl Jesus zu Petrus gesagt hatte, er kann es erst später verstehen, was hier geschieht, so will er doch noch eine wenigstens vorläufige Deutung geben – wissend, dass alles wirklich klar werden wird erst an Ostern. ‚Begreift ihr, was ich euch getan habe? Verbindet doch das, was ich euch getan habe, mit eurem Glauben an mich. Ich bin euer Lehrer und Meister. Das stimmt. Und als dieser habe ich euch eure Füße gewaschen. Als dieser habe ich euch etwas getan, was normalerweise Sklavenarbeit ist. Deshalb musste sich Petrus vorhin so empören! Ihr müsst das beides zusammen denken: das, was ich euch getan habe, mit dem, wer ich für euch bin. Dann könnt ihr verstehen, worum es mir geht. Wenn ihr wirklich meine Jünger, meine Schüler seid, - und ihr seid meine Schüler so, wie ich euer Meister bin - dann tragt das, was ihr mit mir erlebt habt, ganz tief in eurem Herzen. Bewahrt es in eurem Herzen auf. Indem ihr dies tut, bleibe ich ganz lebendig bei euch. Wenn ihr euch aber übereinander stellt, wenn ihr von oben herab auf einander seht – dann geschieht das, was heute Nacht geschieht. Ich und meine Botschaft werden verraten. Weil ihr aber alle auch Menschen dieser Welt seid, fechten euch die Verführungen dieser Welt an: diese Welt denkt in Kategorien von Macht und Stärke, von reich und arm, von Haben und Besitzen. Als meine Schüler wisst ihr um diese Anfechtungen und habt gelernt, euch davon immer wieder zu reinigen. Aber so wie ich in dieser Nacht verraten werde, so werde ich immer wieder verraten werden: letztlich aus Enttäuschung darüber, dass ich und meine Botschaft scheinbar so wenig bewege in dieser Welt. Aber vergesst nie:

mein Reich ist nicht von dieser Welt – deshalb wird diese Welt mit ihren Statussymbolen der Macht mich auch nie kennen lernen können.'

Liebe Gemeinde!

Wenn wir jetzt gemeinsam an diesem Gründonnerstag in Gedenken an unseren Lehrer und Meister das Abendmahl feiern werden, so lassen Sie es uns auch im Geiste unseres Lehrers tun. Lassen Sie uns das Abendmahl nicht als magisch gebrauten Zaubertrank verstehen, der uns übermenschliche Kräfte verleiht. Lassen Sie es uns als einen Keim erleben, der zu einem neuen Denken und zu neuen Handlungen und zu einer neuen Welt führt. Einer Welt, in der die äußeren Symbole von Reichtum und Anerkennung, in der unsere Titel und Leistungen, auf die unsere Welt so stolz ist, belanglos werden. Einer Welt, in der nur eines zählt: mein in Ehrlichkeit erhobenes Herz, das sich nicht mehr dem eigenen Stolz, sondern nur mehr der Wahrheit Gottes selbst unterwirft.
Das Abendmahl steht genau an jenem Schnittpunkt zwischen unserer uns so vertrauten Welt und jener Welt, die Jesus das „Reich Gottes" nennt.

Und lassen Sie nicht nur unser Abendmahl, sondern unsere Gemeinschaft, ja unser ganzes Leben zu einem Ausdruck dieses „Reiches Gottes" werden, in dem nur ein einziges Gebot gilt, und in diesem ist alles gesagt, und in diesem bleibt unser Lehrer und Meister hier gegenwärtig unter uns. Jesus sagt dieses Gebot ganz am Ende der Fußwaschungs-Szene, nachdem Judas schon nicht mehr im Kreise der Jünger ist:

„Liebt einander, so wie ich euch geliebt habe, und so wie ich von meinem Vater geliebt werde. Indem ihr in dieser Liebe bleibt, bleiben mein Vater und ich bei euch – und an eben dieser Liebe wird man erkennen, dass ihr meine Jünger seid!" (V.34-35)

So einfach ist das – und so schwierig zugleich. AMEN.

Die Begegnung – anstelle einer Osterpredigt

Der Mann hat die Mitte seines Lebens hinter sich. Er ist noch nicht wirklich alt, aber man sieht ihm an, dass er einen langen Weg gegangen ist. Der Mann ist allein. Sein Schritt ist fest, sein Gang aufrecht. Er scheint zu wissen, wo er hin will. Auch wenn ein Weg so recht nicht erkennbar ist. Die Landschaft ist eine Steppenlandschaft; steinig mit wenigen verdorrten Grasbüscheln. Dazwischen bräunlicher Sand. Dem Auge stellt sich nichts in den Weg: kein Haus, kein Baum, nichts zum Sich-Festhalten.

Da sieht er ganz in der Ferne zunächst einen Punkt, dann eine Gestalt, schemenhaft erkennt er, es ist ein Mensch, ein Mann, der geradewegs auf ihn zu kommt. Irgendwie kommt er ihm bekannt vor, unendlich bekannt mit seinem langen lockigen braunen Haar, seinem eher spärlichen Bart der aus einem ausgemergelten Gesicht sprießt. Ein Gesicht, das viel Leiden gesehen, viel Schmerz erlebt hat. An der Stirn sieht man Abdrücke, kreisrund, als hätte er einen Kranz mit Dornen getragen. Die warmen braunen Augen richten sich unverwandt auf den Mann.

„Du bist Jesus", sagt der Mann. „Dich habe ich mein Leben lang gesucht! Und jetzt, wo ich das Suchen aufgab, begegnest du mir!" Jesus nickt lächelnd. „Ja, ich bin's." Und schmunzelnd fügt er hinzu: „Willst du mir nicht nachfolgen?" Der Mann schüttelt den Kopf. „Jetzt nicht mehr", sagt er leise. „Jetzt, wo ich weiß, wer ich bin und was ich zu tun habe". Jesus schaut ihn unverwandt an. „Du kommst vom Berg." Der Mann nickt. „Ich bin dabei, nach Hause zu gehen." Seine Augen leuchten, als er dies sagt. Auch über das Antlitz Jesu huscht ein Strahlen.
„Endlich hast du verstanden", sagt er.

Jetzt, wo der Mann seinem Jesus gegenüber steht, sieht er die Narben in seinem Gesicht und an seinen Händen. ‚Wie oft habe ich ihn verraten', denkt er sich, ‚ausgelacht, verspottet und verhöhnt'. „Und gekreuzigt", sagt Jesus, als hätte er seine Gedanken erraten. „Du hast dich so schuldig gefühlt. Das war unerträglich für dich. Und dann ging es wieder von vorne los. Ich musste viele Tode sterben und eben so oft auferstehen – bis wir heute uns begegnen können." Nach einer Pause fügt Jesus lächelnd hinzu: „Aber jetzt ist es gut!" Der Mann nickt. „Gott sei Dank!" Und mehr zu sich selbst murmelnd: „Ich kann es nicht fassen: ich bin wirklich frei. Deshalb muss ich dich nicht mehr töten."

Die beiden Männer schauen einander schweigend voll Zuneigung in die Augen.
Sie haben das Gefühl, es ist alles gesagt.

„Schalom“, sagt Jesus, und er fügt hinzu: „mein Bruder“.
„Schalom mein Bruder“ erwidert der Mann.

Sie umarmen sich, küssen sich auf die Wange und gehen ihrer Wege.
Keiner schaut mehr zum anderen zurück.

Für kurze Zeit erinnern die Spuren im Sand noch an ihre Begegnung. Aber der Steppenwind hat sie schnell wieder verweht.

Predigt über 1. Petrus 1, 3-9 am Sonntag Quasimodogeniti 2010

Liebe Gemeinde,

„selig sind die, die nicht sehen und doch glauben!“ (Johannes 20, 29b). Damit endet das eben gehörte Evangelium des heutigen Sonntages.
„Gelobt sei Gott der Vater unseres Herrn Jesus Christus, der uns nach seiner großen Barmherzigkeit wiedergeboren hat zu einer lebendigen Hoffnung durch die Auferstehung Jesu Christi von den Toten...“ (Vers 3) – damit beginnt unser heutiger Predigttext, ein Wort aus dem ersten Petrusbrief.
Gibt es Verbindungen? Schauen wir uns den komplizierten Vers aus dem Petrusbrief genauer an: wir sind „wiedergeboren“. Das ist die Aussage, das Prädikat des Satzes. „Wieder geboren werden“ heißt „noch einmal geboren werden“. Wörtlich übersetzt heißt es sogar: „von Neuem gezeugt werden“. Die Rede ist also von einem radikalen Neubeginn. Noch einmal ganz von vorne geht es an.
Aber: ist das nicht nur ein frommer Wunsch? Die Frage des Nikodemus aus dem Johannesevangelium fällt einem sogleich ein: „Wie kann ein Mensch geboren werden, wenn er alt ist? Kann er denn wieder in seiner Mutter Leib gehen und geboren werden?“ (Johannes 3, 4) Das ist die Frage des Zweifels. Es ist eine Frage, die sich aus dem „Sehen-Wollen“ heraus stellt.
Jesu Antwort darauf: „Wundere dich nicht, dass ich dir gesagt habe: Ihr müsst von Neuem geboren werden. Der Wind bläst, wo er will, und du hörst sein Sausen wohl; aber du weißt nicht woher er kommt und wohin er fährt.“ (Vers 8)

Es scheint eine Dunkelheit zu geben, in der unsere Sinnes-Fähigkeit (mit unseren Augen) zu sehen, nutzlos geworden ist. Es scheint einen dunklen Weg zu geben, auf dem wir mit unseren Augen nichts mehr sehen. Das Sinnesorgan, das wir für diesen dunklen Weg benötigen, ist der Glaube. Der Glaube ist das Sinnesorgan der für unsere Augen ebenfalls unsichtbaren Seele: selig ist – wer glaubt.

Kehren wir zurück zu dem komplizierten ersten Satz unseres Predigttextes: Wir sind „Wiedergeborene“, „neu Gezeugte“ – das ist der Aussage-Kern. „Durch die Auferstehung Jesu Christi von den Toten“. Hier kommen wir „am Grund“ an: unsere neue Zeugung gründet in der Auferstehung Jesu Christi von den Toten. Dies ist nicht kausal zu verstehen: das Kausalitäts-Prinzip „das ist so, weil“ gehört zur sinnlich-sichtbaren Welt – nicht zur Welt des Glaubens. Wer die Auferstehung Jesu Christi von den Toten historisch beweisen will, der kennt den dunklen Grund des Glaubens nicht, der lässt sich nötigen von Impulsen, die die Dunkelheit des Nicht-Wissens zerstören wollen.

Unser Wiedergeboren-Sein gründet sich in dem Vertrauen an das Wiedergeboren-Sein Jesu Christi. Wie dieses Wiedergeboren-Sein „aussieht“, wie gar der Auferstandene „aussieht“ – das ist unerheblich. Selig, wer nicht sieht und doch glaubt!

„Nach seiner großen Barmherzigkeit!“
„Nach seiner großen Barmherzigkeit sind wir neu Gezeugte durch die Auferstehung Jesu Christi“. Barmherzigkeit heißt im Hebräischen „Rechem“ – und „Rechem“ heißt nicht nur Barmherzigkeit, sondern auch „Mutterleib“!
Die Barmherzigkeit des Vaters ist der Mutterleib, in dem wir von neuem gezeugt werden!

Und wozu, wohin werden, sind wir von Neuem Gezeugte?
„Zu einer lebendigen Hoffnung!“

In der Rückkehr in den Mutterleib der Barmherzigkeit geschieht die Umkehr zu einem Leben als lebendige Hoffnung. Unser neu gezeugtes Leben ist als Hoffnung lebendig geworden! Das ist etwas ganz anderes, als ein Aufruf dazu, dass wir den Mut nicht verlieren dürfen, dass die Hoffnung zuletzt stirbt, dass man positiv denken soll! Das kann man ja alles machen und tun. Aber es wird nicht tragen, es kann nicht tragen, weil der Grund fehlt, weil es nicht gegründet ist: im Mutterleib der Barmherzigkeit des Vaters! Wir müssen auf den Boden kommen, wir müssen den Dingen auf den Grund gehen, um als neu Gezeugte nicht zu Hoffnungsträgern – nein: zur lebendigen Hoffnung selbst zu werden!

Das ist – jedenfalls für mich – Ostern!

„Gepriesen sei der Vater unseres Herrn Jesus Christus, der uns nach seiner großen Barmherzigkeit wiedergeboren hat zu einer lebendigen Hoffnung durch die Auferstehung Jesu Christi von den Toten!“

Und jetzt geht es (wieder ziemlich kompliziert) weiter, Vers 4+5:
„...zu einem unvergänglichen und unbefleckten und unverwelklichen Erbe, das aufbewahrt wird im Himmel für euch, die ihr aus Gottes Macht durch den Glauben bewahrt werdet zur Seligkeit, die bereit ist, dass sie offenbar werde zu der letzten Zeit.“

Das Prädikat des ersten Satzes wirkt weiter: wir sind neu Gezeugte: zu einer lebendigen Hoffnung sind wir neu gezeugt im Mutterleib von Gottes Barmherzigkeit, und darüber hinaus: „zu einem unvergänglichen, unbefleckten und unverwelklichen Erbe“. Hier findet sich im übrigen die Wurzel des Begriffes „Klerus“ – der geistliche Stand. Klerus – griechisch Kleronomia – heißt wörtlich Erb-Teil.

(Kleros ist das Los – nomia ist die Ordnung, nach der das Los bestimmt hat.) Der Streit der christlichen Konfessionen ist also im letzten der Streit einer Erbengemeinschaft, die sich über die Verteilung des Erbes nicht einigen kann!

Dieser Streit wird überflüssig, würde man - statt zu streiten - sich auf das Erbe selbst besinnen. Das Erbe ist ohnehin allem menschlich-kirchlichen Streit entzogen – es liegt sicher aufbewahrt im Himmel! Dieses im Himmel aufbewahrte Erbe ist „unvergänglich, unbefleckt und unverwelklich". Und es ist ein großer Irrtum zu meinen, unsere Aufgabe sei es, hier um das Erbe zu streiten, um es dort im Himmel dann zu erlangen. Wir sollten nicht darum streiten, wer die wahre Religion hat, sondern Ernst nehmen, dass wir wiedergeboren zu eben diesem Erbe sind! Wir sind die Erben! Nicht nur wir hier, in dieser Kirche, auch nicht nur wir Protestanten – nein, jeder, der sich auf den dunklen Weg des Glaubens begibt. Das im Himmel aufbewahrte Erbe liegt für jeden Menschen bereit! Aber nicht so, dass ich mir durch große Leistung und Anstrengung das Erbe verdienen kann, sondern: es geschieht durch den Glauben: durch den Glauben werde ich zum Erben! Das ist die Aussage von Vers 5: „… die ihr aus Gottes Macht durch den Glauben bewahrt werdet zur Seligkeit, die bereit ist, dass sie offenbar werde zu der letzten Zeit."

Nicht einmal der Glaube ist mein Verdienst – die große reformatorische Erkenntnis – er entstammt der Macht, der Dynamik Gottes. Genauer: es ist die Dynamik der Beziehung zwischen Gott und mir, in der die Kraft des Glaubens sich entwickelt. Seine Stärke gründet darin, dass mein Glaube sich in Beziehung zu dem lebendigen Gott selbst entwickelt. „Selig wer nicht sieht, und doch glaubt!" Das ist unser Beitrag zu dem Geschehen: wir müssen auf die Verwendung unserer Sinne verzichten! Solange unsere Sinne das Fundament unseres Lebens bilden, ist die Dynamik des durch Gott gewirkten Glaubens schwach. Die Macht des Glaubens, die zur Seligkeit führt, bedingt das Abschalten unserer Sinne, bedingt das Aushalten des Nicht-Sehens, Nicht-Wissens!
Diese zur Seligkeit führende Macht des Glaubens, so heißt es weiter, ist bereit, „dass sie offenbar werde zu der letzten Zeit. **6 Dann werdet ihr euch freuen, die ihr jetzt eine kleine Zeit, wenn es sein soll, traurig seid in mancherlei Anfechtungen, damit euer Glaube als echt und als viel kostbarer befunden werde als das vergängliche Gold, das durchs Feuer geläutert wird, zu Lob, Preis und Ehre, wenn offenbart wird Jesus Christus."**

Auch diese Sätze sind aus der Dynamik des Glaubens selbst heraus zu verstehen – andernfalls geschieht das, was uns Christen so unglaubwürdig macht: als würden wir auf ein Paradies nach dem Tod warten, ja, als würden wir den Tod selbst verleugnen, als würden wir unseren Glauben und unsere Religion als Droge missbrauchen, die uns schöne Halluzinationen von einem seligen Leben „danach“ schenkt!

„Dass unsere Seligkeit offenbar werde zu der letzten Zeit“: die letzte Zeit ist – „jetzt“! Die „letzte Zeit“ ist der von allen Erinnerungen an Vergangenes und von allen Wünschen an die Zukunft befreite Augenblick. Im „reinen“ Jetzt geschieht Reich Gottes. Das ist der Kern der Botschaft Jesu: jetzt ist alles, jetzt geschieht Reich Gottes!

Dieses Jetzt ist natürlich kein Schlaraffenland und kein Paradies. „Jetzt“, das kann auch heißen, eine Zeit der Trauer und der Anfechtungen. Das wäre ein unrealistisches Reich Gottes, wenn in ihm nur „eitel Sonnenschein“ herrschte. Das wäre ein schwacher Glaube, der nur glaubt, wenn alles „prima“ ist. Nein – es ist gut, wenn unser Glaube auf die Probe gestellt wird: nur dadurch können wir erleben, wie stark wir wirklich im Glauben verwurzelt sind, wie solide das Haus unseres Glaubens wirklich gebaut ist. Und es ist gut, wenn wir uns unseres Glaubens nicht zu sicher sind, so als wäre er ein Besitz, den wir ein für allemal haben könnten. Echter und wirksamer Glaube zeichnet sich gerade dadurch aus, dass er nicht besessen werden kann. Diese „Armut“ des Glaubens ist es ja gerade, die den „ungläubigen Thomas“ zur Aktion zwingt – er glaubt erst, wenn er seine Hände in die Wundmale Jesu gelegt hat. Nun ist es auch eine Anfechtung, sich vorzumachen, man könne den „ungläubigen Thomas“ ein für allemal „hinter sich“ lassen. Menschen, die sagen, ihr Glaube kenne keinen Zweifel, erliegen der Anfechtung eines falschen Sicherheitsdenkens. Ihr Glaube hat sich dem Lernen verschlossen, er kann nicht wachsen, weil er satt geworden ist.

Und so betont das Ende unseres Predigttextes noch einmal den Wert gläubigen Nicht-Sehens:

„8 Ihn (Jesus Christus) habt ihr nicht gesehen und habt ihn doch lieb; und nun glaubt ihr an ihn, obwohl ihr ihn nicht seht; ihr werdet euch aber freuen mit unaussprechlicher und herrlicher Freude, 9 wenn ihr das Ziel eures Glaubens erlangt, nämlich der Seelen Seligkeit.“

Das Ziel unseres Glaubens ist eine Seele, die zu sich gekommen ist: die selige Seele. Das ist Weg und Ziel unseres Glaubens. Für dieses Ziel gilt dasselbe wie für den Glauben: es ist kein sichtbares Ziel, das irgendwann einmal erreicht ist. Und doch haben wir heute versucht, Worte zu finden für dieses Ziel:

„Selig, wer nicht sieht und doch glaubt!“ Davon sind wir ausgegangen. Die Seligkeit der Seele geschieht nicht in und mit unseren Sinnen. Die Seligkeit unserer

Seele geschieht, indem wir es wagen, den dunklen Weg des Glaubens zu beschreiten. Indem wir uns diesem Weg überlassen – ohne Erinnerungen, ohne Wünsche und ohne Verstehen, werden wir neu gezeugt im Mutterleib der göttlichen Barmherzigkeit. Dies ist kein einmaliges Geschehen, sondern es ist der Weg selbst. So ist auch die Auferstehung Jesu von den Toten kein einmaliges Geschehen, sondern ein Modell dieses neu Gezeugt-werdens. Und das Kreuz ist Ausdruck des Verzichtes auf die Weisheit dieser Welt, die nur glaubt, was sie sieht.

Als neu Gezeugte sind wir lebendige Hoffnung – nicht für ein besseres Jenseits, sondern für ein lebendiges Diesseits! Die selig gewordene Seele braucht nämlich nichts mehr: kein Paradies, kein ewiges Leben, keinen Gott, keinen Christus.

Und sie wünscht auch nichts mehr. Sie will auch niemanden mehr bekehren oder irgendwo wohin führen.

Die selig gewordene Seele ist in Heiterkeit still geworden.

Es ist alles gesagt.

Der Rest ist Schweigen.

AMEN.

Persönliches Nachwort und Danksagung

Johannes Tauler sagt an einer Stelle: „Die vertraute Gemeinschaft mit Gott soll der Vernunft unbekannt bleiben. Dazu sagte Dionysius: ‚Lasst alles sinnenhafte und vernünftige Tun, und erhebt euch ohne (die) Erkenntnis (durch die Vernunft) zu der Einung mit Gott, die da über alle Vernunft ist.' Wer sich so in Ordnung innerlich übte, dem wird oft das innere Gezelt ohne Hilfe der Erkenntnis gezeigt, in dem die göttliche Einheit wohnt und ruht, genießend und göttlich schauend. Solchem Erlebnis ist keinem Menschen vor seinem fünfzigsten Lebensjahre zu trauen." (Predigten Band II, Einsiedeln 2007, S. 626).

Die in diesem ersten Band veröffentlichten Predigten beginnen um die Zeit meines fünfzigsten Geburtstags, nach einer mehr als vierzehnjährigen Predigtunterbrechung. Dies allein ist kein Grund, ihnen „zu trauen". Ich war selbst ziemlich überrascht und sprachlos, dass sich nach meiner überzeugten Abwendung von Kirche und Theologie und Hinwendung zur Psychoanalyse ein „neuer Weg zurück" auftat. Meinem „Wegbereiter" und geduldigen Begleiter in so manchen „Irrsalen und Wirrsalen", Herrn *Ross Allen Lazar*, möchte ich an dieser Stelle ganz herzlich danken. Ich denke nicht, dass mir ohne den langjährigen psychoanalytischen Prozess mit ihm eine Wiederherstellung und stetige Heilung meiner Spiritualität möglich gewesen wäre. Ich danke auch der *evangelisch-lutherischen Landeskirche in Bayern*, namentlich Frau Regionalbischöfin *Susanne Breit-Keßler*, dass ich als „verlorener Sohn" zum Dienst an Kanzel und Altar zurückkehren durfte.

Die hier veröffentlichten Predigten sind entstanden im Rahmen meines Aushilfsdienstes als Pfarrer im Ehrenamt in der Jakobuskirche in Pullach, in der Thomaskirche in Gründwald, in der Apostelkirche in München-Solln und in der Petruskirche in München-Forstenried. Ich danke der Pfarrerin und den Pfarrern dieser Gemeinden: Frau *Pfarrerin Simone Bach,* Herrn *Pfarrer Kurt Heinrich Bordon*, Herrn *Pfarrer Christian Stalter* und Herrn *Pfarrer Dr. Christian Wendebourg* ganz herzlich dafür, dass sie mir den Dienst in ihren Gemeinden anvertrauen. Und natürlich gilt mein ganz besonderer Dank meinen getreuen Gottesdienstbesuchern und ihrer Geduld mit den Gedanken eines „Therapeuten-Pfarrers", die bestimmt nicht immer der Suche nach Sinnhaftigkeit und Erbauung entgegenkommen.

Meiner Familie schulde ich einen Dank, der sich in Worten allein nicht ausdrücken lässt. Es ist für mich das größte Geschenk in ihr und mit ihr leben zu dürfen! An dieser Stelle danke ich meiner Tochter Sophie für ihr beherztes Zusammenstellen der Texte, meinem Sohn Leo für seine wesentlichen Ratschläge zur Verwendung des Computers. Meine Frau Hedda muss sich oft die Rohfassungen meiner Predigten anhören und meine Unzufriedenheit aushalten. Viele Predigten sind durch den Dialog mit ihr entscheidend bereichert worden und schließlich hat sie auch noch das Manuskript gründlich nachgesehen. Danke!

Bleibt noch ein Wort des Dankes an den Fromm Verlag, namentlich an Frau Claudia Kaiser, der mir die Veröffentlichung meiner Predigten in diesem ansprechenden Rahmen angeboten und ermöglicht hat.

Die Reihenfolge der Predigten lehnt sich der Chronologie des Kirchenjahres an. Meine Aushilfstätigkeit bringt es mit sich, dass etliche Sonntage fehlen, an anderen es mehrere Predigten zu unterschiedlichen Texten gibt. Die Chronologie geht in solchen Fällen von der Gegenwart in die Vergangenheit (also zunächst 2012, dann 2011 usw.). Die Übersetzungen des Neuen Testamentes fußen in der Regel auf Martin Luthers, die des Alten Testaments auf Martin Bubers Bibelübersetzung.

MIX
Papier aus verantwortungsvollen Quellen
Paper from responsible sources
FSC® C105338

Printed by Books on Demand GmbH, Norderstedt / Germany